图书在版编目（CIP）数据

乡村的"华丽转身" / 姜涛，张榜主编
上海：同济大学出版社，2017.4
（理想空间；76）
ISBN 978-7-5608-6803-5

Ⅰ.①乡… Ⅱ.①姜… ②张… Ⅲ.①城乡建设—研
究—中国 Ⅳ.①D693.62

中国版本图书馆 CIP 数据核字（2017）第 058509 号

理想空间
2017-04（76）

编委会主任	夏南凯　王耀武
编委会成员	（以下排名顺序不分先后）
	赵　民　唐子来　周　俭　彭震伟　郑　正
	夏南凯　蒋新颜　缪　敏　张　榜　周玉斌
	张尚武　王新哲　桑　劲　秦振芝　徐　峰
	王　静　张亚津　杨贵庆　张玉鑫　焦　民
	施卫良
执行主编	王耀武　管　娟
主　编	姜　涛　张　榜
责任编辑	由爱华
编　辑	管　娟　姜　涛　管美景　陈　波　崔元元
	李赵敏　顾毓涵
责任校对	徐春莲
平面设计	管美景　顾毓涵
主办单位	上海同济城市规划设计研究院
承办单位	上海怡立建筑设计事务所
地　址	上海市杨浦区中山北二路1111号同济规划大厦
	1107室
邮　编	200092
征订电话	021-65988891
传　真	021-65988891
邮　箱	idealspace2008@163.com
售书QQ	575093669
淘宝网	http://shop35410173.taobao.com/
网站地址	http://idspace.com.cn
广告代理	上海旁其文化传播有限公司

出版发行	同济大学出版社
策划制作	《理想空间》编辑部
印　刷	上海锦佳印刷有限公司
开　本	635mm × 1000mm　1/8
印　张	16
字　数	320 000
印　数	1-10 000
版　次	2017年04月第1版　2017年04月第1次印刷
书　号	ISBN 978-7-5608-6803-5
定　价	55.00元

本书若有印装质量问题，请向本社发行部调换

编者按

习近平总书记在2013年年底召开的中央农村工作会议上强调：中国要强、农业必须强；中国要富、农民必须富；中国要美、农村必须美。建设美丽中国，必须建设好"美丽乡村"。

在井喷式的城市化进程中，我国的中心城市从景观上看，高楼大厦耸立、绿地气派非凡，城市面貌大为改观，与发达国家相比也毫不逊色。但反观农村，中国广袤大地上的众多村落村居空间环境经受着前所未有的冲击和挑战，特别是经济欠发达地区的广大农村，村庄内部脏乱差问题严重，农村人口减少，农村建设也因资金短缺而趋于停滞，同时乡村产业与生态保护发展不协调、产业带动力薄弱，传统村落的保护与发展也经受着严峻的考验。乡村规划将对农民的生活产生显著的影响，包括乡村的空间品质提升、乡村的产业经济增长、乡村的自然生态环境保护与改善等方面的问题。本书将通过乡村规划的理论体系和实践案例分析提出如何实现乡村的"华丽转身"，使中国的乡村发展成为"美丽乡村"，真正的让居民"望得见山、看得见水、记得住乡愁"。

本书内容编排上包括主题论文、专题案例及他山之石三方面内容。其中，主题论文介绍目前乡村发展状况及乡村规划中应用到的新技术；主题案例从乡村空间规划与设计、乡村产业开发与策划、乡村的环境保护三个方面展开叙述乡村如何实现"华丽转身"；最后在他山之石部分以台湾宜兰作为借鉴，为未来乡村规划建设提供参考价值。

上期封面：

CONTENTS 目录

主题论文
004 基于空间句法理论的东北村落空间形态分析 \ 周立军 汤 璐 王 锐 王 蕾
009 说说中国不断消失的村庄 \ 李国亮 李景奇

专题案例

乡村空间规划与设计
012 "有限干预"下的村庄空间整治规划设计——以临洮县王家咀村为例 \ 段德罡 陈 雷
019 休闲特色小镇的策划及新思路——以宁波章水镇四明山心休闲小镇策划和概念规划为例 \ 程 愚 王 莉 莫璐怡
026 福建平潭综合实验区村庄综合规划初探 \ 高 珊 林 融 庞书经 许 昊
033 原生村庄形态的现代功能演绎——2019年北京延庆世园会世园村规划设计投标 \ 冯 刚 毛 羽
038 上海市主城区传统村落保护与发展规划实践——以闵行区彭渡村传统村落规划为例 \ 袁 珍
044 上海市主城区村庄空间分布研究与实践——以上海市闵行区村庄布点规划为例 \ 苏鹤勇
048 新型城镇化背景下的村庄规划发展道路初探——以安徽省芜湖县美好乡村建设规划为例 \ 蔡宇超 唐依依

乡村产业开发与策划
056 乡村滨水山地的旅游开发与利用——以陕西永红村云栖后柳项目概念规划为例 \ 应 时 史慧劼 陆 地
064 富春江畔的一块绿翡翠——黄土路尽头的度假胜地 \ James Brearley
070 乡愁实验：湖南株洲云峰湖体验区的生态规划实践 \ 杨 峰 罗海师 劳科宇
076 新农村规划中产业发展规划的思路分析——以武汉市大集街美丽乡村产业发展规划为例 \ 郑保国
080 上海美丽乡村建设中特色产业植入的探索与实践 \ 张鑫彦
084 基于乡村文化展示的博览园规划设计研究 \ 郭小龙 苏 杰 刘芳馨 陈诗雅
088 基于文化景观的谢埠乡村旅游策划 \ 冯 绘
091 "美丽乡村+"模式下的乡村旅游开发模式探讨——以扬中市幸福村乡村旅游规划为例 \ 姚恭平 胡 昕 杨梦凡

乡村环境保护
096 历史村落改造背景下苏北古村镇规划设计——以邳州土山古村镇规划为例 \ 任佳前 张小娟 相 冬 吴 凡
104 国家级历史文化名镇的前世今生——以黑龙江省海林市横道河子镇规划与建设为例 \ 赵研妍 赵志庆 王清恋
110 落后村的保护与发展——浅谈辽宁唐杖子八盘沟村保护规划编制 \ 赵 毅 应 时 吉瑞东 姜 涛
116 传统村落保护规划的三个维度：生态、文化与历史——浙江临海孔坵村保护规划侧记 \ 庞乾奎 刘 冉
121 乡村建设中的如何留住特有的地域情怀——对比日本合掌村的改造历程浅谈莱州初家村改造 \ 毕 胜 杨克伟

他山之石
124 农村再生计划——以台湾宜兰县苏澳镇白米社区为例 \ 张中华 吉瑞东 杨 甜

Top Article

004 The Analysis of Northeast Village Space form Based on Space Syntax \Zhou Lijun Tang Lu Wang Rui Wang Lei
009 Review on the Vanishing Villages \Li Guoliang Li Jingqi

Subject Case

Spatial Planning and Design of Rural Areas

012 The Regulation Planning ot the Village Space Under the Limited Interference—Take the Wang Jiazui, Lintao for Example \Duan Degang Chen Lei
019 New Strategy for Project Planning for Leisure Tourism Featured Towns—Case Studies for Project Planning and Conceptual Planning of the Rural Leisure Tourism Town in the Heart of Siming Mountain, Ningbo \Cheng Yu Wang Li Mo Luyi
026 Integrated Village Planning of Pingtan, Fujian \Gao Shan Lin Rong Pang Shujing Xu Hao
033 Modern Functional Interpretation of the Native Village Form—2019 International Horticultural Exhibition World Park Village Planning and Design Bidding of Yanqing, Beijing \Feng Gang Mao Yu
038 Practice of Protection and Development of Traditional Village in the Main City of Shanghai—In Minhang District Pengdu Village Traditional Village Planning as an Example \Yuan Zhen
044 Research and Practice on the Spatial Distribution of Villages in the Main City Zone of Shanghai—In the Village Layout Planning of Shanghai Minhang District as an Example \Su Heyong
048 A Preliminary Study of Village Planning Under the Background of New-type Urbanization—A Case Study of Beautiful Village Construction Planning in Wuhu, Anhui \Cai Yuchao Tang Yiyi

Industrial Development and Planning of Rural Areas

056 Development and Utilization of Rural Waterfront Mountain Tourism—A case Study of the Conceptual Planning that in Yunqi Houliu, Yonghong Village, Shaanxi Province \Ying Shi Shi Huijie Lu Di
064 Emerald Village at Soul Bay—The Resort at the end of the Yellow Dirt Road \James Brearley
070 Nostalgia Experiment The Practice of Ecological Planning in Zhuzhou Yunfeng Lake Experience Area, Hunan \Yang Feng Luo Haishi Lao Keyu
076 Analysis of Industrial Development Planning in New Countryside Planning—A Case Study of the Beautiful Rural Industry Development Planning in Daji Street, Wuhan \Zheng Baoguo
080 Exploration and Practice of Characteristic Industrial Implantation in the Construction of Beautiful Villages in Shanghai \Zhang Xinyan
084 Study on the Planning and Design of the Expo Garden Based on the Rural Culture \Guo Xiaolong Su Jie Liu Fangxin Chen Shiya
088 Rural Tourism Planning of Xiebu Based on Cultural Landscape \Feng Hui
091 Discussion on Rural Tourism Development Pattern Based on "Beautiful Rural Construction Plus" Mod—A Case Study of Xingfu Village Rural Tourism Planning in Yangzhong City \Yao Gongping Hu Xin Yang Mengfan

Environmental Protection of Rural Areas

096 Planning and Design of Ancient Villages in North Jiangsu Under the Background of Historical Village Reconstruction—A Case Study of Ancient Town Planning in Tushan County, Pizhou City \Ren Jiaqian Zhang Xiaojuan Xiang Dong Wu Fan
104 National Historic and Cultural Town's Past and Present—Take Planning and Construction of Hengdaohezi Town in Hailin City, Heilongjiang Province as an Example \Zhao Yanyan Zhao Zhiqing Wang Qinglian
110 The Protection and Development of Backward Village—Discussion on Liaoning Tangzhangzi Bapangou Protection Planning \ Zhao Yi Ying Shi Ji Ruidong Jiang Tao
116 Three Dimensions of Traditional Village Conservation Planning: Ecology, Culture and History—Sidelights on Protection Planning of Kongqiu Village in Linhai, Zhejiang Province \Pang Qiankui Liu Ran
121 How to Retain the Distinctive Regional Feelings in the Rural Construction—A Discussion of the Renovation in Chujia Village by Comparing with the the Renewal Process of Shirakawa Village in Japan \Bi Sheng Yang Kewei

Voice from Abroad

124 The Rural Renewal Program—Case Study of Baimi Community in Suao Town, Yilan County, Taiwan \Zhang Zhonghua Ji Ruidong Yang Tian

主题论文
Top Article

基于空间句法理论的东北村落空间形态分析
The Analysis of Northeast Village Space form Based on Space Syntax

周立军 汤璐 王锐 王蕾
Zhou Lijun Tang Lu Wang Rui Wang Lei

[摘 要] 引出空间句法理论基本概念，运用空间句法理论和分析方法，从东北村落的整体空间、街巷空间、院落空间三个方面进行量化分析与综合评价。以理论数据为依据，归纳总结出东北村落的空间形态特征，构建东北村落的空间形态模型，探寻村落空间形态的演变规律，实现村落新区域的发展对原有格局的良好衔接和恰当融合。

[关键词] 东北村落；空间形态；空间句法；空间集成度；可视图分析

[Abstract] Which leads to the Space Syntax theory basic concept, using the Space Syntax theory and analysis method carry on the quantitative analysis and comprehensive evaluation from the northeast whole space of the village, street space, courtyard space three aspects. Based on theoretical data, we summarize the northeast village space form features, construct the northeast village space form model, explore the evolution law of village space form, to achieve better convergence and proper fusion between the development of the villages in the new area and the original pattern.

[Keywords] Northeast Village; Space Form; Space Syntax; Spatial Integration; Visibility Graph Analysis

[文章编号] 2017-76-A-004

基金项目：国家十二五科技支撑计划课题——"传统村落保护规划与技术传承关键技术研究"（2014BAL06B04）

1.街巷式村落肌理
2.散点式村落肌理
3.丘陵地区条纹式肌理
4.滨水地区条纹式肌理

在东北地区的严寒气候和复杂的地形地貌、传统的渔牧文化和少数民族文化因素及农耕、渔猎、畜牧等经济形态的共同影响下，东北村落形成了多种多样的形态肌理。村落空间形态由三个空间层次——村落整体空间、街巷空间和院落空间构成。为分析这三个空间形态构成，引入空间句法理论作为分析方法。

空间句法理论最早于20世纪70年代，由比尔·希利尔和朱莉安妮·汉森在《空间的社会逻辑》一书中首次提出。空间句法是"一种通过对包括建筑、聚落、城市景观在内的人居空间结构的量化描述，来研究空间组织与人类社会之间关系的理论和方法"。通过Depthmap软件来数据化、模型化空间组构，根据结果分析不同的空间布局对人类活动的影响，来指导现实的设计。其中包含四个最为基本的参数变量——连接值、控制值、深度值和集成度。运用该理论对村落整体空间到院落空间组构进行量化分析，进而分析村落各层次的空间与人的活动之间的关系。

一、东北村落整体空间形态的句法分析

东北村落整体空间肌理根据地理位置形成了不同的形态，分布在山区常为散点式，平原地区常为街巷式，地形较为复杂的大型村落中常为组团式，丘陵、山地或水系地区常为条纹式。受冬季寒冷气候影响，村落布局通常以行列式布局为主，但是并不局限于行列式，建筑的布局多以平行的联排式为主，正南正北朝向，呈现出朝向同一的特点。

1. 整体空间的凸状图分析

凸状图分析法是指用最少且最大的凸状覆盖整个空间系统，然后把每个凸状当做一个节点，根据它们之间的连接关系，转化为关系图解。以尚志市新兴村作为研究实例，目前新兴村主要通过通乡公路、绥满高速和村内十字街三条交通线路与四个出入口与外界取得联系。新兴村村落整体空间形态呈现以朝鲜风情展示区为核心区域、以朝鲜民俗体验和生态景观游览为轴线、由朝鲜民俗风情展示核心区、居住区、绿色食品加工区、合作水稻种植区和生态湿地保育区组成一核两轴五区的形式。

2. 整体空间的集成度分析

集成度分析的是整个空间系统中空间单元的可达性。可以依据不同的半径值来分析全局集成度和局部集成度。

（1）全局集成度（Rn）

集成度数值的高低在空间句法中以冷暖的颜色来表示，颜色越暖，数值越高。（图5中）Ref Number12所代表的区域集成度最高，是整个村落中的纵向主干道，人流量与车流量最大，是人们活动最主要的区域。其次Ref Number17是整个村落中的横向主干道，与纵向主干道相交叉，同样也是人流与车流较大的区域。再次Ref Number23也与纵向主干道相交叉，分担主干道上的人流与车流。这三条街道构成的区域既是新兴村的核心区域，也是整合区，而蓝色、深蓝色和浅蓝色轴线所围合的区域是该村落的离散区。

（2）局部集成度（Integration[HH]R3用R3来表示，R取值3是最接近人行走的空间尺度的数值）

局部集成度数值越高，通达性越好，人车流量越大。对新兴村的全局集成度和局部整合度计算，3条轴线Ref Number12、Ref Number17、Ref Number23的集成度值分别是2.398 9、2.124 9、1.859 7为最高，这三条轴线区域的通达性最好。

（3）全局集成度和局部集成度

可达性最好、人车流量最大的是Ref

Number12、Ref Number17、Ref Number23所构成的空间，所以，这三条街巷空间共同形成了新兴村的村落核心区域。

3. 整体空间的形态特征分析与评价

通过运用空间句法理论对新兴村村落整体空间形态进行全局集成度和局部集成度的分析发现如下规律：

（1）集成度最高的区域构成了村落的"空间核"，是村落的交通枢纽中心。承载着最主要的人流和车流，且到达村落其他区域空间也更为便捷；

（2）村落行政办公区和公共活动场地一般置于村落的核心区域，既便于村民到达，还可以为村民提供便捷的交流、集会场所；

（3）村落的核心区域一般都是由横纵交叉的路网构成，加强村落整体空间的全局集成度与整合度，使离散区域的人群更容易到达该村落的核心区域，也提高了村落的局部集成度与整合度。

二、东北村落街巷空间形态的句法分析

街巷的布局与村落的地形、水系等自然条件有着密切的关联性，一般分为横纵交叉式、树干式、街坊式和自由式。有的村落是单一的一种街巷空间形态，有的则是几种形式的混合。东北地区村落街巷两侧通过砖石围墙、木栅栏或灌木丛来分隔院落空间与街巷空间，限定公共空间与私密空间。

1. 街巷空间的轴线图分析

通过空间句法理论对东北村落街巷空间抽象概念化为CAD，将概念化的轴线导入Depthmap软件中进行数据分析，最终通过带有冷暖不一颜色的轴线对各个街巷进行连接值、平均深度值和集成度进行评价。详见表1。

（1）连接值
轴线颜色越冷，连接值越小渗透性越差。

（2）平均深度值
颜色越冷，深度值越小，可达性越高。

（3）集成度
颜色越暖，集成度值越大，街道聚集程度越高，人车流量越大。

2. 街巷空间的定量描述

（1）平原地区村落

青泉村和临泉村渗透性最好的街巷都是村落的主干道，是住宅的密集区，也是整个村落的中心区域。

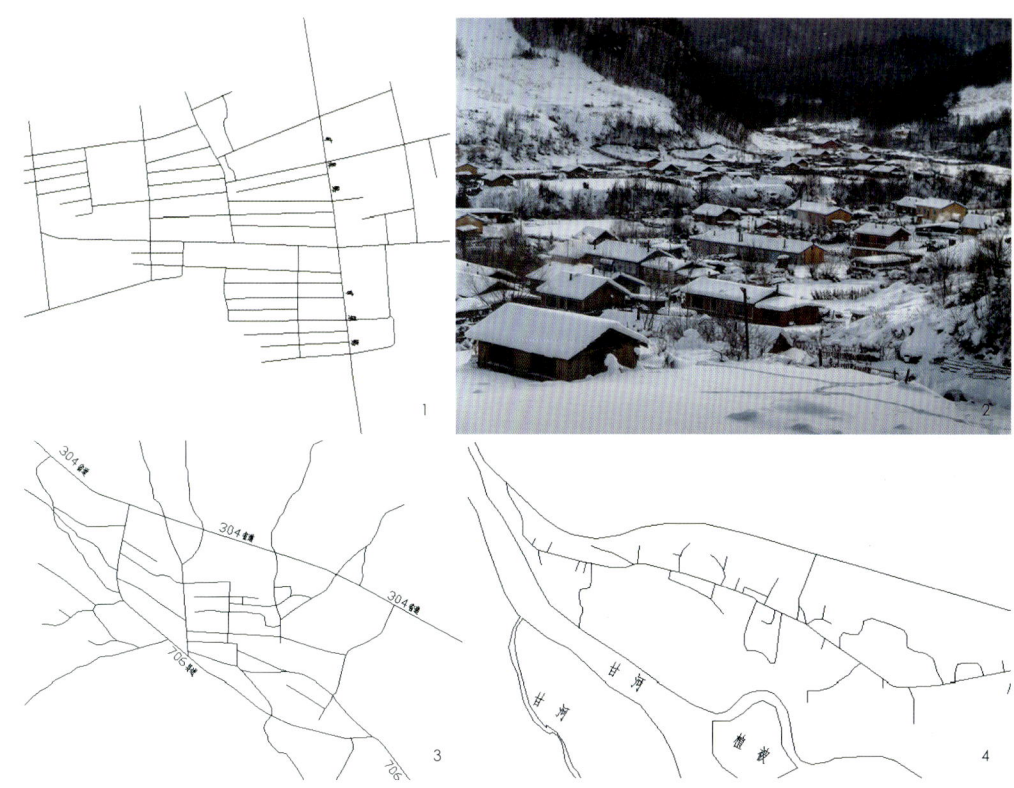

表1　　　东北村落各村落街巷Depthmap软件生成分析图

类型	名称	连接值	平均深度值	集成度值
平原地区村落	清泉村			
	邻泉村			
滨水系村落	北极村			
	老道口村			
丘陵地区村落	大市三村			

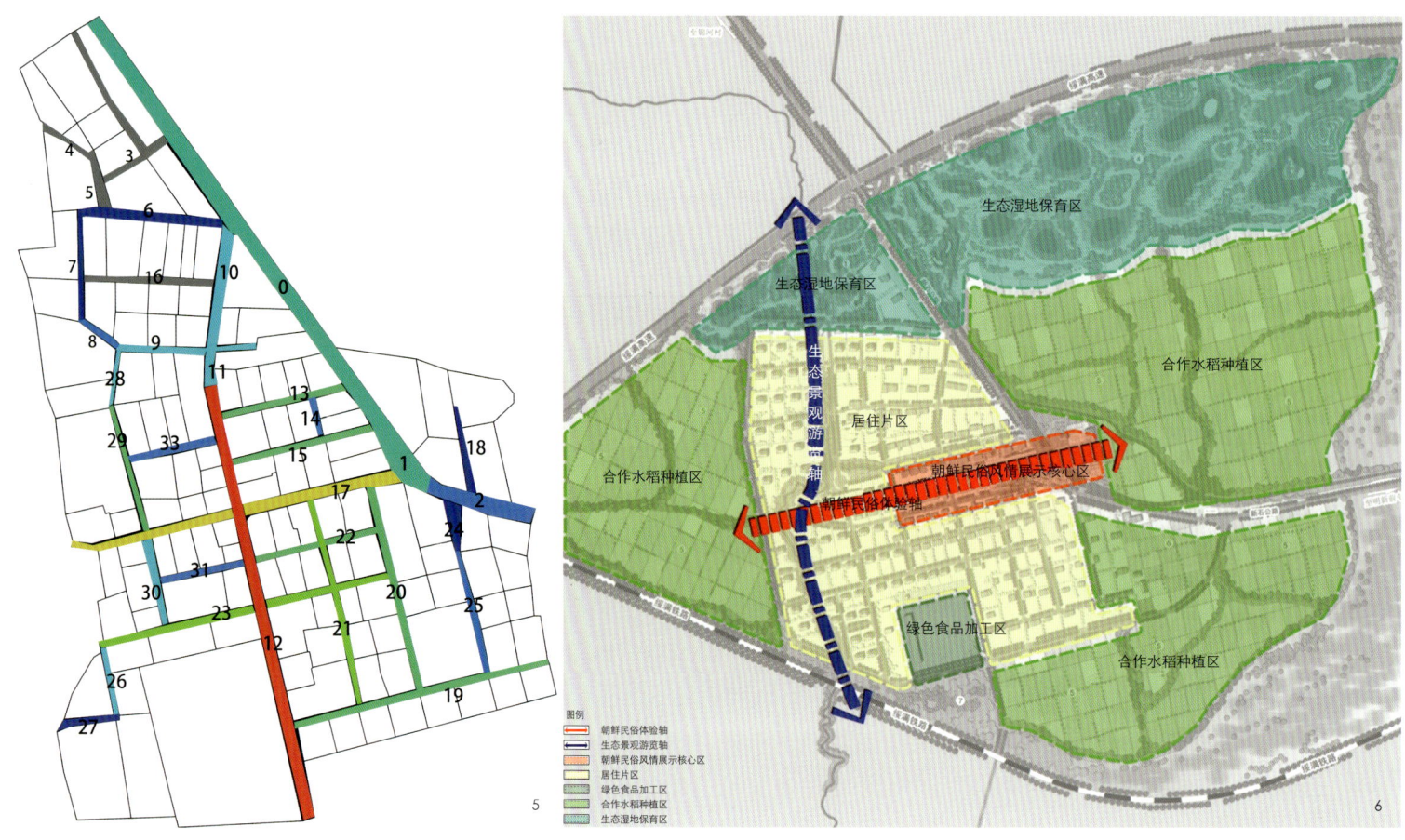

5. 新兴村居住区用地全局整合度示意图
6. 新兴村整体建设用地示意图

平均深度值较小的街巷主要集中在村落横纵主干道上，这些街道都具有很高的可达性。

街巷空间都呈现出从村落中心到村落边缘集成度逐渐下降的趋势，代表中心区域的街巷空间拥有最多的人车流量。

（2）滨水系村落

北极村街巷空间没有明显的主街，各条街巷的连接值都不高，而老道口村唯一一条与水系相同走势的主街具有最高的连接值。

北极村和老道口各街巷平均深度值无大的差异，这些街巷空间均具有较高的可达性。

北极村呈现从村落北部到南部集成度逐渐下降的趋势，说明村落的北部街巷空间人车流量多于南部，老道口村的街巷集成度呈现出从主干道到支路逐渐下降的趋势，主干道是村落最重要的人流交通空间。

（3）丘陵地区村落

大市三村村落内没有明显的主街，但中心区域的街道是整个村落中连接值最高的区域，表明此区域的连通性、渗透性最好。

平均深度值较小的街巷主要集中在村落中心区域，这些街道都具有很高的可达性。

街巷空间呈现出从村落中心到村落边缘集成度逐渐下降的趋势，代表中心区域的街巷空间拥有大量的人流和车流。

3. 村落街巷形态特征分析与评价

（1）平原地区村落街巷空间

平原地区村落渗透性、整合度和集成度最强的区域都是村落的主干道，代表了整个村落的中心区域，也是住宅的密集区，具有很高的可达性，这也是其成为村落主要出入口的原因。这种街巷空间的布局有助于将村落内部空间的人流向外疏导，使平均深度值较高的区域的人流可以很迅速地进入这个系统，并通过这个系统进入其他区域。

（2）滨水系村落街巷空间

滨水系村落整体都沿水系呈带状分布。方格网状的街巷空间没有明显的主街，街道均具有很高的可达性。这种街巷空间具有很强的稳定性，可以迅速消化掉系统中的大量人流，使得某一区域不会因人流量增大而出现交通拥堵。

树枝状街巷一般都有一条主街连接各分叉道路，这种街巷空间的布局有利于将村落内的人流进行均化，使得深度值较高的区域可以很迅速地进入这个系统之中，并通过这个系统进入村落其他区域。

（3）丘陵地区村落街巷空间

丘陵地区村落的街巷空间随山势走向呈现出无规则的自由式。村落内虽然没有明显的主街，但是，中心区域的街道是整个村落中连接值最高的区域，表明此区域的连通性、渗透性最好，同时，其平均深度值较小，具有很高的可达性和通融性，村民可以很便捷地到达村落中心的公共区域，为日常生活、休闲娱乐带来方便与快捷。从村落中心到村落边缘集成度逐渐下降的趋势，代表中心区域的街巷空间拥有大量的人流和车流，是村落人口最集中的生活区域，也是村落人流和车流的集散中心。

三、东北村落院落空间形态的句法分析

东北民居大多以院落的形式存在。院落是外界空间和建筑内空间的一个过渡区域。院落通过建筑及院墙围合而成。根据东北村落院落空间的围合程度，将其分为一合院式、二合院式、三合院式、四合院式四种类型，民居多见一合和二合院式，三合及四合院式

表2　　　　　　　　　　　　　　　　　　院落空间拓扑关系

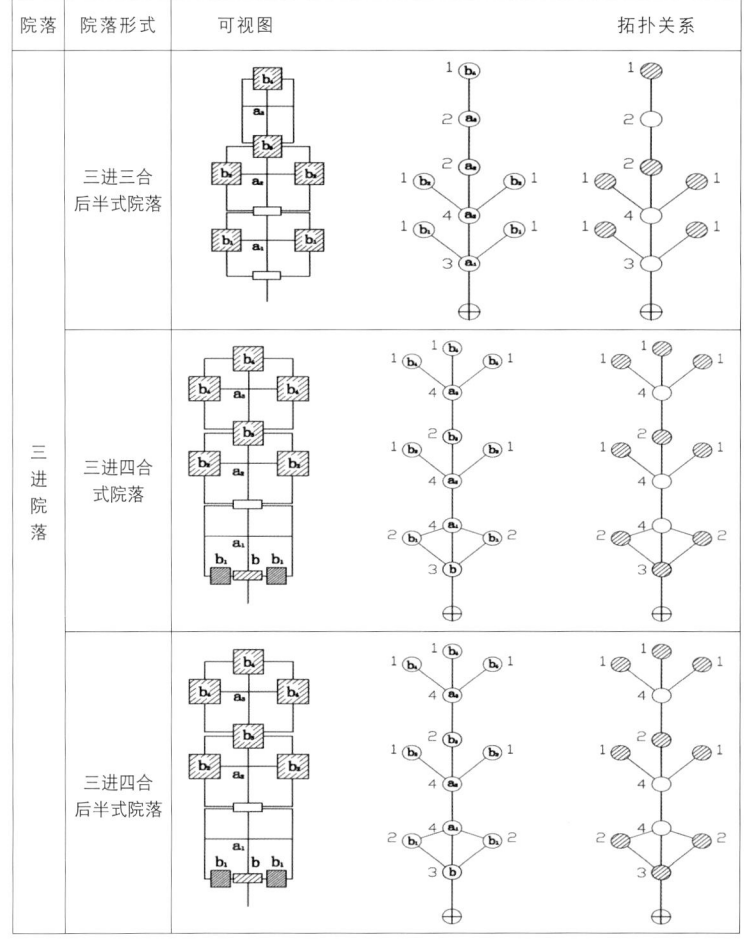

的形式多存在于传统民居的大户人家之中。本节主要分析一进院落、二进院落和部分三进院落形态特征。

1. 院落空间的可视图分析

分别对各种院落形式进行可视图分析和拓扑关系分析。详见表2和表3。

2. 院落空间的定量描述

（1）一进院落

前院空间a1连接值最高为3，渗透性最好，控制值为3，控制程度高于正房和仓房空间，同时平均深度值最低，可达性最好。

（2）二进院落

二进三合院形式中，内院空间a2连接值和控制值高于外院，集成度最高，内院空间渗透性最好、可达性最高、控制程度最强；其他形式中，外院空间a1连接值最高，渗透性最好，内院空间与之相同或次之，外院空间控制值最高，深度值最低，集成度最高，表现出外院空间对整个民居的控制度最高，同时可达性最好。

（3）三进院落

三进三合后半式院落，内院空间连接值为4最高，渗透性最好，其次是外院空间，再次是后院空间和正房空间，厢房和后正房渗透性最差；内院控制最高，深度值最低，集成度最高，空间可达性最好，表现出内院空间对整个民居的控制度最高。

三进四合式院落内院空间、外院空间及后院空间的渗透性相同且最好，其次是门房空间，再次是耳房和正房空间，厢房和后正房渗透性最差；后院空间控制度最高，内院空间深度值最低，集成度最高，整体空间表现出内院空间整体可达性最好。

三进四合后半式院落，外院空间及内院空间的渗透性相同且最好，其次是后院空间和正房空间，厢房、后正房、门房空间渗透性最差；外院空间控制度最高，而内院空间渗透度最低，集成度最高，整体空间表现出外院空间控制度强，内院空间整体可达性最好的特征。

3. 院落空间形态特征分析与评价

一进院落前院空间的渗透性最好，控制程度最高，并且可达性也最高。前院空间对于院落整体空间的重要性更高，是居民最重要的生活与活动空间。

二进院落的外院空间一般比内院空间具有更好的渗透性、控制性和可达性，外院空间作为院外与内院过渡空间，是居民活动最多的室外空间。第一进院落的外院厢房空间也比正房和内院厢房具有更好的可达性，符合正房和内院厢房空间对于私密性的要求。

三进院落的内院空间比外院和后院空间的渗透性、控制性、可达性都高，即它的通达性最好、空间转换次数最少，对其他空间的控制程度最高，内院空间是居民日常生活与活动最多的区域。正房空间的渗透性最好、控制程度和可达性最高，在整个院落的建筑中，起着重要的控制作用。

院落空间是人们日常生活中最重要的空间，是从私密空间到公共空间的过渡空间。而内院空间又是整个院落的核心区域，控制着整个院落，并向其他空间辐射，到院墙为止，对外呈封闭状态。

四、小结

利用空间句法理论对村落空间形态进行定量的分析与研究，找出现有村落空间形态的发展规律，通

表3　院落空间关系图解

平面布局形式		代码	连接值	控制值	深度值	集成度
一进三合院		a1	3	3	1	0
		b1	1	0.33	1.67	1.49
二进三合院		a1	3	2.25	1.5	5
		a2	4	3.25	1.33	7.58
		b1	1	0.33	2.33	1.88
		b2	1	0.25	2.17	2.14
二进四合院		a1	6	3.58	1.33	12.12
		a2	4	3.17	1.56	7.14
		b	3	1.17	2	4
		b0	2	0.5	2.11	3.57
		b1	1	0.17	2.22	3.28
		b2	1	0.25	2.44	2.78
二进四合后半院		a1	4	3.5	1.2	10
		a2	2	3.25	1.6	3.33
		b	1	0.25	2	2
		b1	1	0.25	2	2
		b2	1	0.5	2.4	1.43
三进三合后半院		a1	3	2.25	2	3.45
		a2	4	2.83	1.63	5.56
		a3	2	1.5	2.63	2.13
		b1	1	0.33	2.88	1.85
		b2	1	0.25	2.5	2.33
		b3	2	2.75	2	3.45
		b4	1	0.5	3.5	1.41
三进四合院		a1	4	1.58	2.27	2.78
		a2	4	2.75	1.91	3.85
		a3	4	3.5	2.45	2.44
		b	3	1.25	3	1.75
		b1	2	0.58	3.09	1.67
		b2	1	0.25	2.55	2.27
		b3	2	0.5	2.09	3.23
		b4	1	0.25	3.36	1.49
三进四合后半院		a1	4	3.25	1.89	4.54
		a2	4	2.75	1.67	5.88
		a3	2	1.5	2.78	2.25
		b	1	0.25	2.78	2.25
		b1	1	0.25	2.78	2.25
		b2	1	0.25	2.56	2.56
		b3	2	2.75	2.11	3.6
		b4	1	0.5	3.67	1.5

过村落形态演变的延续性设计，可以使村落实现自组织可持续的发展。

参考文献

[1] Hillier B. The Social Logic of Space[M]. Cambridge: Cambridge University Press, 1984.
[2] 邵大伟. 空间句法在仙林新城区空间布局评价中的应用研究[J]. 建筑与文化, 2015（8）：138–139.
[3] Allen C. Merleau-Ponty's Phenomenology and the Body-In-Space Encounters of Visually Impaired Children. Environment and Planning D: Society and Space, 2012, 22(5):719–735.
[4] 王成芳. 基于GIS和空间句法的历史街区保护更新规划方案研究：以江门市历史街区为例[J]. 建筑与环境, 2012（1）：22–27.
[5] 段进，比尔·希利尔. 空间句法在中国[M]. 南京：东南大学出版社，2015.

作者简介

周立军，哈尔滨工业大学建筑学院教授，人居环境与室内设计研究所，所长；

汤　璐，硕士研究生，大连天工建筑设计有限公司，建筑设计师；

王　锐，城市规划硕士，哈尔滨工业大学城市规划设计研究院，规划师；

王　蕾，哈尔滨工业大学建筑学院，硕士研究生。

说说中国不断消失的村庄
Review on the Vanishing Villages

李国亮 李景奇
Li Guoliang Li Jingqi

[摘　要] 乡村在不断消失，传统村落是中国建筑之魂，文化之根，我们已经摧枯拉朽地改造与破坏了几乎所有几千年形成的城市，而现在又开始把触角伸向了乡村。自然村落是长期形成的，具有社会、经济和自然的合理性，承载着历史、文化和社会关系，村落的消亡必然带来传统文化的割裂。面对目前的城市，面对现在的乡村，或许我们更应该做的是，放缓发展速度，提高发展质量，让城市与乡村的发展与城镇化速度相适应，而不是一味地引资本下乡。

[关键词] 村庄规划；村庄消亡；村庄保护

[Abstract] Number of Chinese villages is decreasing continually. As the foundation both of traditional culture and of traditional architecture, traditional villages are precious. Layouts of almost all ancient cities have already been changed completely. And the villages are being changed currently. As the results of long-time evolution, texture and structure of villages are rational in social, economy and ecological aspects, while loss of traditional villages will be an isolation from tradition Chinese culture. As for the situation of current Chinese cities and villages, what we should do is slowing down the development pace and improving its quality to achieve the equilibrium between urban and rural regions, instead of indulging capital into the construction in countryside.

[Keywords] Village Plan; Village Vanishing; Village Protection

[文章编号] 2017-76-A-009

一、序言

本期的主题是"乡村的华丽转身"，本来是想写村庄规划的，草拟过三个题目：乡村规划离村民有多远？还乡村一份宁静！乡村规划与城市规划。草拟这三个题目，无非是看不惯现在的乡村规划模式，想批判，但之后写的时候才发现，其实乡村规划做成现在这个样子，原因已经很明确了。

村庄规划出现目前的窘相，有很多原因：有上位政策的原因，有当地政府的原因，有规划管理者的原因，有规划从业者的原因，有市场的原因；上位政策说要做，当地政府为了完成任务，责令规划管理者在短时间内拿出成果，规划管理者把项目分包给规划从业者，规划从业者之间相互恶性竞争，造成设计价格远低于市场价格，最后应付了事，大部分钱通过回扣又回流到了规划管理者手中。

规划从业者为什么应付了事，主要有两个原因：一是项目周期短，难出精品；二是项目费用太低，难花费时间。而最后项目也流向了两个方向：一是流向高校，学术当作业做；二是成了私活，白天做正式工作，晚上熬夜干"私活"；其成果的质量可想而知。如何解决？这不是技术问题，这是市场问题，目前来看无解，无解的结果，无解的市场。村庄能通过这样的规划实现华丽转身吗？我觉得悬！造成这样的结果，方方面面，林林总总，无须再说。

二、中国不断消失的村庄

所以这篇文章，我不多说规划，主要说村庄，说我国正在不断消失的村庄。"在中国，平均每天消失80个村庄。"（数据来源：2015年柴静《穹顶之下》）每天消失80个村庄，平均一年消失29 200个，对的，就是大家看到的这个数字，平均每年在我们身边，消失村庄将近3万个。柴静在她的《穹顶之下》里面，把这种现象定义为"过度城镇化"现象。

在行业内，我们的城市发展理论从城市化到城镇化，再从城镇化到新型城镇化，理论是更替了好几轮，城市的规模是在不断扩大，但是，城市化的质量真的是否达到了我们所要的预期？以每天消失80个村庄的代价推进城镇化，这样的数据，这样的"城市"，真的是我们所需要的吗？我们是不是应该放缓脚步，甚至停下脚步，去审视一下我们的城市化呢？虽然中国正处在高速城镇化时期，大量农村人口要转化成城市人口，因此大部分村庄将要消失与废弃，但是我们是不是应该稍微放缓一下脚步。传统村落是中国建筑之魂，文化之根，我们已经摧枯拉朽地改造与破坏了几乎所有几千年形成的城市，资本现在正打着乡建的旗号向农村进军，农村的乡土建筑与文化景观环境可能正在遭遇全面的破坏。这些都是我们快速城镇化所带来的恶果。

2011年，中国的城镇化率达到51.27%，首次突破50%，同时官方给出的数据是预估到2020年，中国的城镇化率将达到60%左右。纵观其他国家的相关数据，城镇化率从30%~60%英国用了180年左右的时间，美国用了90年时间，日本用了60年左右，而中国大约只用了30年。

看起来中国的城镇化率是有些快了，随着城市的不断扩张，农村的不断消失，在国内每天有大量的农村人口涌入城市，而我们的城市并没有准备好接纳这么多的农村人口。过快的城镇化，直接导致我们目前的城市超负荷运转，城市基础设施及保障能力并不能完全普及到这些城市的新增人口。这部分人口虽然被城市化，但是他们远没有享受到市民的待遇，他们是生活在城市里面的"非城市人"。

三、村庄消失的原因

消失的村庄大抵分为以下四类：因城市扩张被圈入城市的村庄；空心化的村落；被过度开发的村落；被特殊保护的村落。

过度的城镇化，直接导致农民失去土地，政府通过圈地、囤地来推动城镇化，大面积优质的农田被荒废。农民被迫放弃自己的土地，离开世代居住的村庄，到城市打工，许多传统村落随之消失殆尽。大多数拆迁农民首先是失去土地，失去可持续发展的生产资料；二是失去工作与家园，失去祖祖辈辈赖以生存

的物质空间；三是失去精神家园，失去社会联系与交往的亲情纽带，失去灵魂的栖息地。

村庄消亡除了外力的影响，还有一种是自然的消失。一些村庄，公用设施比较缺乏，道路交通不便，在这种情况下，农民大部进城打工，十室九空的情况越来越多。同时，由于国内教育体制的改革，在21世纪初的10多年里，农村中小学经历了大范围的"撤村并校"，优秀教育资源都集中到了城市，为了孩子有一个好的教育环境，村民不得不举家迁移至城市陪读。优秀教育资源的缺失，慢慢促进了村庄的空心化，直至村庄逐渐消亡。

学校的建设，对村庄影响至关重要，可以说学校的关闭成为许多村庄衰落的转折点。由于村庄里面学校被撤，家长纷纷把孩子送到县城，孩子在县城上学，许多家长到县城租房陪读，有家不能归，有地无法种，牲畜没法养。随着村庄学校的销声匿迹，村庄也随之凋零。21世纪开头的10多年里，中国农村到处都能看到类似的变化。那些在"人民教育人民办"的口号下，靠乡亲添砖加瓦办起的农村中小学经历了大范围的"撤村并校"。在2000年到2010年间，农村小学减少了一半，平均每一天有63所小学，30个教学点，3所中学消失。学校撤消了，村庄也变得冷清起来。而村小关闭后，多数人会选择去更远的县城读书，而不是不远处的镇上读书，有很多村民，为了给孩子更好的教育，不惜举债陪读。这样，为了孩子读书，村民付出了很大的代价，而为了陪孩子读书，村庄里面的年轻人也慢慢没有了，他们需要在城市里面赚钱供孩子读书，这样原来的村庄就开始慢慢衰败，甚至到最后自然消失。

除去因空心化与城市圈地消失的自然村，我们还有一部分村庄被"特殊"的保护了起来，有的则以乡村旅游的名义被过度开发，虽然形式上还是村落，但是本质上已经失去了村落的特性，被就地城市化了。

有些村落因为有历史建筑，被特殊的保护了起来，被称为古镇或者古村落。但一旦被"特殊"保护，接踵而来的就是过度的商业开发。建筑被保护了，生活方式被保护了，但是，村民却被市民化了，生活的氛围被城市化了，大家之间的关系也越来越冷漠。因为建筑被保护，生活方式被保护，年轻一代适应不了"不便捷"的老建筑生活，纷纷搬离自己的村庄，去县城生活。最后，这个被保护起来的村庄只剩下老人，还有外来的商人。而随着外来商人的越来越多，本地人越来越少，整个村庄的组织结构发生了变化，生活方式也发生了根本性的变化。本意是为了保护整个村子的人、自然、生活方式，结果却适得其反，最后保护的仅仅是一个没有灵魂的壳。本意是好的，但是，最后变成了一个当地政府敛财的工具，成为被利益驱使的严重商业化的载体。乡村遗产保护的价值，不仅仅是房、山和自然环境，还包括了紧密联系在一起的农业生产机制，也包含了整个生态循环系统。当村庄被过度商业化，如何维持乡村遗产的农业景观？如何保护村落质朴的生活氛围？这些东西最后都成为未知数，直到最后彻底失去了保护的根本意义。

除去被特殊保护的存在，还有一部分是因为乡村旅游被过度开发的村庄，这些乡村一般拥有两个共性：距离大城市近；自然本底好，环境优美。由于城市房地产投资市场的饱和与疲软，大量的剩余资本冲进农村，加上国家新农村建设的政策扶持，开发商的快速介入让农村的建设成了另一个房地产市场，从农家乐、乡村休闲到乡村度假，如火如荼，逐渐形成了村村点火、户户冒烟的局面。

这些环境优美，人文质朴的村庄，慢慢被开发，演变成了旅游景点，城市里面的人开始大量涌入，吃农家饭，住农家屋，体验最生态的生活方式，这就是行业内被鼓吹了很久的乡村旅游模式。随着村庄里面的旅游产品开始规模化经营，资本大面积下乡，带来的必然结果是除了破坏原来的生态环境，还有就是培养出很多新的商人。同时也培养出很多资本上的破产者，然后带来新的社会不稳定因素。最后村民与村民之间除了金钱关系没有别的关系。熟不知，虽然成熟的旅游模式为村民提供了就业岗位，但当旅游工作收入突然增加的时候，村民就会过于依赖旅游发展，减少农业生产劳动。一旦没有了旅游市场，分工村民很难回到农地工作，这样就会延伸出很多社会问题。

四、村庄消失带来的问题

大量自然村的消失，产生了一系列的现实问题。空心化的村庄，导致村庄里面几无年轻劳力，只剩留守老人和留守儿童。记得曾经有位朋友向我提起他们老家发生过的一件事，他们一家住在城市里面，老家村子里面只有年迈的老父老母，而村子里面几乎剩下的也都是老人和儿童，今年，他们家种的蚕豆快成熟的时候被小偷连夜偷走。他问我面对现在村庄越来越严重的空心化现象，我们规划应该怎么办？我想或许这就不是一个规划的问题。目前，这些村庄还只是处在一个空心化的历程中，大家就遇到了这些现实问题，如果这些自然村某一天消失了，一点也不奇怪，这是一个不可逆的过程。而随着村庄的消失，农民不仅仅失去的是农田，他们还会失去离开城市的退路，失去了一种低成本生活的选择。

另一方面，自然村落是长期形成的，具有社会、经济和自然的合理性，承载着历史、文化和社会关系，因此，村落的消亡也必然带来传统文化的割裂。城市里面，大家彼此之前越来越冷漠，小区模式的弊端越来越被凸显，如何促进大家交流，提高邻居间的互助，大家都在思考与反思。其实村庄就是一个天然的社区，大家彼此互助、和睦相处。在村落中大家都彼此熟识，彼此参加大家的红白喜事，彼此照顾，邻里关系良好，甚至有的村落还形成了自己独有的风俗习惯，并一直传承下来。如果这些村庄被空心化，这些很多年保留下来的社区文化也会消亡，进而传统文化被割裂。

随着乡村的消失，千百年来形成的乡村人地生

态系统将面临破坏，特别是水生态系统遭到前所未有的胁迫与污染，城镇的污染向乡村扩散。传统村落是风水的活化石，村落从选址、奠基到立木，是中国人特有的审美情节与建设仪式。经过几百年甚至上千年与环境的适应和发展演化，村庄已经成为大地生命肌体的有机组成部分，如果被破坏，后果严重。

五、我们应该如何面对乡村

中国很多美好的乡村是自然生长的结果，不是规划出来的。段德罡教授曾在一次规划会议上呼吁：中国向西方学习的过程中走的步伐过快，占据财富的欲望过于强烈，导致城市出现很多问题。作为地球承载力总是有限的，在推动乡村城镇化的道路上没有止境的向前发展，却不明白这条路通向何方。当中国城镇化50%之后，需要认真思考一年一个点的城镇化进程是否适合中国。

为了留住需要留住的村庄，国家应该大力发展以农业生产为主的复合产业计划，培育高科技农业产业，提高附加值，国家层面应该大幅度提高农产品收购价格，增加对农产品生产的补偿。鼓励土地流转，实现土地的规模化、机械化、社会化经营，培养一批农业产业工人。其中包括林特产业、畜牧业、养殖业、特种蔬菜、有机茶叶、花卉产业、苗木产业及乡村旅游和乡村养老产业。

目前，国家鼓励支持在乡村发展旅游产业，几乎所有城市周边乡村与有一定古村风貌的乡村都在搞乡村旅游，乡村旅游成了农村经济发展的最后一根救命稻草。乡村旅游与乡村休闲在一定程度上增加了农民收入，改变了乡村景观的面貌，改变了产业结构，改变了农民的职业与前途。但是，乡村旅游只是农村的附属产业，不可能也不能成为支柱产业。旅游产业具有交叉、混合、网状、模糊、非传统、非线性、集成、复合等特点，属于非传统产业形式；它具有很强的关联性、脆弱性、非生产性、非真实性、模糊性、

暂时性、非稳定性、混合性、爆发式、井喷式，存在十分突出的淡旺季。旅游产业的高度集聚化会给缺乏城市基础设施与游乐基础设施的区域带来严重的社会、经济与生态环境胁迫效应。

由于当前新农村规划与建设缺乏规范、缺乏个性，规划布局缺乏公共空间，景观设计语言缺乏乡土气息。尤其是在规划设计中生搬硬套，缺乏与自然环境的协调性。在唯GDP发展战略的压力下，乡村的保护举步维艰。面对目前的城市，面对现在的乡村，或许我们更应该做的是，放缓城市发展速度，提高城市发展质量，让城市和乡村的发展与城镇化速度相适应。因地而异、因时而异，分地域、视情况发展乡村，保护部分村庄，降低污染、降低能耗，还大家一个蓝天，给大家一个健康的城镇化。

对于是否保留家园，农民应有自主权。卢晖临认为：非特殊情况，不应该强制他们离开，而应该努力缩小城乡差距。在这种情况下，仍会有人进城，但是这样的人口减少不会有负面作用，还会在一定程度上缓解人地紧张关系。而重要的是他们的家园还在，并且硬件变好，服务提高，使得留下来的人也能很好的生活。不应该仅限于对少数特殊村庄的保护，而应该成为对农民生存、生活空间的整体保护。

六、结语

村庄规划做成现在这个样子，大家谁都不愿意看到，可是能有什么办法呢？不是技术问题，这是市场问题，目前来看无解，无解的结果，无解的市场。笔者没有任何批评行业的意思，没有这个实力，更没有这个能力。最多也就是写一些东西出来，让大家看看中国的村庄目前的现状是什么，如果再这样下去结果会是什么。笔者呼吁：乡村规划异常复杂，并不是一个规划行业的人能全做的了的，希望大家拓宽设计思路，认真反思目前的乡村规划思路，做好这个最难的设计——乡村规划。

参考文献

[1] 檀学文. 专家：自然村快速消失有可能让农民失去退路[DB/OL]. [http://blog.sina.com].

[2] 吕西群. 专家：自然村快速消失有可能让农民失去退路[DB/OL]. [http://blog.sina.com].

[3] 李景奇. 中国乡村复兴与乡村景观保护途径研究[J]. 中国园林, 2016（9）.

[4] 吕西群. 专家：自然村快速消失有可能让农民失去退路[DB/OL]. [http://blog.sina.com].

[5] 李景奇. 中国乡村复兴与乡村景观保护途径研究[J]. 中国园林, 2016（9）.

[6] 李景奇. 中国乡村复兴与乡村景观保护途径研究[J]. 中国园林, 2016（9）.

[7] 卢晖临. 专家：自然村快速消失有可能让农民失去退路[DB/OL]. [http://blog.sina.com].

作者简介

李国亮，加拿大KDG设计有限公司中国事业部，资深规划师，注册规划师；

李景奇，华中科技大学建筑与城市规划学院，景观学系副系主任，副教授。

1. 城中村拆迁 打工子弟学校"留守"废墟
2. 生活在城市边缘区的民工子女
3. 留守儿童
4. 霍山县戴家河中学外景
5. 留守老人
6. 正在拆迁的郑州城中村

专题案例
Subject Case
乡村空间规划与设计
Sptaial Planning and Design of Rural Areas

"有限干预"下的村庄空间整治规划设计
——以临洮县王家咀村为例

The Regulation Planning of the Village Space Under the Limited Interference
—Take the Wang Jiazui, Lintao for Example

段德罡　陈　雷
Duan Degang　Chen Lei

[摘　要]　目前，西北地区绝大多数村庄规划建设都面临着财政支持有限、村民参与积极性不高、村落风貌特点消退的问题，那么如何在"有限"的条件下进行村庄规划建设呢？在这样的背景下我们提出"有限干预"的规划理念并以王家咀村为规划对象，从村庄的发展目标层面、规划总体布局层面以及建筑与宅前院后环境整治层面来阐释"有限干预"的村庄空间整治规划设计。

[关键词]　西北地区；有限干预；村庄空间整治规划设计

[Abstract]　Now, most villages in the Northwestern China are facing the problems like the financial support limitation, passivation of the public participation, the vanish of the village landscape in the field of village planning and construction. So, how to carry on the village planning and construction under the condition of the limit. On this occasion, we propose our planning concept-limited interference. Also the village Wang Jiazui is used as the planning object. In this regulation planning, we illustrate our concept from the aspects of planning target, general layout, environment renovation of the yards.

[Keywords]　Northwestern China; Limited Interference; Village Space Regulation Planning

[文章编号]　2017-76-P-012

1.王家咀总平

一、有限干预理念的提出

目前，西北地区绝大多数村庄规划建设都面临着财政支持有限、村民参与积极性不高、村落风貌特点消退的问题，那么如何在"有限"的条件下进行村庄规划建设呢？本文将以王家咀村空间整治规划为例去探寻解决问题的途径。

王家咀村目前现状空间风貌无序而整治资金有限、自然资源利用效率不高的问题，同时通过调研发现村民的集体认同感不强，缺乏村庄共同体。

在这些客观条件的制约下，规划人员不可能对村庄进行自上而下全面的规划干预，村庄需要循序渐进式的自我更新，有限度的干预可能会更适合于村庄，所以我们希望通过选取重要的空间节点并对其进行改造，达到以点及面的村庄空间整治效果。在这种背景下我们提出了"有限干预"的村庄空间整治的规划理念。

有限干预的村庄空间整治规划是指，在诸多村庄现实问题制约下，规划不能追求面面俱到而要有的放矢。在次前提下，可通过对村庄现有自然历史资源深入挖掘，确定村庄未来发展方向；规划编制人员通过与当地村民、政府协同确定村庄在空间环境层面的主要问题，并在有限的资金支持下针对主要问题分阶段的制定解决方案的过程。

二、规划概况

2015年甘肃省大力推进"美丽乡村"建设，开展"千村美丽、万村整治、水路房全覆盖"为主要内容的农村人居环境改善行动。受临洮县住房和城乡建设局委托，我院承担了临洮县洮阳镇王家咀村空间整治规划，项目规划用地面积54.47hm²。

1. 规划对象介绍

临洮县隶属于甘肃定西市，紧邻兰州市。自古为西北名邑，陇右重镇，古丝绸之路的要道，是著名的马家窑文化的发祥地，有"彩陶之乡""兰州后花园"的美誉，但经济发展落后，为国家级贫困县。

王家咀村位于临洮县中心城区西北部，西依西平山东临洮河，省道311、317邻村而过，交通区位条件优越；村庄共由上庄社、下庄社、寺沟社、红沟社四个村社组成，现有484户，1 966人，有近半数的村民常年外出打工，本村劳动力流失严重；王家咀村2015年人均收入为1 803元，产业较为单一，主要以种植业和个人养殖业为主。村中有香厂一座，但是生产规模较小对村庄发展带动力不强；电厂渠和郭公渠绕村而过，同时全村分布有九个泉眼，具有极好得水景观资源；王家咀村村庄历史悠久，紧邻洮河历史文化厚重，自古都是西去临夏的必经驿站。村中发现有"马家窑文化"遗迹，村中还保留有明代时修建的源泉寺一座，至今寺院香火旺盛是当地重要的民间信仰活动场所，同时王家咀村还是甘肃省非物质文化遗产——"临洮傩舞"的传承基地；村落整体顺应地势而建，民居因地取材采用圆石筑基，夯土砖砌墙具有极强的地域风格特点，但是新建的建筑严重的破坏了村落原有的整体风貌。

2. 机遇与挑战

（1）机遇

①自2013年以来，从中央到甘肃省相继制定了一系列鼓励发展美丽乡村的政策并给予财政支持。

②临洮县近郊型乡村旅游和文化体验型产业快速发展，在王家咀村周边已有老子文化产业园、卧龙湾住区、亚高原训练基地多个项目相继开展建设。乡村文化休闲产业具有良好的发展契机。

③随着马家窑彩陶文化影响力不断扩大，吸引

2

3

2.龙泉驿整体鸟瞰
3.王家咀整体鸟瞰
4.龙泉驿局部鸟瞰

了越来越多的省内外游客到此观光,为王家咀村发展马家窑陶器产业带来了发展契机。

(2)挑战

①如何有效利用当地资源,突显特色避免同质化竞争。

②如何在空间设计中实现对地域风格的尊重。

③如何在有限的资金下实现村庄空间环境的提升。

④如何引导村民积极地参与到村庄的建设中来。

三、有限干预理念下的村庄空间整治规划设计

1. 村庄建设目标层面

通过对王家咀村现状自然资源与历史文化的挖掘,提出了"以马家窑文化为支撑,利用郭公渠、电厂渠丰富的水景观资源,打造辐射兰州的休闲文化村",并以此为目标制定了三步走的分期建设目标。

第一步:2015年11月至2016年底,修复村庄空间环境基底,为将来发展打好基础。利用政府的专项资金完成王家咀村基础设施的改造提升并进一步完善村庄的道路系统,进而确定王家咀村村民公共活动场所的布点并完成其环境升级改造。利用专项资金完成王家咀村危旧房改造工程。并根据未来的发展需要完成龙泉驿项目的招商工作,吸纳社会资本进一步推进村庄建设。

第二步:2017年初至2018年底,进一步完善村庄风貌整治建设,并通过龙泉驿的建设激活村庄活力。根据规划的具体安排由当地政府选取部分村舍,积极引导村民进行建筑和宅前屋后环境的改造。完成龙泉驿一期建设并投入运营。推进香道坊的招商工作。

第三步:2019年至2020年底,建成滨水主题为主的休闲文化村。完成龙泉驿和香坊的建设。

2. 规划整体布局层面

(1)根据村庄未来的发展需要,合理组织现有村庄土地

此次规划范围内现有国有土地1.19hm²,村庄集体土地20.69hm²,宅基地及基本农田土地32.59hm²,根据发展目标,将从规划用地中确定12.69hm²的项目开发用地。通过土地使用规划,将部分村庄集体土地转变为公共服务设施用地和产业用地,用最小的土地成本确保项目得以落实。

(2)确定王家咀村空间环境中的主要问题

为了满足村庄将来的发展需要,王家咀村在空间环境层面的问题如下:

①卫生环境较差,基础设施亟待改善;

②缺少能够满足村民活动需要和展示村庄文化形象的空间场所;

③建筑风格混乱,村庄整体风貌正逐渐消退;

④新建项目的空间布局与原有的村落空间肌理的协调延续问题。

(3)尊重村庄空间生长逻辑,重组村庄空间规划结构

王家咀村空间整治对象分为新建部分和整治改造部分。在规划中,为了方便之后的规划编制与实施工作,首先对村庄中所有地块进行标号涉及304个建筑院落。

在尊重现有村庄肌理,强调村庄空间的生长逻辑的原则下,根据村庄发展定位以及存在的空间环境问题,结合现有的自然历史文化资源,确定了"一轴一带一心多节点"的村庄规划结构。选取村庄重要的公共节点,沿村庄主要道路,打造村庄南北向的空间

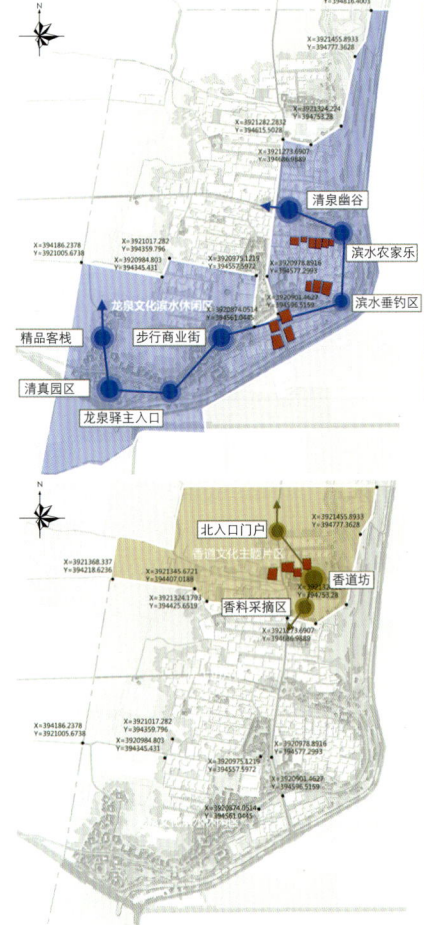

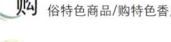

3. 龙泉驿整体鸟瞰
4. 王家咀整体鸟瞰
5. 王家咀村功能分区及活动策划图

整治轴线。打造滨水景观和村庄乡土景观相结合的龙泉景观发展带。积极打造村庄公共活动中心，塑造村庄门户节点及多个旅游节点。

（4）充分利用自然历史资源打造村庄三大主题分区

根据村庄未来发展的需要将其划分为龙泉文化滨水休闲区、居士坊休闲区、香道文化休闲片区三大主题分区，并提出相应的活动流线和片区的空间环境控制原则，制定"吃、住、行、游、购、娱"六大类活动项目满足不同人群的需要。

（5）村庄道路系统规划

王家咀村道路系统规划秉持经济节约的原则，为了满足未来发展的需要对原有道路按照活动主题进行改造，并新建龙泉驿内部道路和电厂渠郭公渠滨水步行绿道，方便村民日常活动需要和游客需要。其中改造道路约560m，新建道路约8 309m，根据《定西市2015年第二季度事务法调整的材料预算价格指导价》，道路改造新建费用约172 600元。

（6）充分利用现有村庄空间，确保村庄公共服务设施规划得以落实

王家咀村现状仅有六处商业服务设施、一处医疗设施和一处宗教民俗活动场所，其他相关公共服务配套设施缺乏。在规划中优先利用原有公共服务设施，尽可能的通过空间提升满足将来需要，其中改造利用现状商业服务设施（WJ-069、WJ-142、WJ-190、WJ-191、WJ-303）和医疗设施（WJ-319），完善升级现状宗教民俗活动场所（WJ-331）。利用村委会新增文化活动室（WJ-315），并利用村集体用地新建5处停车场（WJ-321、WJ-320、WJ-325、WJ-326、WJ-327）和5处公共厕所（WJ-318、WJ321、WJ320、WJ-326、WJ-325）。

3. 村庄建筑与宅前院后环境改造层面

根据建筑的实际情况及风貌控制的要求，将村庄内的建筑划分为三种类型。其中"乡村发展轴"风貌导引下需要改造的院落共40院，"龙泉景观带"风貌导引下需要改造的院落共33院，风貌协调区下改造院落231户。从三中类型中各选取自愿进行改造的一户由政府和村民共同进行改造，之后引导其他村民自愿进行改造。

（1）选取典型建筑院落进行改造

WJ-087户改造该户属于"乡村发展轴"风貌导引改造民宅，宅基地面积为310m²。主屋一层，其他房屋与主屋围合而成一个内院，该户外立面刷涂了水泥，墙面上的洞口处、女儿墙都有砖雕装饰，整体形象完整纯粹又不失传统特色。户主有发展农家乐的想法，所以重点对其建筑立面进行了改造并对院落空间进行了重组，将卧室改作活动室与餐厅，同时优化卫生间设备。改造费用47 000元。

WJ-229户改造属于"龙泉景观带"风貌导引下的改造民宅，宅基地面积为332m²。主屋一层与主屋围合而成一个内院。该户外立面一侧房屋单坡坡向内院，山墙临街，为机砖墙，另一侧房屋单坡坡向内院，背面临街，为土墙。设计中着重对其立面进行了改造，增加了当地的装饰元素，改造费用46 500元。

WJ-198户改造属于"风貌改造协调"导引下的改造民宅，宅基地面积为184m²。主屋两层，形体方正为平顶，其他房屋为一层，与主屋围合而成一个内院。院内建筑立面周身贴满了白瓷片，二层有阳

5.王家咀村功能分区及活动策划图
6.龙泉驿局部鸟瞰
7-9.典型院落改造图

台,但是无护栏等防护措施。建筑临街面为砖墙。户主有意进行农家乐生意,所以改造中重点对建筑内部空间进行重组,将多余的卧室与杂物间改做为活动室并完善卫生间条件,将二层卧室该做餐,利用屋顶平台做屋顶花园。改造费用42 500元。

(2)通过图则引导村民自助进行建筑改造,循序渐进的修复村庄建筑风貌

以典型改造村舍为样本,根据村庄内各功能片区的风貌需要,对建筑构件进行分类制作各类建筑的改造图则,村民可以根据自家的特点按照图则进行循序渐进的改造。规划希望通过图则引导的方法即对村庄整体风貌进行了控制,又能突出每家的建筑特点,从而积极引导村民参与到村庄的空间整治建设中来。

(3)通过图则引导村民自主进行自家宅前院后的改造

宅前院后划分为"宅前铺地""宅前绿化""宅前剩余场地""屋侧屋后"四个组成部分,对每个组成部分进行分类,制作改造导引图则。各户可根据分类按照图则的改造导引,循序渐进地进行改造。通过图则引导的方法对村庄界面进行了控制同时突出每家的宅院特点。

四、结语

有限的资金制约下如何确保规划可以落地实施,一直都是村庄规划实施的难题,所以制定一套适用于王家咀村的实施保障体系就显现的尤其重要。首

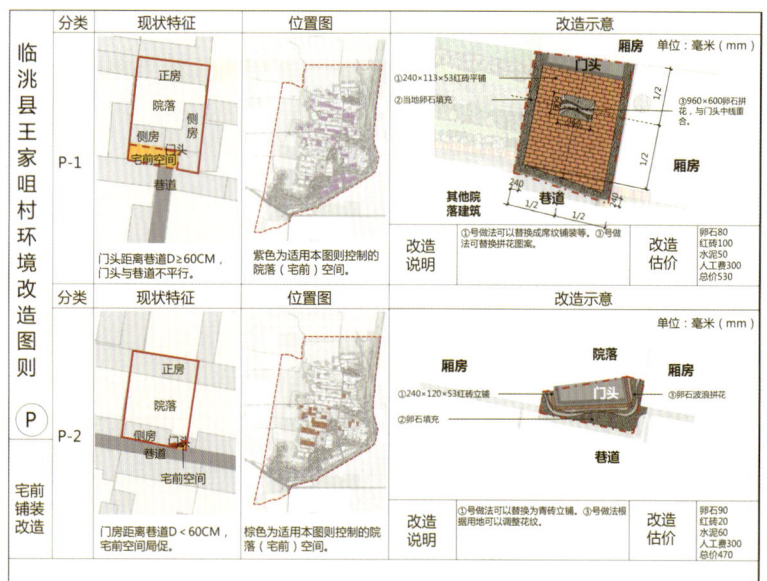
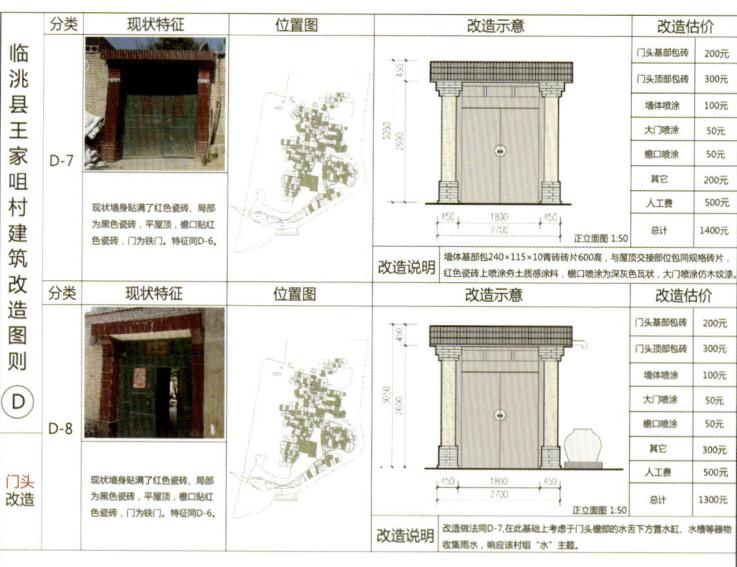
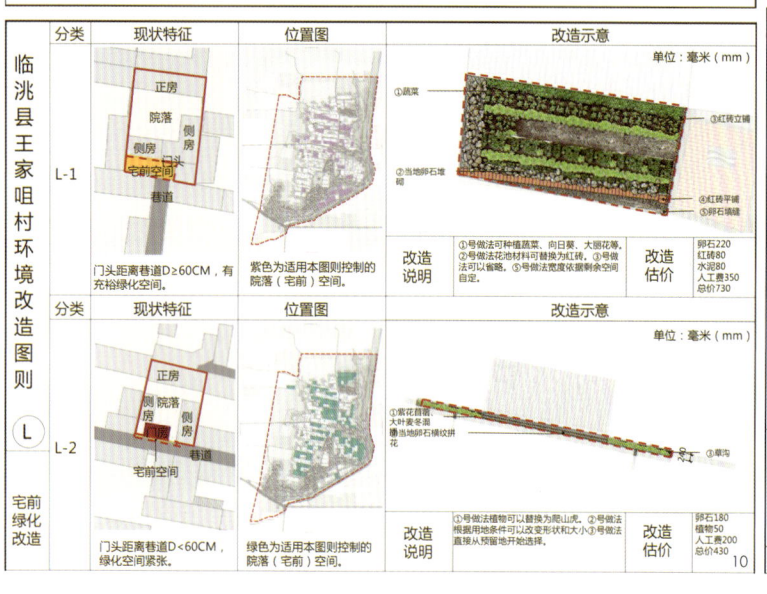
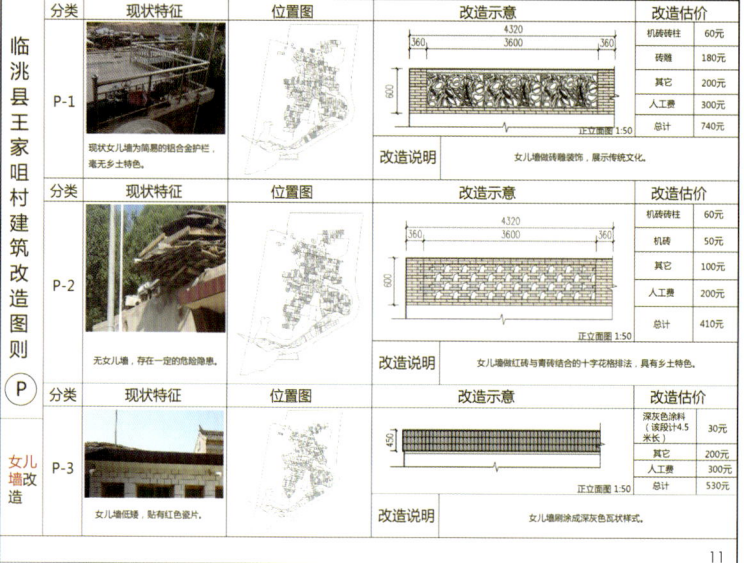

先，以王家咀村发展目标为实施导引，根据村庄发展的三大步骤成立相应的项目库，推进项目的落地建设。其次，为了规划的全面实施，必须保证多渠道的资金支持，那就需要多方参与主体融资去解决资金短缺的问题。

政府作为此次规划的主导者，也是村庄第一阶段发展的筹资主体，可以通过申请"美丽乡村"建设和危旧房改造的专项资金完成第一阶段的村庄空间环境整治目标。完成第一阶段的目标后，政府要确定需要开发商介入的项目，对项目进行宣传，并制定相关优惠奖励政策吸引有意愿的开发商一同介入村庄的建设中来。

开发商是村庄第二阶段和第三阶段的筹资主体其融资途径多样。在此阶段政府应该减少对项目的干预力，并且积极鼓励村集体与开发商相互合作推进项目的落实。

村集体是整个村庄建设的主力军，首先在实施之前村集体需要重构以村中干部、能人牵头的村民共同体，通过建立村民经济合作社吸引更多的民间资本进入基金，由基金机构统一管理安排参与建设项目。

村民是王家咀村的主人，在王家咀村建设的整个过程中都需要村民的参与和配合，在建设过程中需要村民自筹资金完成自家房舍和宅院的改造，之后政府可以给予相应的资金补贴。规划人员在实施阶段，需要听取多方的建议及时给予对方技术的指导并不断的修正调整方案，同时协调各方的需要平衡各方的利益。

目前规划已经进入实施第一阶段的末期，建设情况基本按照项目库的内容进行，相继完成了王家咀村的危旧房改造项目，完成了局部村舍的风貌改造，完成了村民活动广场局部改造，完成了龙泉驿滨水休闲项目的招商工作，同时龙泉驿项目的修建性详细规划也已经编制完成。

作者简介

段德罡，西安建筑科技大学建筑学院副院长，教授；

陈　雷，西安建筑科技大学建筑学院，硕士研究生。

10-11. 建筑改造图则

1.杖锡高山湖泊

休闲特色小镇的策划及新思路
——以宁波章水镇四明山心休闲小镇策划和概念规划为例

New Strategy for Project Planning for Leisure Tourism Featured Towns
—Case Studies for Project Planning and Conceptual Planning of the Rural Leisure Tourism Town in the Heart of Siming Mountain, Ningbo

程 愚　王 莉　莫璐怡
Cheng Yu Wang Li Mo Luyi

[摘　要]　章水镇处在四明山心的独特位置，传统一、二、三产发展缓慢，GDP体量小，旅游业更是优势资源不足。然而，"绿水青山就是金山银山"的新经济理念给我们带来思考，发现所谓"劣势"中存在的优势和"弯道超车"的机会，抓住这些机会，发展休闲特色小镇，美丽乡村将华丽转身。

[关键词]　休闲；特色小镇；策划新思路

[Abstract]　Zhangshui town is in the heart of the Siming mountain, in a traditional point of view, its primary, secondary and tertiary industries development is slow, and a small GDP amount, the tourism industry is lack of resources. However, in the new economic concept for our thoughts, the existence of the so-called "weakness" of the advantages and overtaking opportunities, so the future will open up a whole new world.

[Keywords]　Leisure; Featured Towns; New Strategy for Project Planning

[文章编号]　2017-76-P-019

一、引言

2014年初《国家新型城镇化规划（2014—2020年）》发布。标志着中国城镇化建设进程在"十三五"期间进入发展新阶段。

2015年，浙江省《关于加快特色小镇规划建设的指导意见》，明确了特色小镇规划建设的总体要求、创建程序、政策措施、组织领导等内容。其中规定：省级特色小镇规划面积一般控制在3km²，建设面积一般控制在1km²；3年固定资产投资50亿元、市一级30亿元等内容。

2016年10月国家发展改革委发布《关于加快美丽特色小（城）镇建设的指导意见》，明确特色小（城）镇包括特色小镇、小城镇两种形态。特色小镇主要指聚焦特色产业和新兴产业，集聚发展要素，不同于行政建制镇和产业园区的创新创业平台。特色小城镇是指以传统行政区划为单元，特色产业鲜明、具有一定人口和经济规模的建制镇。

章水镇位于浙江省宁波市鄞州区（项目策划进程后段2016年10月后划归海曙区）是宁波四明山。本案以章水镇既存的乡村资源为核心，通过政府"搭台"，社会企业资本注入，村民合作社产业协同发展，打造出别具一格的山心休闲特色小镇。

二、项目概况——小镇认知

章水镇，位于宁波一侧的四明山区的行政镇，章水镇行政区域146km²，在2016年10月前一直是鄞州区面积最大的乡镇，总人口2.9万。共20个建制村。高山村入住率只有40%，人口流出问题突出。"空心

2. 后湖岗休闲区鸟瞰
3. 后湖岗度假区总图
4. 局部效果图

村"成为全镇经济社会发展的短板。镇里还有13个村地处蛟口水库或周公宅水库大坝之上,水源地严格的环保的政策和传统的旅游开发的需求造成矛盾,历史政策也对章水地区旅游发展造成了严重制约。

同时,章水镇经济欠发达,2015年全年实现地区生产总值7.3亿元,一般财政预算收入6 750万元,在鄞州区内排名末位,尤其是第一、二、三产业水平很低。在历次宁波市旅游规划上都定义为"发展乡村休闲度假产业"的区域。由于历史原因开发不足,尚处在整体开发前阶段,与周边"长三角"地区存在的亟待满足的高端市场不相匹配。三个独特资源成为认知的焦点。

1. 地理的独特性——四明山心

章水镇,古称"杖锡",核心尚存"杖锡"镇。该区块素有"鄞州的西藏"之称,这里的自然生态环境、高山峡谷景观、海拔700m至800m的高山气候等无疑是独特的。"杖锡"在历史上曾是四明山佛教兴盛之地,云集千余僧众,历经数百年而不衰。这一史事提示我们:杖锡在四明山区属于相对独立封闭的区域,且居住发展的空间容量较大。有"四明山心"之称的杖锡,距四明山东门(鄞江)、南门(溪口)、北门(梁弄)均约30~45km,在当代交通和信息高度发达的条件下,属地处大都市近旁,又能够极少受外界干扰的为数不多的几个地方,最适宜静心

读书、养生养心。正所谓"交通方便的地方越来越多,闹中取静的地方越来越稀缺",这就是杖锡资源的独特性以及在当今社会环境下带来的可贵价值。

2. 政策的独特性——突破土地要素制约,政策操作性强

土地要素短缺一直是制约乡村休闲旅游发展的重要因素。由于得不到建设用地指标、无法获得永久性建筑的保障、投资权限和产权得不到保护,导致有意于投资乡村旅游的资本无法放心投资。

近年,乡村人口结构持续变化,年轻一代向城市迁移,位于山区的村镇逐渐老龄化、空心化,乡村青少年入学、居民求医问药、日常生活娱乐资源匮乏,乡村生活的吸引力快速降低,政府一直采取高山移民并将土地置换复垦的策略加一解决,即便如此,政府建设安置房和配套设施的速度常常跟不上村民迫切需要。利用高山移民政策置换出建设用地空间,是突破这个制约因素的重要契机。

3. 技术的独特性——现存大量闲置空心村,便于项目快速落地

对空心化村落闲置房屋的利用,是本项目另一个机会点。可以由社会力量、村民自发开发,改建休闲度假聚落。由于这些传统村落长期以来与周围环境已经深度融合,而且项目的道路交通、供电、给排水等基本配套只要在原来基础上进行提升即可,这样既可节省大量投资,保持了原有村庄机理,同时又可避免新建项目在水土保持、环境保护等方面可能出现的问题。

在走访四明山16个村落后,进行分析及开发价值评价,最后业主决定筛选出9个古村落作为重点资源,进行重点定位策划。详见表1。

三、机会的发现——小镇设计原则

哪里有市场哪里就有机会。

数据显示,近年长三角地区游客接待量占全国近1/4,旅游收入占全国近1/3;从商务旅游,逐步转变为休闲旅游;宁波国内游客人均花费高于浙江省平均水平,位列第二;在"产品偏好"调查数据中,休闲度假排在第一位。

传统思维的问题常常是新思维的机会。

人口外流和"空心村"情况,在传统农业经济角度看是劳力缺乏,消费缺乏,但在休闲经济开发角度正是土地资源的一种置换,外部资本有机会进入乡村;工业化水平低,在传统经济角度看,GDP贡献值低,而以休闲经济开发角度看,正是受工业化污染少,原生态休闲农业可以健康发展。

四明山是长三角南翼距离上海最近的森林大山。区域周边有5条高速公路、2条高铁,距离宁波

5.局部效果图
6.功能分区图
7.景观结构图
8.景观视线分析
9.道路系统规划

表1	各村落资源概述及开发价值评价	
村落名称	资源特点概述	开发价值评价
鹿窠	海拔700m的山中盆地北沿,背靠后湖岗,正南朝向。系原杖锡乡所在地,街道、社区、基础设施完善。为古杖锡禅寺旧址,周围分布有宋代石洞桥、古道、摩崖石刻等遗迹群	5分
后湖岗	海拔700~800m山顶的一个北向盆地,有一个10万m³水库,周边围绕约7 000亩樱花。视野宏阔,适合建设山景休闲度假基地	5分
麻车	有通村公路穿过,空间开阔。村边洼地约有百亩,可形成高山湿地湖泊,提升该区域为度假基地的品质。村西闲置的集体会堂、茶厂、小学,可用作中高端乡村度假酒店或艺术家聚落,率先示范带动当地农户开办民宿。距燕子窠、鹿窠仅数分钟车程,与核心区块关联密切,未来进一步发展空间较大	4+分
燕子窠	处于"樱花园"入口处,距杖锡较劲,是从密北线进入杖锡核心区块的必经之地。依地势可划分出三个基本区域、组团(包括"小树林"组团),每个组团相对独立又密不可分,便于引进多个项目入驻	4+分
地坪—里厂	依地势分为"外厂"和"里厂"两个组团。外厂近30幢房屋,依山崖而建,地势陡峭,面朝东南。里厂距外厂约200m,属尽端性资源,环境较佳。两个组团之间约有200多亩田地。村旁有古道经指如岭与花桃村相连。无患子手工皂为其初兴的特色产品	4分
花桃	位于杖锡东北侧山脊,村落朝西,属尽端性资源,有通村公路经庄下、化龙庄到达杖锡。村旁另有约4km"指如岭"古道与地坪村相连。该村分成里外两个相对独立的区块,环境幽静,空间及视野开阔,周边较多山峰	4分
梅树孔	有通村公路与杖锡核心区块相连,属尽端性资源。村落朝向正南,形态完整,深具古村韵味。缺点:一是住户多,略显杂,难以整体开发;二是距杖锡核心区块有一定距离	4-分
肖箕兜	该村最大的特点是体量不大,呈跌落状嵌挂在陡峭的山坡上,其形态颇为引人注目。距李家坑较近,与李家坑易产生关联。缺点:一是朝向问题;二是村内陡峭上下不便;三是视野景观并不是很好	3+分
麻坪	类尽端资源,现存一定数量的老屋,空心化程度比较高。优点是村落形态比较完整,环境幽静,视野开阔;缺点是朝北,又处于杖锡集镇与李家坑之间的陡峭半山,位置相对不便	3分

栎社国际机场16km,距宁波市中心50min车程。周边2.5h交通圈覆盖杭州、嘉兴、绍兴、舟山、台州、义乌等市;三小时交通圈覆盖上海、湖州、苏州、温州。山间高山峻峭,峡谷幽深,泉水淙淙,林地茂密,空气清新,环境洁净,几乎没有工业污染。独特的高山林地资源、水库资源和悠久的历史具备发展乡村休闲旅游的必要条件。

"绿水青山就是金山银山",新经济理念给我们带来思考,发现过去所谓"劣势"中存在的优势和"弯道超车"的机会。概念规划必须充分利用这样的资源,按照"休闲+""特色小镇"和"国际化、健康时尚的生活方式"原则设计小镇。

1. 休闲+

"休闲+"的核心产品概念,一方面是休闲的升级,另一方面打开思路,可以加入现代、国际、都市、时尚的理念,建立新的核心竞争力。

"休闲+"概念,是基于都市中产阶级"逃离城市、回归原乡、体味本真、健康生活"的特殊需求,与传统意义上的观光旅游、乡村旅游具有本质上的区别。这类需求的出现,一方面与后工业时代大都市的非人性化生存环境和生存状态有关,另一方面与互联网时代的到来和高度发达的交通、通信方式直接相关,是多产业跨界融合的产物,更是是休闲产业的"工业4.0版"。

2. 山心休闲小镇,特色小镇

"山心休闲小镇"以原杖锡乡所在地鹿窠村为核心,范围包括:李家坑、燕子窠、麻车、低坪、花桃等自然村落以及后湖岗"天池"区块。区域面积不少于2.5km²,建设面积控制在1~1.5km²。3年内完成10亿元投资。并整合"山心休闲小镇"范围内(包括李家坑)的旅游资源项目,在创建期内建成3A级以上景区。将杖锡区域重新定位为"四明山高端休闲集聚区",打造集聚型休闲度假地,提供高端复合型乡村休闲产品。

3. 国际化、健康时尚的生活方式

放在宏观经济地理的背景下看,最新的《上海

市城市总体规划2040》，提出上海"建设成为综合性的全球城市"的目标，同时强调"坚持长三角区域协同发展"。近在咫尺的宁波四明山地区，独特资源加上进一步特色小镇的打造，无疑将承载上海"全球城市"的溢出资源红利。

以3h交通圈（200km左右）短途休闲度假游客为主，包括周末、节假日自驾观光群体、白领运动休闲群体、中老年养生客群。特别是以上海游客及居住在附近区域的外籍人士为主要目标市场，项目的合理定位就是：提供国际化、健康时尚的生活方式。

四、路径策略——产业生态系统

发展应该是循序渐进的，首先从该区域的资源禀赋和现有产业基础出发，寻找到已经存在的、对于未来产业生态系统的形成和发展具有关键价值的"第一个物种"，给予合适的土壤、光照、养分、水分、温度，使其"生长"。这样的发展路径未来是具有自生长能力的，是可以持续的。

"四明山经典学校"是本项目认知的生态系统的"第一个物种"，这所创办于2009年的民办九年制学校，选址杖锡利用闲置乡村学校房屋，引入"德性教育与知识教育并举，私塾教学与班级授课制并用，以培养自主学习能力为目标，以因材施教为方法"的中西经典教育，已经给该区域带入了全新的人群（大城市高收入家长人群）和产业发展的新因子。如果顺此路径，把对闲置房的利用和空心村（高山移民）作为抓手，继续引入两家以上的特色教育（文创、艺术类特色教育）机构、学校，出台特殊产业政策引导形成"艺术家聚落"，禅修、清修聚落，由此将会带来对短居、旅居的更多需求，民宿经济必然被拉动。

随着大城市高收入家长人群的引入，都市中产休闲人群的集居，将引发对养生、康疗服务的需求；对原生态农产品的大量需求。而以休闲度假人群为基础，通过电子商务渠道将大幅度增加原生态农产品的市场销量，拉动当地原生态农产品朝产业规模化方向发展。

五、华丽转身——重点项目策划和概念设计

要实现四明山乡村旅游产业的突破，必须靠差异化和模式创新，从市场需求出发，着力发展具有真正核心竞争力的拳头产品；杖锡片区块资源环境的独特性，对于静心读书、养生养心而言是不可多得的休闲宝地；充分利用四明山杖锡片区得天独厚的资源禀赋和生态产业基础，创建"山心休闲小镇"。目前阶段宜集中力量，在杖锡区块单点突破，更易破局成功。

1. 鹿窠·高山休闲街区

鹿窠—杖锡村地处一海拔700m的山中盆地北沿，背靠后湖岗，正南朝向。系原杖锡乡所在地，街道、社区、基础设施完

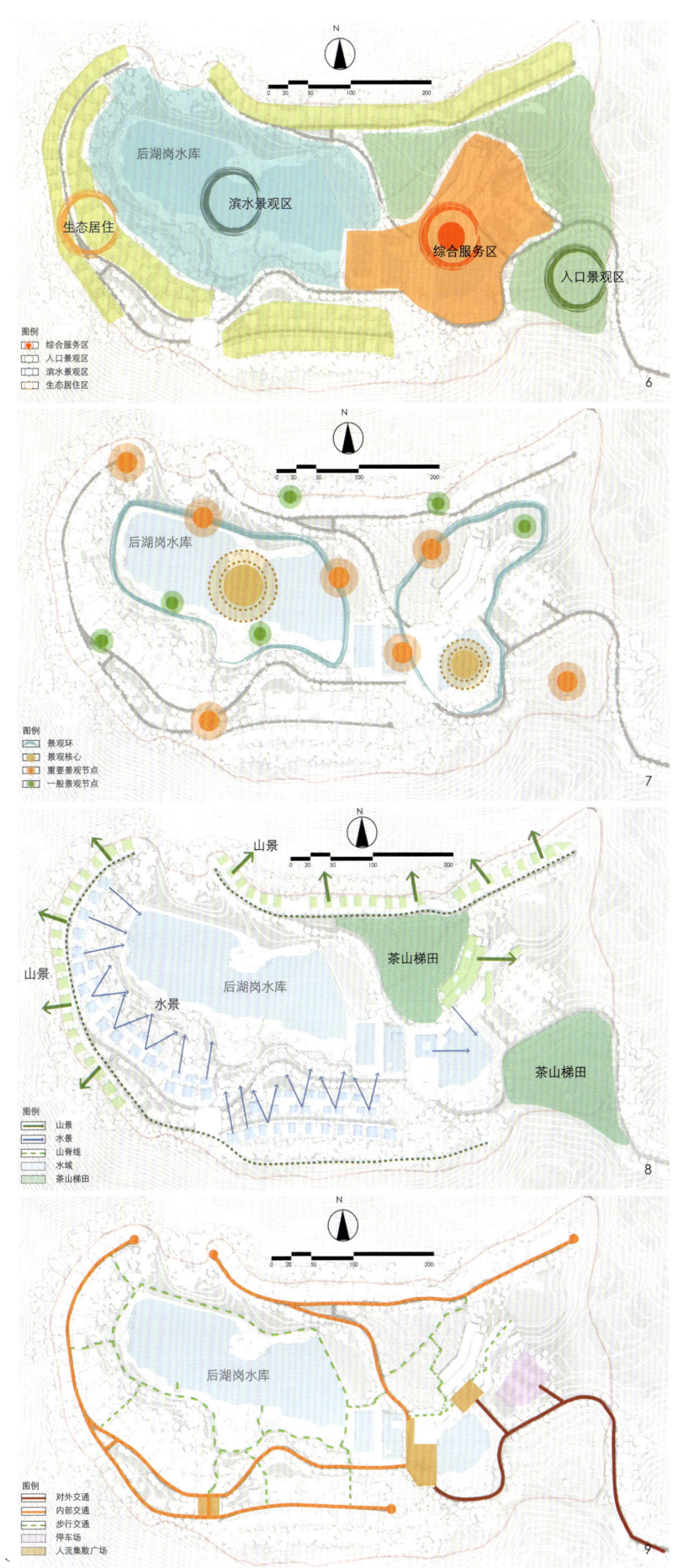

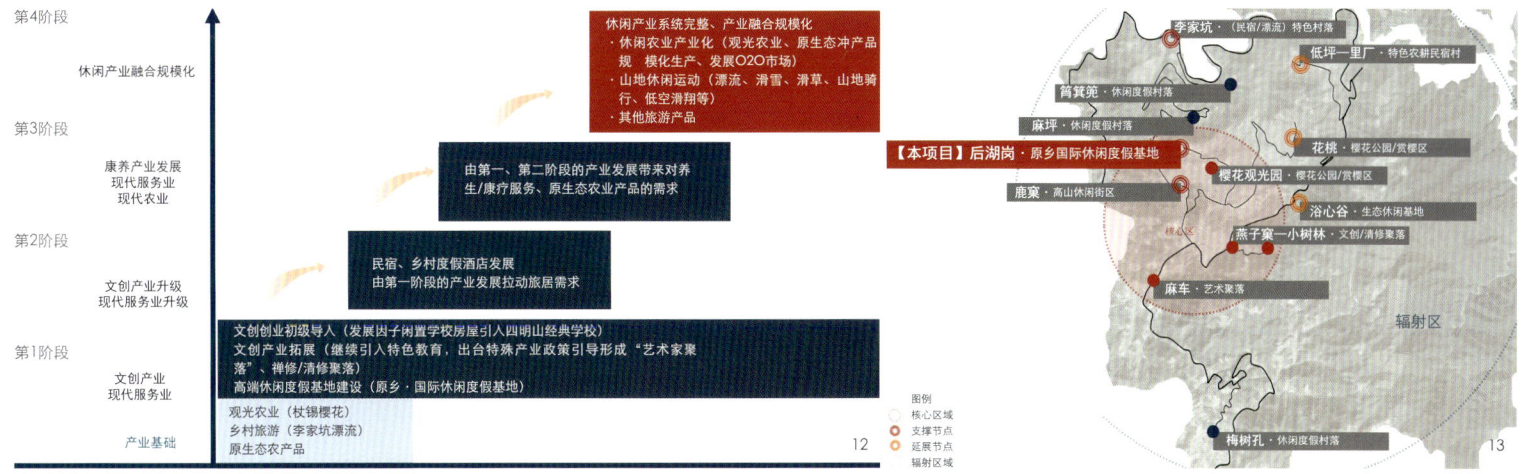

善。为古杖锡禅寺旧址,周围分布有宋代石洞桥、古道、摩崖石刻等遗迹群。建议发展定位为"山心休闲小镇"的高山休闲街区。内容重点:小镇客厅、管理中心、文化中心,卫生院,学校,商业服务一条街(商店、超市等),民宿等。

其他关键举措有:①修建高山湿地湖泊、环湖栈道,整体提升该区域休闲度假的环境品质;②景观石以西民宿舍组团示范性开发。景观石以西的民居组团,朝向好,闹中取静,目前有较多倒塌的民居院落和空置房。建议统一规划,迁移部分居民或买断倒塌民居院落和空置房,通过政府引进、外包等运作方式,发展成中档民宿组团,作为"山心休闲小镇"发展民宿的示范动作。

2. 后湖岗·原乡国际休闲度假基地

杖锡区块最高点,海拔750m山顶叫做"后湖岗",有一个10万 m^3 的水库,周边围绕约7 000亩樱花。视野宏阔,本次策划为山景休闲度假基地。该区块拥有壮美的高山湖泊,朝阳和夕阳下,雾、雪如画,再加上不同季节的樱花、红枫等树木的变化,是这个项目需要凸显的卖点。拟建设100幢山地度假别墅,配备会议中心及其他配套设施。

项目规划设计充分满足度假酒店、休闲、会议功能。户型设计上满足情侣、三口之家、三代、两到三户家庭结伴出游、团队度假和会议等需要。公建配套包括书吧、图书馆、全日制餐厅、会议空间、综合性多功能空间、健身房等;户外配套:露天泳池、户外婚礼场地、观景平台、游步道、景观农田、果园。在外部条件允许的情况下,未来还可设置直升机停机坪,增加和项目匹配的高端交通方式。

其他:麻车、燕子窠村落开发,政府投入基础设施并加以引导,社会资本投资建设主力休闲设施群落,村民跟随资源发展。这些项目逐一落地,传统的人口空心化、经济发展水平低下的村镇,重新注入了活力,美丽乡村华丽转身,成为大城市近旁高山特色休闲小镇。

六、回顾和思考

本次特色小镇策划的核心理念:现代化、国际化、时尚化;核心产品是"生活方式"的跨界融合;乡村一侧的某些优质资源经此改造,在城市一侧找到亟待满足的需求;加上"点状供地"政策创新,此举解决了包括"空心村"、人口外流、土地产权等问题,这个过程政府处于引导和服务角色,接纳社会企业投资主体,带动村民合作社跟随发展,构建产业生态系统,实现城乡一体化发展的"弯道超车"。

本次指导特色小镇策划的核心理念:现代化、国际化、时尚化;核心产品是"生活方式"的跨界融合,实际上是用"城市"的某些标准去打造"乡村",乡村一侧的某些优质资源经此改造,在城市一侧找到亟待满足的需求。此举解决了核心问题包括"空心村"、人口外流、土地产权等问题,这个过程政府处于引导和服务角色,接纳社会企业投资主体,带动村名合作社跟随发展,构建产业生态系统,实现城乡一体化发展的"弯道超车"。

项目过程中,设计团队数次进入四明山章水镇区深入调研,掌握大量第一手资料。同时感谢镇政府领导的大力支持;感谢来自浙江花盈原乡实业有限公司的通力合作,原乡的总经理张立旦先生为项目调研,十进四明山,将许多独具慧眼的观察和创新性的思考分享了出来;期间也访谈村民合作农业社,感受到乡民们对于家乡的热爱和追求美好生活的渴望。就这样项目策划路线逐渐明晰起来……这一切的合作正如麦肯锡所言,"和客户共同解决问题",从而保证了项目的高度可实施性。

作者简介

程　愚,同济大学建筑设计研究院(集团)有限公司,工程投资咨询院项目总监,工商管理硕士,中国国家一级注册建筑师,美国建筑师协会(AIA)国际会员;

王　莉,同济大学建筑设计研究院(集团)有限公司,工程投资咨询院项目经理,咨询工程师;

莫璐怡,同济大学建筑设计研究院(集团)有限公司,工程投资咨询院项目经理,建筑师。

方案创作团队
郭卫东 程愚 莫璐怡等

12.产业发展路径图
13.小镇业态功能空间布局图

福建平潭综合实验区村庄综合规划初探
Integrated Village Planning of Pingtan, Fujian

高 珊 林 融 庞书经 许 昊
Gao Shan Lin Rong Pang Shujing Xu Hao

[摘 要] 新型城镇化发展要求下，广袤的乡村地区是新的发展凝聚点。在城镇化发展过程中，各类资源更广泛的聚焦于城市地区，导致乡村地区发展相对薄弱。但是，每个乡村范围虽小，涉及到的各类发展要素却较为多元复杂，目前缺少的是对要素的共同统筹和在规划编制中的整体化管理。本文基于对福建平潭综合实验区村庄项目既往规划管理过程中出现问题的简要分析，以更为合理有效的进行村庄发展为目标，提出村庄综合规划的编制思路，以促进村庄的发展更为切实可行。

[关键词] 村庄规划工作；四个能；指导手册；村庄综合规划

[Abstract] New urbanization development requirements, the vast rural areas is a new development cohesion. In the process of urbanization, all kinds of resources focus more on urban areas, leading to the relatively weak development of rural areas. However, each rural area is small, involving a variety of development factors are more diverse and complex, the current lack of co-ordination of elements and planning in the overall management. Based on a brief analysis of the problems in the past planning and management of Pingtan Comprehensive Experimental Zone in Pingtan, Fujian Province, a more rational and effective development of the village as the goal, put forward the idea of compiling village comprehensive planning to promote the development of the village is more practical feasible.

[Keywords] Village Planning; Four Functions; Instruction Manual; Village Comprehensive Planning

[文章编号] 2017-76-P-026

1.平潭综合试验区山门村村庄综合规划总平面图

一、前言

从我国当前发展形势来看，随着经济发展从外需导向转为内需导向，乡村发展已然成为国家转型发展的重要动力。党的十八大报告中明确提出推动城乡发展一体化的要求，并以城乡一体化作为解决三农问题的根本途径。城乡一体化及统筹发展，需要以"城""乡"发展双赢为目标，充分发挥工业对农业的支持和反哺作用、城市对农村的辐射和带动作用，建立以工促农、以城带乡的长效机制，促进城乡协调发展，全面改善农村生产生活条件，着力促进农民增收，保持农民收入持续较快增长。因此，乡村空间是未来规划研究的前沿领域。

在我国第四大岛——福建省平潭岛（福建平潭综合实验区）总体发展的版图上，约一半以上的区域为生态发展区，坐落在其中的百余个村庄能获得良好的发展状态将是平潭全岛整体发展品质的重要保证，是彰显平潭本地特色，推动平潭成为国际旅游岛的关键支撑，也是平潭城乡统筹综合示范效应的突出亮点。

二、平潭村庄规划思路浅析

1.平潭村庄发展的当前困境

平潭村庄发展在规划层面已经具有了一定基础，从2010年至今，平潭综合实验区已开展了多项对村庄发展起指引作用的工作，包括由规划局主导编制的《平潭综合实验区总体规划（2011—2030）》《主岛村落风貌保护专项研究》《平潭综合实验区建筑风貌控制导则》，推进平潭传统村落发展的相关工作计划；旅游局主导编制了《平潭综合实验区乡村旅游发展三年行动计划（2014—2016）》及《平潭综合实验区流水综合改革试点镇总体规划》，由交建局主导编制《白青乡美丽乡村专项规划》，开展并完成了中国第三批传统村落申报工作，当前正展开部分针对传统石头厝房屋的普查工作等。但是，基于以前的工作内容，平潭村庄发展也存在着一些思路上的瓶颈与困扰。

（1）村庄规划工作管理层面的困扰

依据当前平潭村庄开展的工作来看，平潭村庄规划由多部门并行管理，规划局、交通建设局、旅游局等均涉及到村庄规划的不同工作任务中。站在各职能部门的事权角度，所形成的村庄相关规划成果由于委托主体不同、设计单位不同、规划出发目标不同，所以造成了这些规划中存在着以下一些影响规划顺利推行的问题。

①发展思路难统一

平潭个别村庄，已经编制了多项规划成果，但是经过分析解读，各层面规划中存在着共同关注层面的结论不尽相同的局面，比如针对同一村庄的定位决策层面，有的规划强调农业产业定位，有的规划中强调旅游导向等等。

②系统工作难开展

表1　平潭村庄相关规划中内容关系表

规划名称	传统村落保护发展规划	美丽乡村建设规划	乡镇总体规划	旅游专项规划
编制依据	《传统村落保护发展规划编制基本要求》	福建省《美丽乡村建设指南》	村镇规划编制办法	《旅游规划通则》
关注层面	村主要居民点为主，村域为辅	村主要居民点为主，村域为辅	乡域为主，村域及村主要居民点为辅	乡域为主，村域及村主要居民点为辅
主要内容概括	村庄保护（保护对象、保护区域、保护措施、实施建议、保护项目）发展定位	产业发展	性质及发展方向，人口及建设用地规模	旅游发展（主题形象、旅游产品、重点项目、空间时序、保障措施、投入产出）
	人居环境（建筑、道路交通、基础设施、公共服务、防灾减灾）	人居环境（用地布局、建筑、生活设施、生产设施、公共服务、生态环境）	人居环境（基础设施、公共建筑）	保护与开发利用措施

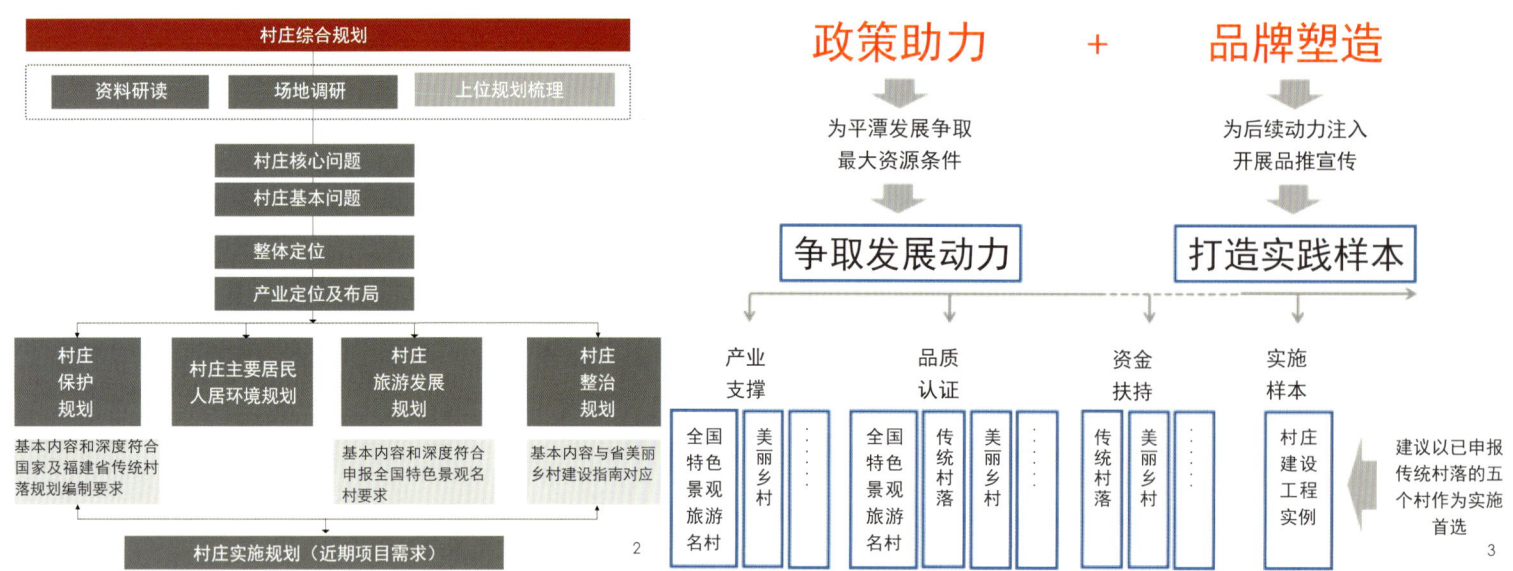

表2	平潭村庄相关规划评测结论汇总表				
	风貌价值度角度筛选			旅游价值角度筛选	整体环境价值角度筛选
村庄名称	平潭综合试验区总体规划（2011—2030）	主岛村落风貌保护专项研究	第三批传统村落申报	平潭综合实验区乡村旅游发展三年行动计划（2014—2016）	国家及省级美丽乡村
白沙村	●		●		●
白胜村	●				●
青峰村	●				●
国彩村	●			●	
红卫村	●				
平原村	●				
山显美村	●		●	●	
渔屿村	●				
山门村	●	●	●	●	
君山村	●	●			
潭水村	●				
南楼村	●				
建新村	●				
钱便澳村	●			●	
山利村	●			●	
玉井村	●				
岭前村	●				
澳前村	●				
东澳村	●				
白山村	●				
霞屿村	●				
苏澳村	●				
斗魁村	●	●	●		
下苏澳村	●				
看澳村		●			
东美村		●	●		
青观顶村		●	●		
芦北村				●	
流水村				●	
北港村				●	
上攀村				●	
丰田村					●
岱峰村					●
东占村					●
招康村					●
南盘村					●
玉堂村					●

当前平潭村庄规划编制的成果关注层面差异化较大，有的是针对特色化村庄（如传统村落），有的针对一般化的村庄，村庄发展的多个层面，如基础资料盘点、总体层面策划、政策申报成果及面向实施操作的计划等关注点分散在不同部门的规划成果中，编制、审批流程各异，较难形成针对个体样本村庄执行操作时的联系和延续性。

③工作抓手不明晰

由于既往村庄规划编制权分属于不同职能部门，各部门的价值导向也对规划成果产生的相应影响，造成基于同一类型资源的评价标准存在差异，或者基于部门专业化的要求规划编制评价角度完全分离的情况，这为进一步开展后续工作带来一定困扰。

例如，在平潭村庄中较有意义的风貌价值评测，在梳理各部门工作内容后可发现，基于风貌价值、旅游价值、整体环境价值等多个角度，各部门筛选出的村庄共计37个。其中，具有风貌价值的"潜在"传统村落共27个。具有高旅游价值的潜在传统村落6个。如何选择样板示范村庄，接下来应如何推进乡村发展工作，曾一度是执行部门长期思索的问题。

（2）村庄规划工作执行层面的困扰

①对接政策资源尚未充分

随着历年"中央一号文件"的出台，我国广袤的村庄正迎来新的发展机遇。多个国家部委针对村庄发展的各类政策相应出台，为村庄发展提供更多的机会、路径和政策资金扶持。因此，村庄发展应该在方针政策的引领下为自身争取更多的发展条件。当前，

2.村庄综合规划编制技术路线图
3.平潭村庄规划编制核心目标
4.平潭综合实验区山门村村庄综合规划鸟瞰图

可利于平潭村庄发展的政策机会多样,如住建部提出的"中国传统村落"保护发展政策、农业部提出的"美丽乡村"发展政策、"特色景观旅游名镇名村"评选、"社会主义新农村建设"方针政策等。

村庄发展积极争取响应政策,能从扶持资金、产业导引和品牌认证多方面为村庄发展争取更多资源条件。回述平潭村庄既有的规划成果,已经在传统村落和美丽乡村等政策领域下取得了一定成果,还可以结合后续规划编制在政策资源领域推进更多。

②村庄规划应用成果有待更新

《城乡规划法》中提出村庄发展应编制村庄规划。对于涉及村庄其他层面的内容则须由职权部门编制单独的规划来体现和完成。但是,在实际操作的过程中,一是村庄抓住相应机遇的迫切感尤为强烈,需要运筹帷幄,提前进行远景考虑和准备,而编制协调各类规划时间周期较长,往往难以应对快速需求;二是容易出现前述阐述的多部门成果意见不一致或观点不统一的问题,而乡村相对于城市,其需要整合的信息相对简单,应减少规划编制分权所带来的消耗。

2. 平潭村庄规划编制的解决思路

基于上述村庄规划管理中出现的问题及其解析,笔者认为平潭村庄规划的编制,应该更具有整体统筹性、政策导向性和实际操作性,所以,特梳理新的规划目标,并提出更具适应性的规划编制建议。

(1) 平潭村庄规划编制目标

村庄规划应以"四个能"为基本目标。

①能对村庄进行深入了解与判断

深入实地走访每个乡村,并针对乡村价值进行扎实的资料汇总,是"留住乡愁"的直接技术手段,乡村工作只有在独具特色的乡村资料整理基础之上,才能让后来者对其有更清晰鲜明的了解,才更能让每个乡村的特质得到深化和延续。

②能为村庄寻找到切实可行的发展路径

广泛探访村庄发展的成功案例,借助每个村庄资料本底条件的详细盘点,寻找并选择合理路径,选择性导入社会化资本,为村庄注入产业,凝聚人气,彰显活力。

③能更大可能的为村庄争取各类资源辅助

平潭综合实验区基于其石头厝建筑特色显著、传统村落遗存较好等风貌特点,以典型村落展开先行先试,应积极对接各部委政策,以传统村落、美丽乡

5.平潭综合试验区山门村村庄综合规划中心区鸟瞰图
6.平潭综合试验区山门村村庄综合规划入口区效果图
7.平潭综合试验区山门村村庄综合规划功能图
8.平潭综合试验区山门村村庄综合规划村庄保护区划图
9.平潭综合试验区山门村村庄综合规划绿地系统分析图
10.平潭综合试验区山门村村庄综合规划景观视线分析图

村申报申请政策性补助资金，用于村庄的改造和发展，可以进行"特色景观旅游名镇名村"等政策申报，为村庄获得更多旅游、大健康等相关产业的关注度，为村庄的第三产业为主的多样化发展开辟资源通道，并开启平潭品牌推介的序幕。

④能更顺利有效的促进乡村工作的开展和落实

首先解决好村庄工作开展的管理依据问题，从协调和职权管理部门工作角度出发，秉承科学合理、一村一议的原则，编制具有较强操作性的乡村规划，形成有助于管理执行的规划成果。其次，在合理的规划策略下解决好村庄发展的产业、空间、设施保障等问题，提升村庄的经济发展水平和基础设施建设水平，实现民生环境的极大提升。

（2）村庄规划编制建议

针对现在村庄发展的实际需求，村庄规划应基于"四个能"目标，将乡村发展建设中从总体定位到微观实施环节的重要工作，形成一本具有可操作性的"指导手册"，作为每个乡村工作的管理依据。

首先，手册中应就村庄发展的总体方向提出明确的指引，并在产业决策、村庄现状盘点、居民点规划、村庄保护、村庄整治及总体实施策略方面得到充分落实和体现。其次，手册中成果内容应有助于村庄获取多类型的政策扶持资源，提取手册中相应章节内容，能有助于完善编撰汇总申报文件，通过一本手册的方式实现村庄从方针决策到落地实施到政策申领的一体化成果体系。为此，在平潭的村庄规划中，特提出"村庄综合规划"的规划编制成果形式。

3. 平潭村庄综合规划编制的要点

平潭村庄综合规划重点在做好村庄基础资料档案汇编、产业定位导向与布局、政策型专项研究和实施规划这四个方面的资料汇总与发展导向的工作，并形成一本手册，供规划管理部门作为执行依据。

（1）针对村庄本底状况应深入摸底

通过对村庄人口经济、自然环境、产业特色、居民社会结构、历史文化、人居环境、周边旅游资源等的深入调研。记录村庄山水格局及传统格局，对村庄历史沿革、重要历史人物、典故及村庄历史遗存、文化遗存等资源进行挖掘整理；并就人居环境中建筑风貌、质量、高度、年代、权属，及道路交通设施、市政基础设施等进行认真摸底。通过走访座谈深入了解村民意愿。据此分析村庄基本问题及特色问题，确定村庄历史价值、文化价值、科学价值、艺术价值、社会价值及经济价值。从而为村庄准确定位并确定发展方向。

（2）针对村庄发展路径应贯彻统一

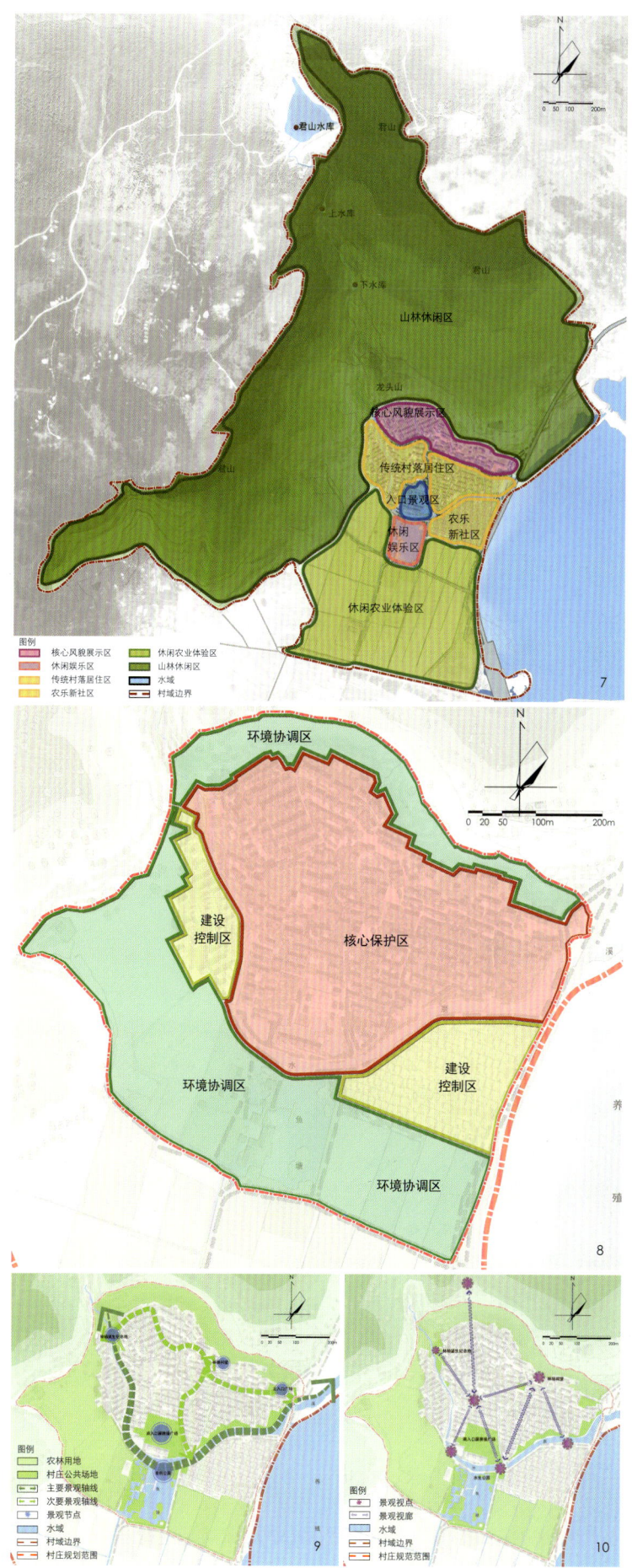

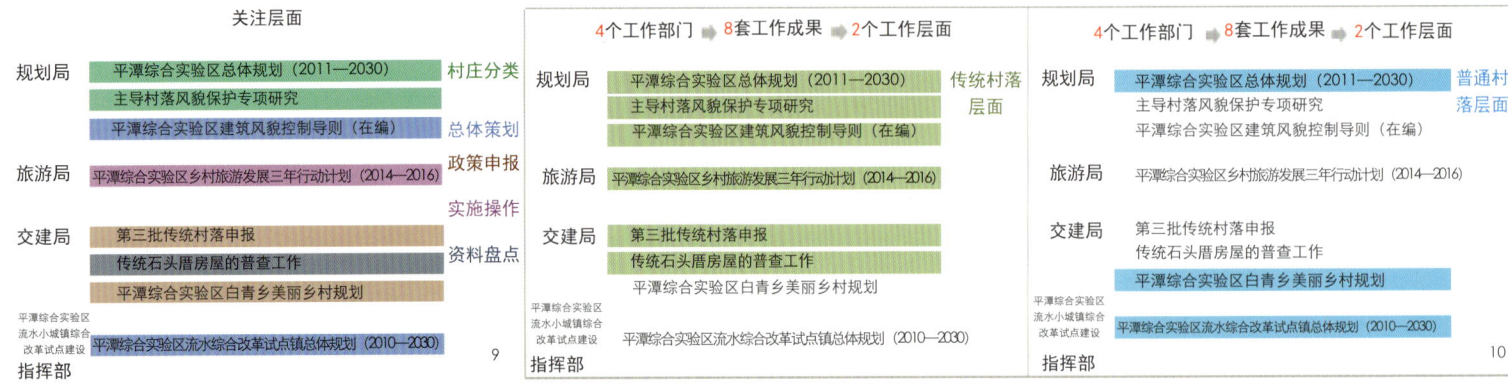

分析村庄人文、自然资源，结合适时的产业、政策导向，应在村庄综合规划中提出纲领性的村庄定位和产业导向，并作为其他类型村庄工作开展的总体目标依据。

（3）针对村庄政策机遇应寻找资源

村庄综合规划的编制侧重于与政策资源的强力对接，所以在村庄保护角度、特色产业导向角度和民生整治完善角度均提出相应策略，以在适当的时机上报相关审批机构进行审核。

规划从村庄保护角度强调保护范围的划定，并需要根据村庄的自身特质，对山水格局、村庄传统格局、村庄内传统建筑、历史环境要素及非物质文化遗产和传统文化保护均进行保护。

村庄从产业政策扶持的角度，需要对新型导入产业，如旅游、大健康等产业进行现状分类盘点，挖掘代表性资源，梳理资源服务设施的情况，提出导入产业发展的定位与策略，制定详细的产品体系和重点项目，并建立相应服务体系。

村庄从民生整治完善角度，应关注村落原有的肌理脉络，探索其在现代化过程中生存和延续的可能性和措施，分析现有存在问题，改变村庄脏乱差环境面貌、提高村民的生活环境质量。整治内容的重点应着手于村域配套设施、建筑、环境卫生、道路交通设施、广场和公共绿地等内容，其中建筑为优先整治。

（4）针对村庄规划实施应深化保障

①资金保障机制

对村庄主要发展项目和近期发展项目进行投资估算，对村庄发展的资金来源、运作方式进行预期统筹，助力于村庄建设项目持续推进。

②规划实施保障机制

建议健全法律保障机制。建议制定村庄管理条例，作为物质空间日常管理及村庄保护发展的依据，对重要建筑修缮、村庄风貌控制提供指导。

建议健全公众参与机制。通过宣传教育、村民公约制度等方式提高村民的参与度和主人翁责任感。

③管理机制

针对村庄管理建议组建分工明确的管理机制。

建议组建村落保护发展管理委员会，以管委会为核心，对有价值村落及区内其它物质与非物质文化遗产实施直接综合保护管理。建议建立责任规划师制度，由经相关管理部门授权的责任规划师协助对区内建设方案进行审批。完善机构体系，尽快组建档案资料库、监测站、事业研究机构，并与地方相关专业机构合作。

三、结语

关于村庄规划的思考是个极具实际意义的长远课题，本文只针对福建平潭综合实验区村庄规划管理中出现的问题提出相应的解读，并提出"村庄综合规划"这一突破当前规划编制体系内的成果内容，并希望能够借助此类规划成果，能够在平潭地区更有助于村庄的发展和管理。当前，"村庄综合规划"已经在5个试点村庄编制完成，并将进行接受实践的检验。依托于本次的初步规划尝试，笔者也希望在不远的将来，能有更多为个体村庄量身定制的更加面向实际需求的规划成果，能够助力于广袤土地上的这片新的空间发展。

参考文献

[1] 陈喆，周涵滔. 基于自组织理论的传统村落更新与新民居建设研究[J]. 建筑学报，2012，4.

[2] 刘大均，胡静，陈君子，许贤棠. 中国传统村落的空间分布格局研究[J]. 中国人口·资源与环境，2014年，第24卷，第4期.

[3] 福建平潭综合实验区流水镇山门村村庄综合规划[J]. 2016年4月.

作者简介

高　珊，北京清华同衡规划设计研究院详细规划中心二所，所长；

林　融，北京清华同衡规划设计研究院详细规划中心二所，规划师；

庞书经，北京清华同衡规划设计研究院详细规划中心二所，主创规划师；

许　昊，中关村发展集团，高级专业经理。

11.平潭村庄相关规划关注层面差异分析
12.平潭村庄相关规划成果编制情况汇总

原生村庄形态的现代功能演绎
——2019年北京延庆世园会世园村规划设计投标

Modern Functional Interpretation of the Native Village Form
—2019 International Horticultural Exhibition World Park Village Planning and Design Bidding of Yanqing, Beijing

冯 刚　毛 羽
Feng Gang　Mao Yu

[摘　要]　万众瞩目的2019年世界园艺博览会即将在北京举行，而世园村是本届世园会配套服务区的重要组成部分，也是体现"绿色生活、美丽家园"办会主题的重要载体。规划任务明确要求必须保留世园村既有的村庄形态，同时整体提升设施水平和展示作用。这是世园会历史上首次用"原生村庄形态"来诠释展会主题和提供会时服务，但原有村庄的空间尺度和建筑形象与展会所要求的服务功能和展示需求相距甚远。如何合理解决原生村庄形态与现代功能需求之间的矛盾，就成为本次世园村规划的核心问题。

[关键词]　原生村庄形态；现代功能演绎；世界园艺博览会；世园村；北京延庆

[Abstract]　The highly anticipated 2019 world horticultural exposition will be held in Beijing, and the garden village is an important part of the service area of World Horticultural Exposition, and it is also an important carrier of "green life, beautiful home" will do the theme. The planning tasks explicitly required to retain the existing village of the world park, while the overall level of facilities and display the role of the overall. This is a service for the first time in World horticultural exposition history with the "the native village form" to the interpretation of theme and the service of provide, but the original village spatial scale and architectural image are far apart of the required service function and display needs. How to reasonably solve the contradiction between the shape of the original village and the demand of modern function has become the core issue of the village planning.

[Keywords]　The Native Village Form; Modern Functional Interpretation; International Horticultural Exhibition World; World Park Village; Beijing Yanqing

[文章编号]　2017-76-P-033

一、背景

世园村基地所在的谷家营村，位于世园会核心区的西侧，村庄占地面积约为25hm^2。基地北侧紧邻妫河，西侧为林地，东侧及南侧被大片农田包围，四周海坨山、官帽山群山环抱，景观生态格局良好。

谷家营村历史悠久，早在明代就有关于谷家营的记载，其村址位于明北京城的第二层水御城防体系上，具有典型的古代戍边村落特征。村庄现状用地以宅基地为主，现状建筑质量新旧不一，风格差别较大。

20世纪70年代，延庆修建官厅水库，附近居民迁村并入，大批居民迁至谷家营村安家置业、重建家园。由此，谷家营村的村庄边界迅速扩大，向南偏移100m左右，形成了鲜明的新村与旧村的分隔边界。

二、规划思路

1. 任务解读

委托方对本次世园村规划提出了明确的任务要求：在形态方面，要求"谷家营村搬迁后保留村庄形态"；在职能方面，要求会时"通过改造提升用作配套服务用地"及"绿色技术、绿色生活的集中展示区"，会后根据《延庆新城总体规划》，将世园村纳入城市建设用地，转变为城市功能，并成为延庆妫河休闲创意发展带的重要组成部分。

通过解读任务要求不难发现，本次世园村与历届世园村建设情况相比具有明显的特殊性，即首次运用原生村庄形态来参与主体诠释、提供会时服务、承担城市功能。由于原有村庄空间形态与现代功能要求使用之间存在明显矛盾，本次世园村建设将面临两大问题：

问题一：现有村庄建筑风貌不具备诠释会展主题条件。现状建筑风貌以70年代以后新建建筑为主，传统建筑风貌破坏严重，不具备诠释中国传统古村落园艺特征的条件。

问题二：现有村庄尺度不符合会时服务功能需求。现状建筑尺度较小，进深以5~8m居多，不能满足会时大量游客餐饮、购物需要以及会后作为休闲创意功能的需要。

因此如何把握好原生村庄空间形态，解决村庄老旧空间与现代功能之间的矛盾，是本次世园村规划所关注的重点。

2. 整体思路

为了实现既保留原有村庄形态，又满足现代服务功能的规划任务。规划采取"部分保留、局部新建"的整体解决思路，依据旧村与新村的分隔边界来划定保留区与新建区的界限，一方面保留建筑可以最大限度的保持原有风貌，传统文脉得以保留；另一方面新建大尺度建筑可以充分满足会时的配套服务需要。

在确立整体解决思路后，规划首先通过演绎诗意情怀来展示中国乡村园艺的典型特征，其次通过满足多重需求来提升会时会后的各项服务水平，最终实现本次世园村"园艺小镇"的美丽目标！

三、演绎中国乡村的诗意情怀

"采菊东篱下，悠然见南山"充分展现了美丽乡村是古人桃花源式隐居情怀的最佳空间载体。规划通过挖掘谷家营村本身的历史精神特点，在保留区充分展示中国田园乡村的典型特色；而在新建区通过现

1.园艺公社院落单元效果图
2.水岸花街餐饮观景连廊效果图
3.乡村聚落院落单元效果图
4.世园村现状建筑年代分析图
5.诠释当代新乡愁主义
6.注入中国田园乡村特色
7.世园村规划总平面图

代建筑设计方式来演绎新乡愁。最终实现由山、水、田、街巷、院落要素构成的、保留区与新建区和谐统一的、中国人心梦中的理想村庄空间特色。

1. 保留区——注入中国田园乡村特色

结合世园村的山水格局特征，规划通过望山、通水、引田、理巷、注魂、补院五大设计策略，在保留区重点提升中国田园乡村的传统韵味。

规划首先结合村内现状古树的位置，在村庄内部打造一条环状生态林带，同时打通两条望山廊道，将山景引入村庄。其次，恢复村口水塘，象征幸福、富足，并沿村庄主街将水系引入村庄内部，提升村庄整体环境品质。第三，将花田引入村庄，打破原有直线、僵硬的村庄边界，恢复传统"村田相间、错落有致"的村庄边界。第四，规划对现状道路进行保留和织补，保留原有兵营行列式道路布局，强化行列式肌理。同时恢复中国传统村落传统"十字主街"的布局形态，其交汇处也将成为世园村未来公共活动的中心。第五，规划力图恢复谷家营村戍边精神文化要素，在村庄北部复原真武庙，在东、南、西三面复原三城门；保留原有烽火台并进行适当修葺。最后，最大限度保留村庄内风貌较好的院落，同时对不完整的院落进行修葺、织补，以恢复传统院落空间，满足现代商业休闲需求，传承历史文脉。

2. 新建区——诠释当代新乡愁主义

在世园村新建区的设计中，规划极力避免用假古董的方式去建设，而采用当代建筑设计方式演绎"新乡愁"。规划从谷家营村现状建筑中提取四种基本组合单元，为满足世园会功能需求特点，进行抽象整合，形成新乡愁院落的四种基本要素，通过"组合、连街、穿巷、围院"五个步骤打造出极具北方文化特色的当代乡愁院落组团。

（1）组合

其次，围绕核心庭院及开敞空间体系，将四种基本要素进行有机组合，形成扩大的当代乡愁院落单元结构，其形态与保留区的传统村庄元素完美契合。

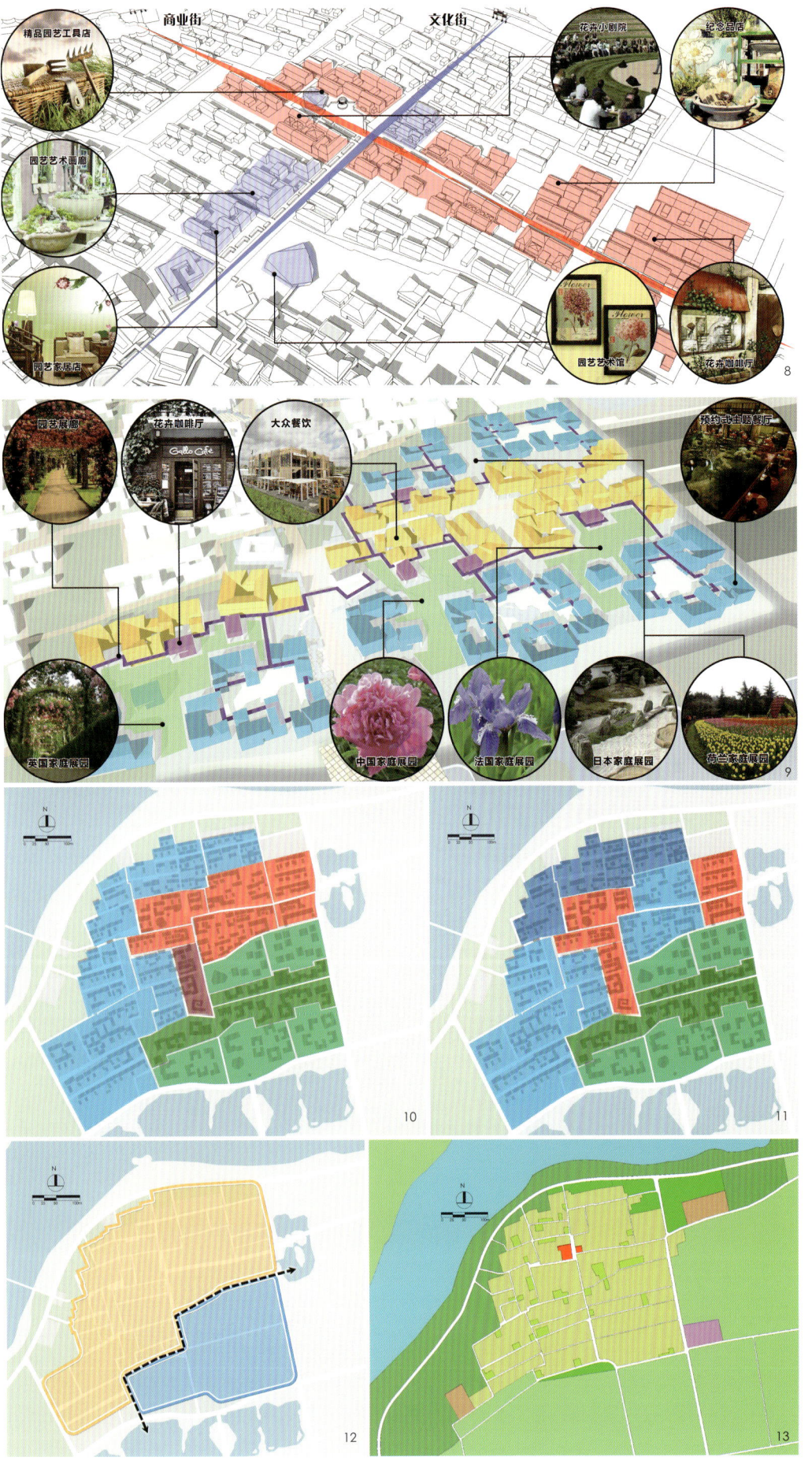

（2）连街

再次，参考中国理想乡村的典型特征，将各单元结构的建筑符号围合成一个连续的界面，打造一条组团内街，成为区域空间骨架，同时承担世园会期间新建区的主要人流疏散功能。

（3）穿巷

同时，考虑到理想乡村聚落"阡陌纵横"的空间组合特点，规划充分利用建筑、院落之间的错落组合，形成丰富多样的街巷空间。

（4）围院

每个新乡愁院落单元都围绕一个具有丰富主题的核心庭院展开布局，其设计更加强调园艺景观的共享性及均好性，每个基本单元均有花园暖房面向核心庭院，形成270°的全方位看景院落空间。

四、满足会时会后的多重需求

世园村会时需要承担大量游客的餐饮、购物、休闲、展示需要，而会后又需利用其独特的景观环境来吸引创意产业的集聚。围绕会时会后的多重需求，规划重点打造"水岸花街、乡村聚落、园艺公社"三大功能板块。

基于会时与会后功能业态、受众人群存在较大差异的特点，规划一方面强调会时各板块功能服务的全面性与园艺空间的展示性，一方面重视会后各板块功能和业态的弹性调整，形成富有特色的文化创意休闲聚集区，以满足世园村会后持续运营的各项要求。

1. 水岸花街

水岸花街位于世园村保留区的中部，是世园会中最主要的商业文化街，对街道两侧的老旧建筑以局部拆除、立面改造为主，功能业态更加强调餐饮游憩、商业购物、文化体验功能。

会时水岸花街依托"十字主街"的骨架空间结构，按照参会流线布置东西向的商业街和南北向的文化街。为了保证花街持续运营的街道活力，会后在街道中部减少部分餐饮及商业的规模，调整为青年艺术家聚落。同时，维持花街东、西两端的

纪念品商店和精品商业功能。考虑到未来运营的商业需要，划分出各项建设条件基本均等的出让单元，以便于具体商业项目的招商落位。

空间设计方面，会时水岸花街更强调看景与购物，结合店铺门面在临水一侧架设二层餐饮观景连廊，连廊下设置园区信息展示亭，形成多层次的界面空间。在后移除部分二层连廊，并将展示亭改造成为临街茶座，成为艺术家日常休憩交流的创意活力场所。

2. 乡村聚落

乡村聚落板块位处世园村核心区的外部，属保留区的一部分。会时作为次要游览线，承担民俗体验展示以及部分世园会工作人员的居住功能。会后作为青年艺术家聚落及乡村精品酒店，以市场行为逐步进行有机改造更新。

在空间方面，对乡村聚落板块的建筑改造更强调原生态，以低成本的增加绿色化的园艺空间为主。

在乡村聚落各院落入口设置阳光棚，种植乡土植物，形成一家一温室的特色园艺空间。

将起居室设在半室外的庭院空间，与院内心灵菜地紧密相邻，形成一蔬一坐的独特布局，享受园艺疗法带来的生活体验。

将餐厅厨房设在西厢房。结合屋顶植物棚架与屋顶茶室形成特色的用餐空间。提倡食材采用自家院落菜地种植的有机蔬菜，实现绿色健康生活。

3. 园艺公社

规划将世园村的新建区定义成园艺公社，由一条公社大街和五组院落单元构成。其中，公社大街通过一条200m的曲折花廊串联，两侧以大众餐饮为主要功能；而五组院落单元的内部核心布置了集展示国际化园艺的主题庭院，结合各式内部庭院，提供不同种类的风味餐厅，使会时餐饮与家庭园艺体验充分结合，也进一步满足了多元化的餐饮需求。而在会后，公社大街两侧建筑由大众餐饮业态调整为创意企业办公，院落单元调整为大师工作室，其室外庭院作为艺术家展品展卖区。

在园艺公社院落单元的空间层面，规划始终秉持"园艺融入美丽生活"的理念，强调园艺与生活工作最大尺度的结合，规划在各院落之间布置公共园林、私家庭院、耕作花园以及外围乡野等绿色空间，为不同的生活场景提供特色化的园艺体验场所。同时，规划更加提倡亲近自然，如可享受自然天光的阳光画室、可串联交流的邻里花廊、结合平屋顶做的望山花园等，无论在会时还是会后，都可以使人们与园艺亲密地接触，并享受到心情愉悦的园艺生活方式。

五、小结

虽然原生村庄形态与现代功能的使用要求存在诸多矛盾，但其空间特色仍是地方历史文脉的最好物质载体。对于本次世园村来说，原有村庄的空间尺度与风貌根本无法承载会时大量、瞬时的服务与展示需求。

规划从设计任务出发，为了实现以原生村庄形态满足现代服务功能的目标，采取了"部分保留、局部新建"的整体解决思路。一方面通过对保留区建筑进行局部改造，最大限度保持村庄原有风貌，演绎中国乡村园艺的典型特征；一方面在遵循当代新乡愁主义的原则下，局部新建大尺度建筑提升服务展示的接待能力，以满足各项需求。最终实现本次世园村"绿色生活，美丽家园"的目标！

作者简介

冯　刚，研究生，北京清华同衡规划设计研究院，详细规划中心二所，主任工程师；

毛　羽，研究生，北京清华同衡规划设计研究院，详细规划中心三所，主任工程师。

8.水岸花街功能业态规划图
9.园艺公社功能业态规划图
10-11.会时会后功能分区规划图
12.世园村改造分区规划图
13.世园村土地利用现状图
14.世园村鸟瞰效果图

理想空间

上海市主城区传统村落保护与发展规划实践
——以闵行区彭渡村传统村落规划为例

Practice of Protection and Development of Traditional Village in the Main City of Shanghai
—In Minhang District Pengdu Village Traditional Village Planning as an Example

袁 珍
Yuan Zhen

[摘 要] 随着城市化进程的加快，上海作为一座全球城市，各项社会经济要素的强大磁力中心，传统村落面临消失的窘困。本文以上海市闵行区彭渡村传统村落保护与发展规划为例，重点围绕保护与发展两大方面，提出符合当地实际与发展需要的策略。

[关键词] 传统村落；历史保护；文化遗存；发展

[Abstract] Along with the city to speed up the process, Shanghai as a global city, a strong magnetic center of various social and economic factors, traditional villages are disappearing. This paper takes Shanghai city of Minhang District Pengdu village traditional village protection and development planning as an example, focus on the protection and development of two aspects, put forward in line with local conditions and development strategies.

[Keywords] Traditional Villages; History Protection; Cultural Relics; Development

[文章编号] 2017-76-P-038

1. 彭渡村保护规划平面
2. 彭渡村保护规划鸟瞰

一、项目背景

中国作为农耕文明的发祥地，村落传承着中华民族的历史记忆、生产生活智慧、文化艺术结晶和民族地域特色，维系着中华文明的根，寄托着中华各族儿女的乡愁。近年来随着城市化进程的加快，大部分传统村落消失在推土机的轰鸣声中。

为了加强传统村落的保护，我国于2012年由住房城乡建设部、文化部、财政部共同组织开展全国第一次传统村落摸底调查，上海有5个村落列入名录，上海市闵行区马桥镇荷巷桥（又名彭渡村）作为其中之一。根据住建部要求，各级传统村落都必须编制保护村保护发展规划，2016年将重点进行上海国家级历史文化名镇、名村（传统村落）保护规划编制，由此开展本次规划编制工作。

本次规划村落位于上海市闵行区西南部，南临黄浦江，西与松江区接壤，邻近轨道交通五号线，对外交通便捷。本次研究范围包括同心村和彭渡村两个行政村，总面积为648hm²，本次保护范围16.6hm²。现状主要为农居点用地、林地、其他农用地和水域。

二、保护策略

1. 明确保护对象

本次规划明确保护对象包括自然景观环境、传统建（构）筑物、历史环境要素及非物质文化遗产。

（1）自然环境景观

自然景观环境包括村落的整体风貌格局、河道水系和街巷路网等。

（2）传统建（构）筑物

本规划将传统村落内的建筑物、构筑物分为文物建筑、历史建筑及传统风貌建筑三类。

文物建筑：传统村内文物建筑主要分为不可移动文物和文物登录点，村内共有一处闵行区登记的不可移动文物，为金氏宗祠；三处文物登录点，为同心村金家住宅、顾言故居和金庆章故居。

历史建筑：历史建筑指除文物保护单位外，风貌有明显特色或人文历史价值突出，建于1980年以前的历史建筑，共有三处。

传统风貌建筑：传统风貌建筑主要建于1985年以后，具有有一定的风貌价值，具有本地特色，且建筑体量、高度、色彩和屋顶形式达到与传统村落相协调的建筑。

（3）历史环境要素

规划范围内，现状历史环境要素主要有特色铁轨、街巷、河道、水井。

（4）非物质文化遗产

传统村落内非物质文化遗产名录：包括国家级一项为荷巷桥手狮舞；市级两项包括皮影戏和彭渡民间山歌。其他的包括：传统美食如马桥豆腐干；传统语言如沪剧。

2. 划定保护区划

本次保护规划划定了保护区划，包括自然环境景观、传统村落、风貌保护河道、风貌保护街巷及不可移动文物（结构图）。

其中传统村落划定了核心保护范围和建筑色控制范围，核心保护范围包括荷巷桥商业老街的传统风貌特色明显的区域，面积为6 319m²。建设控制范围，即本次规划范围内除核心保护范围以外的区域面积约为16hm²，占本传统村落区总面积的96.2%。

3. 制定保护措施

（1）自然景观环境

本次规划范围内的传统村落任何建设不得破环村落的整体风貌格局，要求保留、保护菜地、林地、果园、河道等自然风光，保持田园景观、传统作物，维持生态平衡，拆除破坏田园景观的建构筑物。

（2）传统村落格局

①核心保护范围

对现有道路街巷进行改建时，应当保持或者恢复原有道路和街巷格局、景观特征；对河道进行整治时，应当保持或恢复沿岸的历史景观特征和历史景观要素。

②建设控制地带

保护控制地带内的空间格局和风貌，包括水系、街巷、公共空间等，保持整体的建筑尺度、高度、肌理和风貌。

拆除或改造影响整体风貌的工业厂房。新建、扩建、改建建筑应当在高度、体量、色彩和空间布局等方面与本传统村落的风貌特色相协调，建筑高度控制在12m以下，局部突破高度控制的区域可通过方案论证调整控高。新建、扩建、改建道路、街巷和河

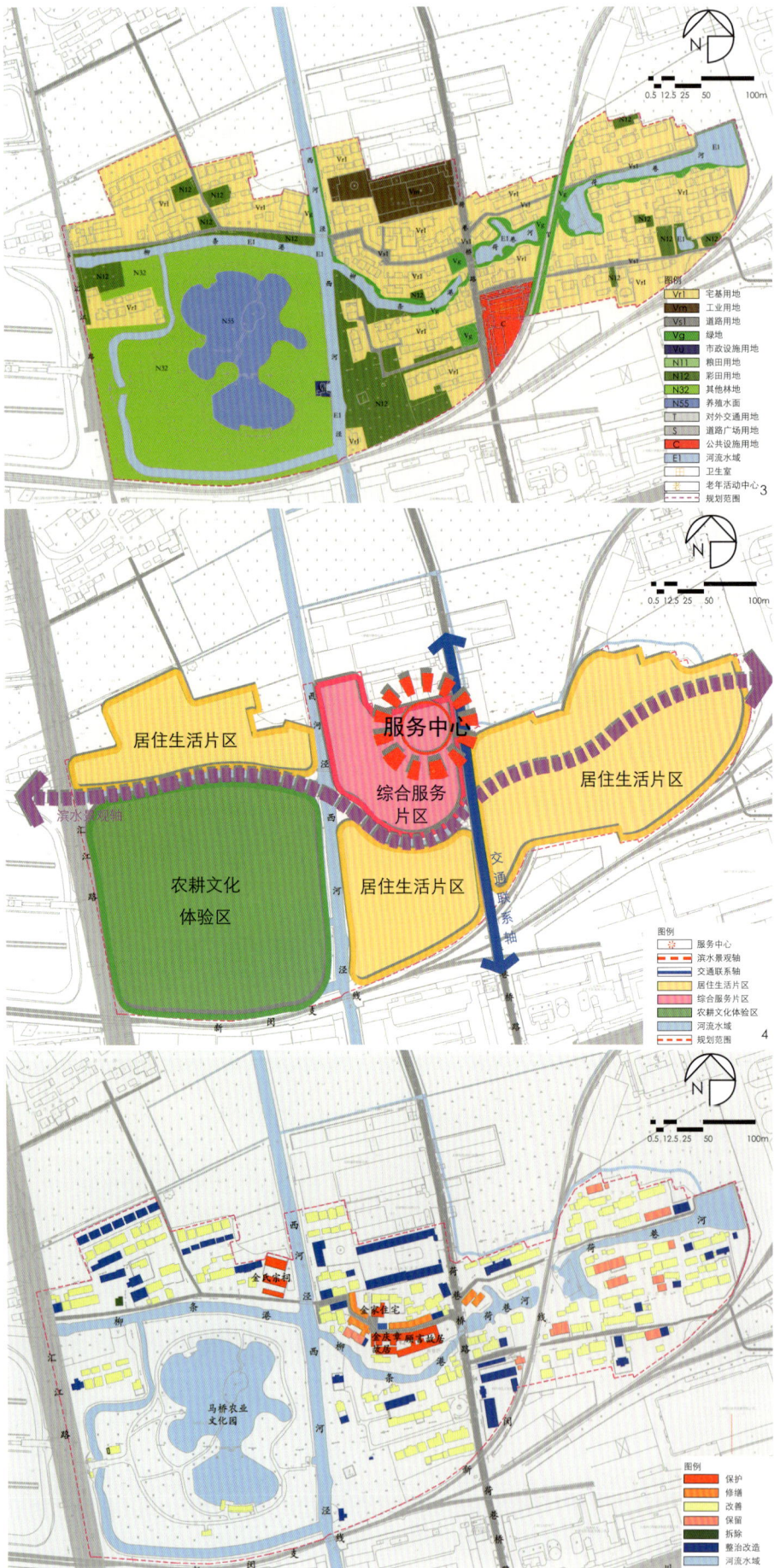

道时，应当与本传统村落的历史文化风貌相协调。

(3) 整体风貌

①风貌保护河道

一级风貌保护河道。保护控制规定：保持河道现有的走向、宽度，保持现状或恢复历史原有的风貌特色及空间尺度。不得填没、改道和拓宽。如因水利建设或泄洪要求拓宽河道，应当结合整体水系布局寻求解决方式，重新进行整体沿河风貌设计。

②风貌保护街巷

参考《上海市风貌保护道路（街巷）规划管理若干意见沪府发（2007）30号》，按照道路的风貌特征和采取的规划措施，把风貌保护道路（街巷）分为一级、二级。重点从道路规划红线控制线要求、沿街建筑退界要求、沿线建筑色彩要求、沿街绿化和古树名木保护要求、标识系统、景观小品等控制要素进行保护控制。

(4) 传统建（构）筑物分类

传统建筑按四类进行分类保护，包括文物建筑保护措施，历史建筑保护措施，传统风貌建筑保护措施和其他建筑保护措施四大类。

(5) 历史环境要素

彭渡村现状历史环境要素主要有特色铁轨、街巷、河道、水井，严格保护，原则上不应拆除，如需整治，宜按照原样进行修缮，或者按照历史样式复原。

(6) 非物质文化遗产

按照相关法律和规定对荷巷桥手狮舞、皮影戏、彭渡民间山歌、沪剧、马桥豆腐干等众多非物质文化遗产进行保护。设置各类场所，为保护非物质遗产提供文化展示、科学研究、参与体验等空间载体。针对具有浓厚地方特色的非物质文化遗产，加强与旅游业的结合，推动其进入市场，如老字号的复兴、体验类活动的开发等，延续传统文化、保护非物质文化遗产。

三、传统村落发展规划与旅游资源的利用

1. 指导思想

积极寻求新型城镇化背景下的村庄经济的发展路径，以发展现代都市农业为主要方向，以农业增效、农民增收为两大核心，盘活存量资产，培育村庄自身可持续的造血机制。

2. 发展定位

依托良好的区位，丰富的资源，彭渡村传统村落将形成以传统村落保护为主体，以文化体验为目的，集都市近郊集休闲农业、生态宜居、文化体验于

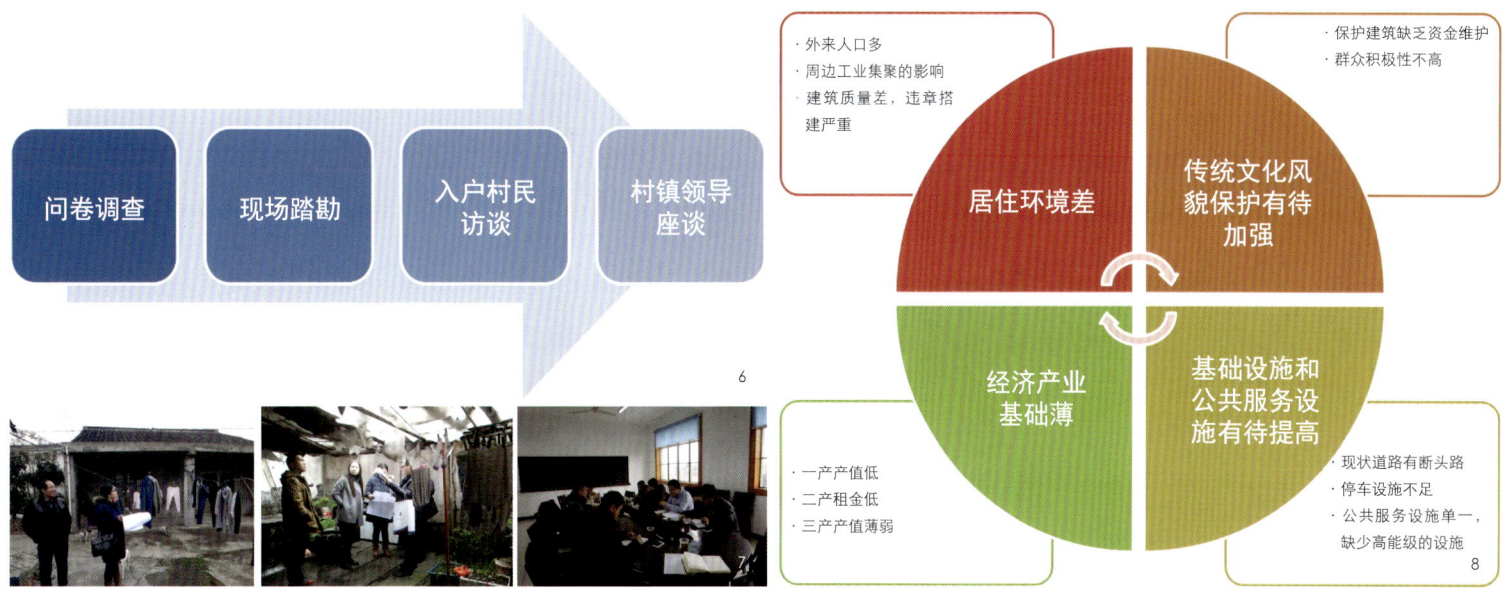

3. 规划用地图　　6. 体验式调研
4. 功能机构分析　7. 现状照片
5. 建筑分类保护和整治方式规划图　8. 问题解读

表1	参与式旅游与传统旅游的比较
传统建（构）筑物分类	保护措施
文物建筑	1. 不得拆除，应积极予以维修和再利用。因特殊情况需要拆除或迁移的，必须按照相关法律法规，严格履行相关程序，并报相关部门审批 2. 在保护范围内进行任何建设活动，应分别符合《中华人民共和国文物保护法》和《上海市历史文化风貌区和优秀历史建筑保护条例》相关条款的规定 3. 保护范围或建设控制范围内进行新建、扩建、改建时，应在符合文物保护单位保护范围或其建设控制范围相关规定的前提下，按本规划的保护要求予以控制
历史建筑	1. 不得整体拆除，应予以维修和再利用。在进行扩建、改建时应保持原有风貌特征，在进行修缮（外墙粉刷、屋面材料及门窗更换等）时应保持原有风貌特征，并且修缮方案应经过相关管理部门审议通过 2. 历史建筑周边进行新建、扩建、改建时，应在使用性质、高度、体量、立面、材料、色彩等方面与历史建筑相和谐，不得改变保留历史建筑周围原有的空间景观特征，不得影响保留历史建筑的正常使用
传统风貌建筑	1. 宜予以维修和再利用。确需拆除时，应在原址、原样复建，复建中应利用原有的特色建筑构建 2. 如需扩建、改建或拆除新建，应与传统村落的风貌特色相和谐
其他建筑	其他建筑可以保留、扩建或拆除新建，扩建、改建或新建建筑应与历史文化风貌区的风貌特色相和谐，针对其他建筑进行规划引导 1. 保留引导：在体量、高度和形式上与风貌区的历史风貌基本协调的建筑 2. 整治引导：可通过改变建筑色彩、屋顶形式、减层、局部拆除等整治措施与风貌区历史风貌相协调的建筑 3. 拆除引导：对历史风貌负面影响较大，规划建议在条件许可的情况下结合地块改造予以拆除重建，新建建筑应注重与周边历史风貌相协调

一体的历史风貌保护区。未来，将会成为上海传统村落保护的典范，留住上海农村"乡愁"的历史风貌保护区，一个可以"住下来的传统村落"。

3. 发展途径

坚持"一产增效、二产转型、三产拓展"的发展思路，重点发展都市农业，适度延伸产业链，结合自身条件逐步拓展三产服务业。

（1）一产增效

立足闵行区区位优势，重点发展都市现代农业，推进同心村和彭渡村农业产业结构调整，不断完善农业经营管理的机制，实现农业增效，农民增收。

积极发展绿色精品农业，鼓励发展特色农业；不断完善农业经营管理机制，探索"家庭农场"经营模式，积极推动农民合作社。

（2）二产转型

基于闵行区减量化政策要求，逐步淘汰落后工业，并结合一产、三产的发展逐步转变原有加工制造功能，改造成符合地区发展的配套服务功能。

（3）三产拓展

以多种层次、依托一产、盘活资产、村民参与和逐步推进的发展方式，按照市场规律有序建设，结合马桥镇和周边丰富的旅游资源，依托荷巷桥地区现有优势资源，发展以马桥传统文化体验为特色，以农耕文化体验为重点，以郊野观光为补充的乡村旅游产业，并逐步向餐饮、住宿、休闲体验等业态拓展，形成一站式的上海郊区旅游目的地。

4. 旅游规划内容与策略

规划充分挖掘文化资源，强化特色旅游的角度，规划了不同功能的旅游景点，主要有提升现状荷巷桥老街商业功能能级，营造浓厚商业氛围，吸引更多人群；对现状4栋文物进行整治修缮并进行功能置换，引入文化展示功能等。具体改造策略为：

（1）传统特色商业

通过改造现状荷巷桥老街，将流传于马桥镇街头巷尾的民间传统小吃汇集起来，结合沿街风貌独特的民宅，开设各种展示馆、休闲茶座、咖啡吧等，营造较高品位、独特的、文化型的消费场所，以传统建筑风格营造传统风情的气氛，提高现状层次较低的购物设施和旺盛人气，强化其传统购物的特色，同时结合滨河景观带，构筑一条商业文化休闲旅游街区，成为商业、休闲旅游的好去处。

（2）文保建筑展示

根据相关法律法规修缮现状4栋登记上海市不可移动建筑，建议引入文化展示功能，可利用顾言故居、金庆章故居和金氏宗祠通过图片和文字等方法展示，同时也可用于沪剧、手狮舞、皮影戏等非物质文化演出，起到丰富旅游资源的文化内涵的同时加强了对现状文保建筑的利用和保护。

（3）旅游线路策划

规划以荷巷桥路和荷巷桥老街骨架和轴线，形成以步行为主的旅游线路，连接周边区域内的重要旅游资源和旅游设施，充分展示传统村落的风貌特征。规划整合马桥镇周边现有优秀旅游资源，并结合彭渡传统村落规划旅游资源，形成两日游的一个都市休闲文化旅游线路。

第一日，体验马桥北部高端体育休闲旅游资源，第二日，感受南部优质文化旅游资源，具体安排如下：第一日白天：可在旗忠网球中心打网球、森林体育公园骑马，感受运动的乐趣；第一日晚上：下榻安缦酒店，品味百年历史建筑，体验高端的星级服务；第二日上午：参观俞塘民众纪念馆和马桥古文化遗址，感受马桥文化的魅力；第二日下午：游览彭渡传统村落、马桥农业文化园、韩湘水博园和古藤园，体验特色文化休闲旅游的乐趣。

四、特色演绎

1. 曲水弧街、线性布局

该传统村落水系丰富，水系连通性和自然弯曲度好，而乡村聚落以河为骨架，位于河流两侧，横向枝状沿河线型蔓延，随河形就河势，形成带状的聚落类型；村落北部和西部外围有农田包围；村落宅前屋后零星的点缀一些林地和菜园。宅、院、田、水均质的空间肌理共同勾勒出独特的江南水乡村落格局。

2. 文化遗产、点缀其间

该传统村落内历史文化资源丰富有一定量的历史文化遗产。物质文化遗产分布有4处登记为不可移动文物（金氏宗祠、同心村金家住宅、顾言故居和金庆章故居）、多处历史建筑、一条传统街巷（荷巷桥老街）、一条传统风貌河道（荷巷河）。荷巷桥传统村落及周边区域由于悠久历史的积淀，形成包括：荷巷桥手狮舞、皮影戏、彭渡民间山歌、沪剧、马桥豆腐干等众多非物质文化遗产。

3. 书香、民俗文化相互融合

彭渡村虽小，书香与民俗文化丰富，相互交融；名人辈出，如近代教育家、社会活动家顾言和曾在朝鲜做领事并在松江地区当过县长的金庆章；民俗文化包括传统美食如马桥豆腐；手工技艺如编竹篮、纳鞋底和编草鞋等；传统节庆如端午习俗等。

4. 科学价值与历史价值并存

（1）科学价值

彭渡村已有300余年的历史，历史形成沿水而建的空间形态，体现了因地制宜、天人合一的选址理念，村落内部形成以荷巷桥老街为骨架的村落聚居，并且目前仍保存有金氏祠堂，体现出传统家族小聚落为主的聚居特点。

彭渡村传统村落目前整体风貌较好，既有荷巷桥老街历史氛围浓厚的传统风貌，又有尺度宜人的乡村田园风貌，整体建筑高度多控制在3层以下，外围有菜田、果林等各类农田，形成了体现江南水乡河街共生的传统商贸风貌特征、展示上海郊区农村风貌和马桥镇历史人文为主题的传统村落。

（2）历史价值

根据上海地方志记载，彭渡源于韩湘子，在明清时期，金氏家族居住于此，现存的金家故居及金氏祠堂始建于明清时期，其中金氏祠堂建筑形式、细节十分考究，而且体量较大。在民国时期，彭渡村荷巷桥老街已经形成彭渡重要的商业中心，因此彭渡村传统村落具有完整的历史记录，丰富的历史人物及历史遗产，对研究马桥及上海的历史都有重要的价值。

五、紧连实施，科学管理

1. 实行规划方案告知制度

将规划方案纳入政务公开内容，本规划方案审批之后，利用多种宣传媒介，向公众告知方案的具体情况，告知对象重点是本传统村落居民，介绍本传统村落保护与开发的意义、现状及前景。对重点地块、重点建（构）筑物，公布保护与开发方案。文物保护单位实行挂牌制度。

2. 拓宽保护与开发投融资渠道

培养村内自行开展保护工作的能力。传统村落应编制详尽合理的技术指导守则，用图文并茂、浅显易懂的方式指导说明历史建筑的价值以及保护的技术手段等。另外，还可通过聘请驻村指导专家、建立高校科研基地、组织志愿者工作营、建立示范点和样板房等方式，对传统工匠开展科普培训和长期指导，使他们不用过分依赖政府，自行开展保护利用工作，做到"授人以鱼不如授人以渔"。

积极用好各类专项资金开展传统村落保护，并引导社会力量通过捐资捐赠、投资、入股、租赁等方式参与传统村落的保护发展，不断拓宽传统村落保护开发的融资渠道。

六、总结

城市的快速发展改善了居民的生活品质，但城市的发展也带来了传统文化的缺失，本文希望以传统村庄的保护与发展规划为引，探寻出一条在全球城市的主城区乡土文化的传承与发展之路。

作者简介

袁　珍，上海市闵行区规划设计研究院，规划师。

9.彭渡村保护规划透视
10.传统村落效果图
11-13.建筑改造图

理想空间

上海市主城区村庄空间分布研究与实践
——以上海市闵行区村庄布点规划为例

Research and Practice on the Spatial Distribution of Villages in the Main City Zone of Shanghai
—In the Village Layout Planning of Shanghai Minhang District as an Example

苏鹤勇
Su Heyong

[摘　要]　随着新型城镇化的不断推进，为适应上海城乡发展的新形势，以推进城乡一体化，满足建设用地"总量锁定"与"负增长"的发展要求，上海市村庄空间布局将迎来新一轮的优化调整。选取上海市闵行区为例，在总结城市化地区农村居民点特点的基础上，以村庄减量化为导向，并基于GIS平台，探索出一套方法更为合理、内容更加全面的村庄空间分布优化方案，以期为同类规划的编制提供参考。

[关键词]　主城区；村庄布点；布局优化；上海

[Abstract]　With the advancement of new type of urbanization,Shanghai will usher in a new round of village space layout optimization adjustment, in order to adapt to the new situation of Shanghai urban and rural development. in order to promote the urban and rural integration and meet the "total lock" and "negative growth" development of the construction land. Selection of Shanghai Minhang District as an example, on the basis of summarizing the characteristics of rural residential areas of urbanization area, guided by the reduction of village, and based on the GIS platform, It will explore a more reasonable and more comprehensive approach to the village spatial distribution optimization, so as to provide reference for the planning of the same.

[Keywords]　Main City Zone; Village Layout; Layout Optimization; Shanghai

[文章编号]　2017-76-P-044

1.农居点集中度评价示意图
2.技术路线分析图

随着我国经济社会发展进入新常态，城镇化发展进入后半程，城市与乡村的关系正经历着剧烈的变动过程。2011年我国城镇化率首次超过了50%，表示我国开始进入"从关心城市到关心乡村"的政策转型阶段，与此同时，"乡愁"席卷城乡大地，拉开了美丽乡村主题建设的浪潮。2013年中央一号文件明确建设"美丽乡村"的目标，加强农村生态建设，环境保护和综合整治工作，2014年中央一号文件提出完善农村宅基地管理制度的要求，城乡统筹联动，赋予农民更多财产权，2014年上海市委二号课题"推进城乡一体化发展"报告中，明确指出村庄是上海现代都市农业的生产空间，是生态环境优美的宜居空间，是承载、保护、发扬江南水乡传统风貌的重要载体。由此可见，新时期村庄布点规划面临着更高的时代要求。

2014年上海市第六次规土工作会议召开，宣布上海市新一轮城市总体规划开始编制，并且提出了建设用地"负增长"的硬性目标，意味着上海的发展模式已从以往的"新开发"变为"再开发"，在不突破建设用地总规模的前提下，只有通过集建区外现状建设用地减量化来破解上海市土地资源紧约束的压力。村庄布点规划能有效支撑和落实总体规划确定的战略目标，完成集建区外现状建设用地减量化任务。本文旨在通过梳理《闵行区村庄布点规划》编制中既有工作经验和创新探索，以期为同类地区城乡统筹和村庄布点规划提供参考和借鉴。

一、行区村庄空间分布特点研究

1. 闵行区概况

闵行区区域范围分跨黄浦江东西两岸，形似一把"钥匙"，东与徐汇区、浦东新区相接，南与奉贤区隔江相望，西接壤于松江区、青浦区，北部是长宁区、嘉定区，区域总面积372.8km²，2014年末常住人口254.0万，下辖9镇、4街道和1个工业区。闵行区村庄主要分布于闵行区浦江镇、浦锦街道、吴泾镇、梅陇镇、华漕镇马桥镇和七宝镇。

2. 村庄空间分布现状

闵行区村庄主要分布于浦东区域以及浦西北部与南部，现状村庄形式主要以农居点形式分布于行政村内并呈现"散、多、小"的格局。集建区内呈现出点状散乱混杂于城镇建设用地之中，或呈现出"条带状"沿铁路、城市道路沿线分布，集建区外则主要呈带状沿河布局，或呈团状、点状分散于农田之中。

3. 村庄特点分析

闵行区紧靠上海市中心城区，城市化水平较高，全区宅基地面积约20.4 km²，其中集建区外宅基地约10.3 km²。集建区外居民点规模大，且主要集中于华漕北部、马桥南部、浦锦街道与浦江镇。

（1）第一产业工作人员占总工作人员比值

闵行区各村第一产业人员占总从业人员的比值在0.0%~17.0%，且比值主要集中在0.0%~2.0%。其中最大值是16.4%，为浦江镇永建村，最小值为0.0%，其村庄多位于颛桥镇和梅陇镇。

（2）外来人口与总人口的比值

闵行区各村外来人口占户籍常住人口的比值在0.0~11.0，且比值集中在0.0~3.0。其中最大值是10.6，为华漕镇许浦村，最小值为0.2，为浦江镇联民村。

（3）人均村集体固定资产额

闵行区各村人均村集体固定资产额在0.2万~19.9万元，且人均固定资产额集中在0.2万~2.0万元。其中最大值是19.9万元，为华漕镇石皮弄村，最小值为0.2万元，为浦江镇联民村。

（4）人均耕地面积

闵行区各村人均村耕地面积在0.0~1.2亩，且人均耕地面积集中于0.0~1.2亩。其中最大值是1.2，为浦江镇光继村，最小值为0.0，多集中位于华漕镇、吴泾镇、新虹街道和颛桥镇。

（5）农民拆迁意愿

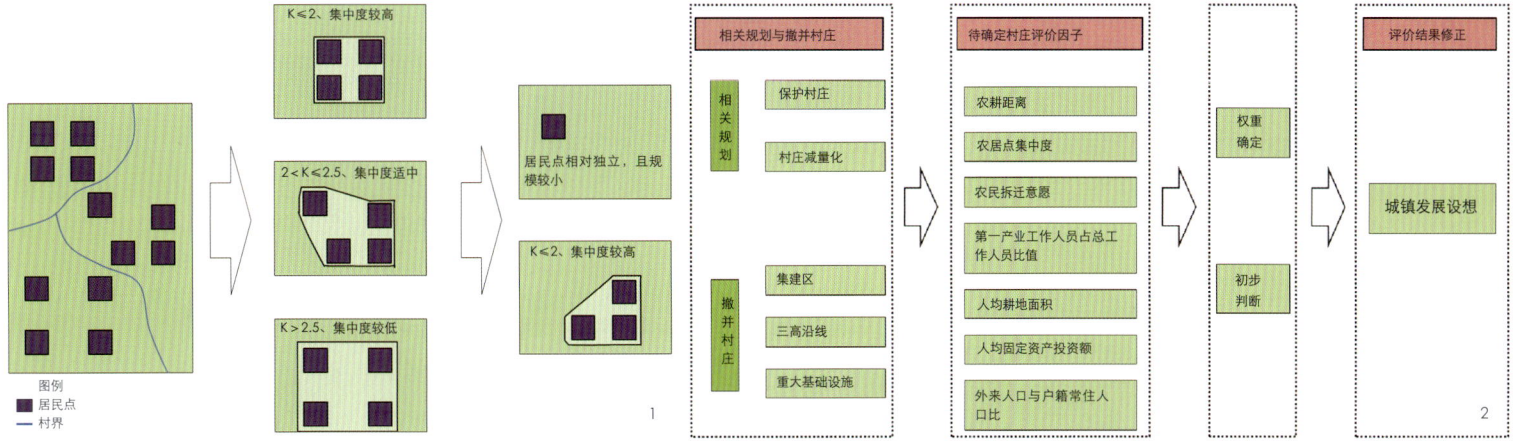

本次规划通过发放调查问卷等形式，充分了解村民拆迁意愿，并对问卷结果进行了分类统计。闵行区非集建区村庄中，浦西地区有撤并意愿的村庄主要为华漕镇许浦村和卫星村，颛桥镇北桥村和新苗村，吴泾镇新建村、共和村和塘湾村。浦东地区有撤并意愿的村庄主要为浦锦街道芦胜村、塘口村、跃农村和勤俭村以及浦江镇大部分村庄。

（6）农居点集中度

农居点集中度是一个反应村庄内部建设的集中程度的指标，规划中借用景观生态学中的缀块形状指数公式：

$$K = \frac{0.25P}{\sqrt{A}}$$

其中，P 为村庄建设用地的周长，A 为村庄建设用地的面积。

（7）农耕距离

耕作是农村的一项重要生产活动，合理的农耕距离能够提升农民的出行效率，减少农民的出行成本。通常个人步行速度为50m/min，规划以10min为时间点作为时间耕作半径，计算出空间耕作半径为500m。闵行区独立村和城边村中居民点，耕作距离超过500m的居民点主要在集建区附近，耕作距离在300m以内且位于基本农田集中区域的居民点主要位于独立村内。

二、村庄布点规划策略与路径

1. 规划策略研究

针对闵行区村庄现状特点和当前国内外村庄发展的普遍性需求，提出"分类引导＋以人为本＋内容深化"的优化调整策略。

（1）分类引导

针对不同的农居点发展方式提出不同的规划策略。规划基于农居点综合评定结果，借鉴国内村庄布点规划农居点整理的三种模式，在规划期末保留行政村的基础上，以具体农居点为对象，分为撤并上楼村庄、保留村庄以及保护村庄三大类型，根据划定的农村居民点管制分区，提出农民建房的管制引导措施。

（2）以人为本

充分征询村民的规划意愿。规划过程中，将公众参与和规划技术方法紧密结合并贯穿始终，一方面从村民意愿出发，通过实地调查访谈和调查问卷得到村民的拆迁意愿，以此作为村庄布点规划的重要依据，另一方面了解村民所关心的公共服务设施、基础设施和宅基地需求等情况，为村民们提供合理合适的公服配套设施。

（3）深化内容

确定村庄空间布局优化的基础上，加强对村庄产业发展和基础设施建设的研究，培育农村产业发展核心竞争力，提高公共服务设施的配置标准和服务水平。

2. 技术路线分析

技术方法上主要通过GIS平台对包含村民拆迁意愿、村庄特点因素等进行综合分析，得到农村居民点空间布局方案。首先通过相关规划确定保护村庄与相关规划中减量化村庄，其次选取集建区、三高（高速公路、高铁、高压走廊）及重大基础设施等影响因素确定撤并村庄；再次选取农耕距离、农居点集中度、农民拆迁意愿、第一产业工作人员占总工作人员比值、人均耕地面积、人均固定资产投资额、外来人口与户籍常住人口比等评价因子，并赋予一定的权重，做出初步判断；最后与城镇发展设想衔接，对初步布局规划进行修正，得到修正后的最终结果，基于此，划定村庄撤并区域和保留区域。

三、行区村庄空间分布优化

1. 建设空间分析

（1）非集建区现状用地

非集建区现状建设用地共36.3km²，其中宅基地10.2km²，城镇工矿用地14.3km²，交通运输用地4.8km²，其他用地7.0km²。在其他用地中，公用设施用地3.4km²，水利设施用地0.5km²，特殊用地0.98km²，类集建区用地2.1km²。其他用地以公用设施用地为主，未来很难减量化，且随着城市的不断建设和发展，以及动迁房用地的加入，未来还有增加的趋势。

（2）宅基地指标预测

根据土地利用总体规划（2010—2020），结合2015年闵行区现状用地情况，至2040非集建区土地利用中：城镇工矿用地在现状工矿用地的基础上减量化90%，减量化后用地面积为1.4km²；交通运输用地在土地利用规划（2010—2020）中确定的交通运输用地基础上增加10%，则用地面积为8.5%；其他用地在现状其他用地基础上增加5%，则用地面积为7.4km²。最后，保持非集建区建设用地总用地面积22.0km²不变的情况下，可用于宅基地建设的用地指标为4.7km²，作为村庄布点规划中保留、保护村庄用地的上限控制指标。

2. 农村居民点空间布局优化

（1）评价指标选取

评价指标选取主要考虑弹性因子与刚性因子。刚性因子是指具有绝对影响力的因子，即采用"一票否决制"直接确定为规划撤并区域，具体因子包括集建区、"三高"沿线、重大基础设施影响范围。

弹性因子指具有一定调整可变性余地的影响因

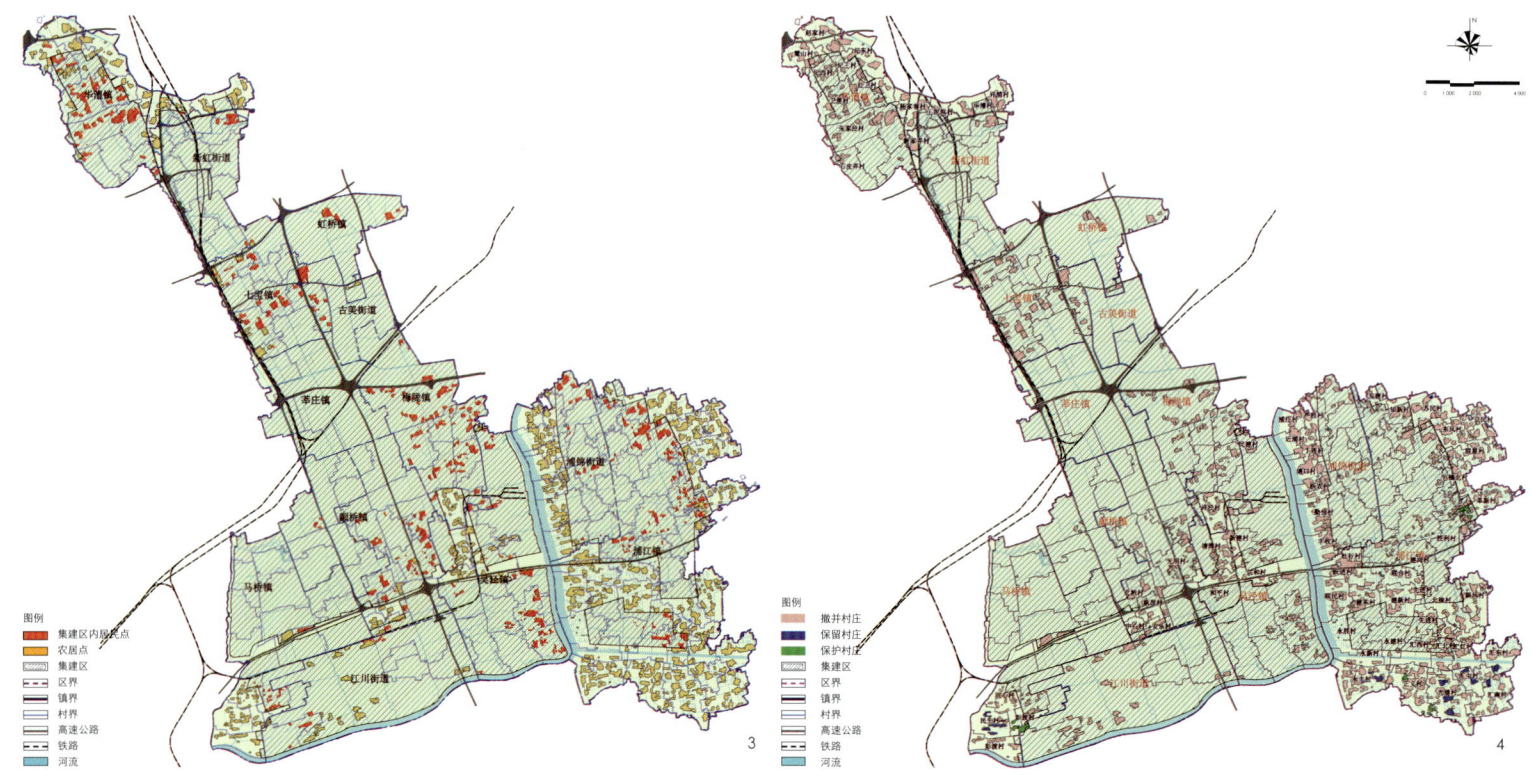

素,根据闵行区村庄现状特点,合理选取弹性评价因子,构建了三个层次的指标体系,包括农耕距离、农居点集中度、农民拆迁意愿、第一产业工作人员占总工作人员比值、人均耕地面积、人均固定资产投资额、外来人口与户籍常住人口比。

科学合理的选取评价因子后,确定评价标准,同时各因子保护或发展的价值取向分配一定的权重。

(2) 综合评价体系构建

综合评价体系包括集建区、"三高"沿线、重大基础设施影响,相关规划影响、撤并村庄、待确定村庄评价及评价结果修正。其中集建区、"三高"沿线、重大基础设施影响范围是刚性因子,受到影响的农居点可直接确定为规划撤并区域。

相关规划影响指《闵行区村庄保护规划》确定的保护村庄、《马桥镇民主村村庄规划》确定的保留村庄和《马桥郊野单元规划》《颛桥中心村规划》《浦江镇郊野单元规划》《浦江镇郊野公园规划》确定的减量化村庄。

经过刚性因子确定撤并村庄,相关规划减量化和民主村保留村庄和保护村庄的确定后,剩余村庄为待确定村庄。

通过已选定的评价因子和分配的权重,综合评价村庄布点的分值,并将数据分项录入到GIS系统,最后对各评价因子按权重进行叠加分析得出综合空间发展条件的初步评价结果。

在初步评价结果的基础上,与相关规划进一步衔接,确定城镇发展方向,对初步评价结果进行进一步的修正。未来闵行区浦西地区将成为上海市主城区的一部分,浦东地区为规划新市镇。经过评价修正,得出最终的评价结果。

(3) 农居点发展方式

基于农居点综合评定结果,借鉴国内村庄布点规划农居点整理的三种模式,在规划期末保留行政村的基础上,以具体农居点为对象,分为撤并上楼村庄、保留村庄以及保护村庄三大类型。

①撤并上楼村庄:指受环境因素影响,不适宜居住的村庄或社会经济发展水平落后,农居点规模较小且零散分布的村庄。撤并村庄在规划期限内撤村建居,按城镇标准建设新社区,该类村庄在撤并上楼过程中政府主导、村民被动。

②保留村庄:保留村庄指根据现状村庄的规模、产业、历史文化资源、集聚度等进行综合评价较高的村庄。保留自然村应重点对保持村庄格局、生态培育、产业发展、环境改善等提出相应的规划策略。

③保护村庄:指列入中国文化名村和传统村落名录的村庄,以及具有明显风貌特征或历史文化价值的自然村。在村庄规划的指导下,保存维护好村落自然文化生态和宽松安静的人居环境,避免干扰破坏村民的传统习俗和生活秩序,同时加强基础设施建设,改善村民生活条件。

表1　闵行区集建区外用地情况一览表

项目	宅基地	城镇工矿	交通运输	其他	总计
现状(km²)	10.2	14.3	4.8	7.0	36.3
土地利用规划(2010—2020)(km²)	3.3	10.0	7.7	1.0	22.0
土地利用规划(2020—2040)(km²)	4.7	1.4	8.5	7.4	22.0

表2　评价指标分析

一级指标	二级指标	三级指标
潜力优势	人口规模	外来人口与户籍常住人口比
	产业发展	第一产业工作人员占总工作人员比值
		人均耕地面积
	拆迁意愿	农民拆迁意愿
	资金优势	人均固定资产投资额
布局优化	规模优势	农居点集中度
	区位优势	农耕距离

(4) 农居点选址方案生成

根据以上各类村庄界定原则,对全区农居点进行初步梳理,划分撤并上楼村庄、保留自然村及保护自然村。各村撤并、保留、保护居民点规模。

四、结语

村庄布点规划是开展村庄规划编制的依据和前提,不仅在规划体系中发挥着承上启下的关键性作

表3 综合评价体系评价因子表

评价类型		评价得分	单因子评价结果	评价标准	权重	备注
刚性因子	集建区	—	规划保留	位于集建区内	—	
		—	待确定	位于集建区外	—	
	三高及重大基础设施	—	规划撤并	位于现状或规划的垃圾填埋焚烧厂、一级水源保护区、三高等与农村居民生活生产矛盾较大或造成较大影响的村庄	—	
		—	待确定	不受现状或规划三高、重大市政设施用地及防护区范围影响	—	
弹性因子	农耕距离	2	规划保留	位于基本农田集中区域	10%	
		1	规划建议撤并	位于基本农田500m范围内、300m范围外地区	10%	
		0	规划撤并	位于基本农田500m范围外	10%	
	农居点集中度	2	规划保留	K≤2.0	10%	借用景观生态学中的缀块形状指数公式：$K = \dfrac{0.25P}{\sqrt{A}}$ （A面积，P周长）
		1	规划建议撤并	2.0<K≤2.5	10%	
		0	规划撤并	K>2.5	10%	
	农民拆迁意愿	2	规划保留	意愿保留	10%	
		0	规划撤并	意愿拆迁	10%	
	第一产业工作人员占总工作人员比值	2	规划保留	比值大于8%	20%	
		1	规划建议撤并	比值在2%~8%之间	20%	
		0	规划撤并	比值小于2%	20%	
	人均耕地面积	2	规划保留	大于0.5亩	20%	
		1	规划建议撤并	0.2~0.5亩	20%	
		0	规划撤并	小于0.2亩	20%	
	人均固定资产投资额	2	规划保留	大于3万元	10%	固定资产包括村民房屋、村办企业固定资产、公共服务设施、基础设施等
		1	规划建议撤并	1万~3万元	10%	
		0	规划撤并	小于1万元	10%	
	外来人口与户籍常住人口比	2	规划保留	比值小于2	20%	
		1	规划建议撤并	比值在2~5之间	20%	
		0	规划撤并	比值大于5	20%	

表4 各村规划撤并、保留、保护居农居点规模一览表

项目		保护村		保留村		撤并村	
		村民组个数	用地规模(hm²)	村民组个数	用地规模(hm²)	村民组个数	用地规模(hm²)
保护村庄	彭渡村	4	11.9	—	—	14	12.8
	正义村	2	9.5	—	—	11	35.6
	革新村	6	8.6	—	—	8	19.9
保留村庄	民主村	—	—	7	15.3	1	4.0
	永丰村	—	—	3	7.8	12	28.2
	光继村	—	—	6	12.7	12	28.0
	汇中村	—	—	3	6.6	5	8.3
	汇南村	—	—	1	2.7	13	22.4
	汇东村	—	—	4	3.5	8	16.0
总计		12	30.0	24	48.6	84	175.2

用，还涉及广大村民的利益。面对新时期村庄布点规划编制的新要求，亟需更多理论层面的总结和实践方面的操作。通过对闵行区村庄空间分布的研究和本次村庄规划的编制实践，新时期背景下的村庄布点规划需着重注意以下方面的问题。

第一，应根据村庄的区域特点，选取合适的评定因子，并针对村庄的发展方式，采取差别化的村庄布局实施政策。第二，要以村民为本，充分重视村民和基层政府的发展意愿，实现"自上而下"向"自下而上"规划模式的转变，促进各层次之间的沟通协调。第三，本次规划是基于GIS平台，将公众参与和规划技术分析紧密结合的规划方法，未来可考虑引入大数据分析方法，使规划具有更强的可操作性。第四，制定合理的政策支持，注重引导与扶助的结合，清楚认识在不同的发展阶段政府应起的作用，从而更好地推动乡村转型工作的开展。

值得注意的是，本文所选择的主城区农村居民点布局优化是在上海建设用地"总量锁定"与"负增长"发展要求大背景下编制的，本文所述方法也仅仅是针对当前时代背景下农村居民点布局优化的一种探索。今后随着乡村特色旅游和城乡土地制度改革的逐步深入，需因时因地采取不同的规划策略，差异化应对。

参考文献

[1] 秦杨. 浙江省县（市）域村庄布点规划研究[D]. 杭州：浙江大学，2007：40–45.

[2] 笪利林，王健英. 中国农村居民点布局优化研究综述[J]. 中国人口资源与环境，2015（4）：59–68.

[3] 汪晓春，段威，许珊珊. 城市时代乡村聚落空间特征、优化及规划对策[J]. 江苏城市规划，2013（7）：27–30.

[4] 宋小冬，吕迪. 村庄布点规划方法探讨[J]. 城市规划学刊，2010（5）：65–71.

[5] 郑燕婷，刘盛和，陈田. 试论半城市化现象及其特征：以广东省东莞市为例[J]. 地理研究，2003（6）：760–768.

作者简介

苏鹤勇，上海市闵行区规划设计研究院，设计师。

3.集建区影响农居点
4.综合评价结果图

新型城镇化背景下的村庄规划发展道路初探
——以安徽省芜湖县美好乡村建设规划为例

A Preliminary Study of Village Planning Under the Background of New-type Urbanization
—A Case Study of Beautiful Village Construction Planning in Wuhu, Anhui

蔡宇超　唐依依
Cai Yuchao Tang Yiyi

[摘　要] 新型城镇化与传统城镇化的最大不同,在于新型城镇化是以人为核心的城镇化,注重保护农民利益,与农业现代化相辅相成。本研究基于在新型城镇化背景下编制完成的安徽省芜湖县16个美好乡村规划成果的总结与归纳,针对新型城镇化对于村庄规划的新要求,结合当前村庄建设中存在的主要问题,提出了美好乡村规划的总体思路和模式创新,从以"村民"为核心的角度对未来村庄规划的发展进行了一定的思考和探索,为新时期安徽省美丽乡村建设规划提供参考和借鉴。

[关键词] 新型城镇化;村庄规划;美好乡村

[Abstract] The biggest difference between the new-type urbanization and the traditional urbanization is that the new urbanization is the core of the urbanization, focusing on protecting the interests of farmers, and complementing each other at agricultural modernization. The study is based on the summary of the 16 beautiful villages planning in Wuhu, Anhui, which is compiled under the background of new-type urbanization. According to the new requirements of village planning and the main problems existing in the current village, proposes the overall thinking and model innovation. "Villagers" as the core for a certain thinking and exploration is to provide reference for the new era of Beautiful village construction planning in Anhui.

[Keywords] New-type Urbanization; Village Planning; Beautiful Village

[文章编号] 2017-76-P-048

1.陶辛镇东莞村平面图

一、前言

"十三五"时期是全面建成小康社会决胜阶段,必须牢固树立并切实贯彻创新、协调、绿色、开放、共享的发展理念。在当前城乡一体化发展践行新理念的背景形势下,新型城镇化与社会主义新农村建设作为城乡统筹的两个基本面,需要有新的对接思路和手段。"美好乡村"这一命题则为新型城镇化背景下社会主义新农村建设提供了可行之路。

2012年安徽省《关于全面推进美好乡村建设的决定》提出打造以生态宜居村庄美、兴业富民生活美、文明和谐乡风美为总体目标的社会主义新农村建设的"安徽模式"。村庄规划作为美好乡村建设的关键一环,应更加注重机制创新、城乡协调、生态保护、产业优化、服务均好等"以村民为核心"的诸多方面。

二、新型城镇化对村庄规划的要求

1. 创新编制手段:从"经验"到"技术"的变革

村庄规划的编制手段往往被"成功经验"所桎梏,某村庄建设模式成效快、反响大,会形成成效仿之风,但是否适合对象村庄,是个值得深思的问题。新背景下的村庄规划应注重规划技术革新,一方面体现在要有顶层设计,为村庄规划编制提供依据;另一方面体现在具体的编制技术手段。

2. 注重规划协调:从"终极状态"到"过程连续"的飞跃

村庄规划成果通常被批量生产,对"终极状态"即若干年后村庄建设区的蓝图关注过多,导致村庄发展缺乏长远指导。因此村庄规划应当从产业升级、空间优化、交通市政、实施策略、管理保障的综合性思路出发,实现从"终极状态"到"过程连续"的飞跃。

3. 重视生态环保:从"美化运动"到"特色引导"的转变

村庄规划应从纯空间建设层面的"美化运动"中解脱出来,应当以村为纲,注重生态绿色理念,利用地方山水资源和本土田园气息,塑造自然人文风貌,凸显地方特色,使生态环保成为村庄"一村一品"的"金字招牌"。

4. 构建多元体系:从"封闭"到"开放"的演变

在新型城镇化背景下,每个村庄应当纳入到小城镇或乡集镇、新型社区、中心村、自然村统筹发展的合理化村镇体系中去,因此,村庄规划的体系建设应当从针对单个村庄的村庄规划逐渐向以镇规划、乡规划、镇村体系规划、村庄布点规划为指导,以村庄规划为核心,以村庄整治规划、村庄产业规划、村庄发展规划、村庄历史文化保护规划为衍生的村庄规划体系演变。

5. 强调服务均等:从"村庄"到"村民"的更替

村庄规划的对象是村庄,但编制目的应该是村民,即更多地关注农民的利益在村庄规划建设过程中的保障和实现。村庄建设应创新农民生产方式,有效转化富余劳动力,改变农村现状结构,加快农业现代化进程,借助产业发展力量,提高村民综合素质,培育新型农民工人。

三、当前村庄建设中存在的主要问题

1. 农村人口及村庄分布不均衡,自然村人口规模偏小

芜湖县县域地貌西部与北部为平原圩区,东部

与南部为山岗丘陵，导致农村人口与居民点密度差距较大。村庄分布的问题一方面表现在居民点聚居形式的落后，多为农民自发建设，布局零星，一方面表现在空间布局形态模式落后，多沿公路、交通干道等两侧发展。另外，数据显示芜湖县农村人口外出打工人数高达28%~38%，空心村现象比较突出。

2. 村庄建设用地总量和人均建设用地均过高，土地资源浪费严重

根据芜湖县近十年来土地变更调查数据，农村居民点用地总量占城乡建设用地比例达到81.47%，人均农村居民点用地最高为174.77m²/人。村庄建设用地总量和人均建设用地均过高，村庄建设用地功能多以住房用地、庭院用地为主，土地集约利用率低。

3. 村庄公共服务设施配套不全，市政基础设施配套不足

以芜湖县为例，村庄公共服务设施配套在数量与质量上均显不足，村民"小事出村、大事出镇"比例高。村庄市政基础设施配套问题突出表现在部分村庄内涝严重、生活污水直排入水率75%等。

4. 村庄生态环境保护不力，村民生活环境建设落后

从村庄生态环境来看，芜湖县平原地区多存在水质污染或富营养化问题，丘陵地区多存在林地保护不善等问题，部分地区尚存防灾隐患；从村民生活环境来看，一方面由于村民自身素质问题，另一方面由于农村环境建设的方式方法落后，使得不良现象突出。

四、美好乡村规划的总体思路

安徽省与芜湖市针对美好乡村建设相继出台建设标准及导则文件，如何在统一标准的情况下做出"一村一品"，让居民望得见山、看得见水、记得住乡愁，是笔者一直在思考的问题。

基于总结归纳，美好乡村规划的总

2.旅游产业定位图
3.旅游产业策划图
4.新型村民理事会的形成机制图
5.村域产业规划图
6.陶辛镇东莞村鸟瞰图

体思路应当从编制内容、编制策略、编制流程、编制方法四个方面进行梳理，进而形成在分级、分类、分区策略指导下，依托"规划+建筑+景观+X"多专业融合为基础，以"产业+村庄+整治"为核心，新型村民理事会为实施保障的整体编制思路。

五、芜湖县美好乡村建设规划编制模式创新

1. 编制内容——"产业规划+村庄规划+整治规划"三位一体

（1）形成过程

在经过了近两年半、三个批次的编制过程后，伴随着芜湖市层面的技术导则逐步完善，政府对于"美好乡村"这一命题的理解加深，规划形成的成果也愈加成熟，从最初的村庄整治规划编制深度逐步过渡到村庄规划编制深度，进而形成目前较为稳定的"产业规划+村庄规划+整治规划"内容深度。

（2）编制模式

整个规划的编制内容在产业发展规划的引导下，通过总体定位的明确及产业体系框架的形成，直接指导村域总体规划对于人口、土地、设施的布局，从而明确中心村村庄建设规划内容，并对近期亟待实施的整治规划项目具体设计，从而形成了产业发展规划为突破点、村域总体规划与村庄建设规划为重点、整治规划为亮点的"三位一体"的美好乡村规划编制模式。

（3）以安徽省芜湖县陶辛镇东莞村为例

①村庄特色分析

村庄历史可追溯到1 600余年前的东晋时代，聚居始于宋代中期，文运昌盛，名人辈出。村庄整体环境优美，水居共生，东有青弋江支河，西南北三面有沃野良田，沟、潭、塘环绕穿插于村落之中，村庄街巷肌理完整，具有浓厚的江南水乡韵味。

②产业发展规划

规划形成了由中心村综合服务区、城镇产业发展区、北部水产养殖区、沿江粮食种植带构成的"三区一带"村域产业布局和以"归田东滩·博古寻今"为主题的中心村旅游产业策划。

③村域总体规划

东莞中心村规划期末人口约为1 600人，白沙行政村规划期末人口为6 000人，基于人口迁并工作口径计算，节约建设用地约34.8hm²。同时对重大基础设施、"12+4"公共服务设施做出安排，并对历史文化资源予以系统保护。

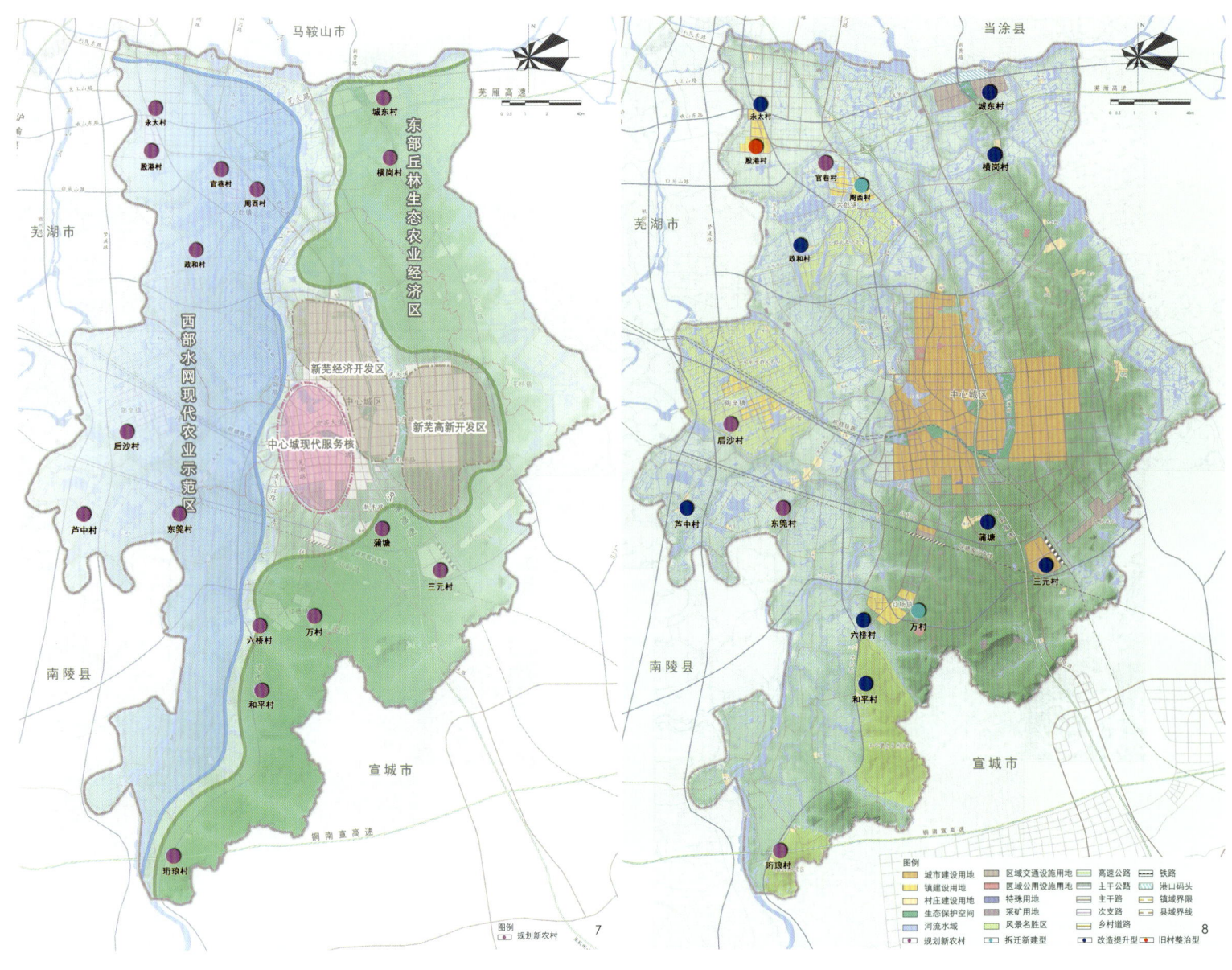

④村庄建设规划

村庄建设模式为特色保护型。中心村规划总用地为28.93hm²，其中建设用地面积为15.31hm²，总户数为450户，总人口1 600人，人均建设用地约为96m²。在平面方案布局中，规划保留现有居民点布局，对公服中心进行详细设计，将原废弃教学点建筑拆除，形成开放式的村落中心；对入口池塘周边进行了游步道设计，并将古街、古墓、古建筑串联起来；同时，增设停车场地设计，对远期农家乐设置作了相应考虑。

村庄整治规划：规划通过将现状建筑划分为滨水、临路、古建（重点整治、保护修缮、旧址重建）、中心建筑、临圩建筑五大类，将现状景观分为古墓景观类、农田景观、植物景观、水体景观、古树景观、祠堂景观六大类进行分类型整治，同时对村庄标志物、村庄色彩、道路交通设施改造、公共服务设施和市政基础设施改造进行了详细规划。

2. 编制策略——"分级、分类、分区"思路，提出差异化的规划建设路径

（1）建立"新型农村社区—中心村—自然村"三级体系，分级配套公共服务与市政基础设施，统筹协调发展。

（2）区分改造提升型、拆迁新建型、旧村整治型、特色保护型四类建设模式。新型农村社区与中心村一般宜采用改造提升、拆迁新建模式，保留自然村宜采用旧村整治或特色保护模式。四种模式可叠加、可拆分灵活使用。

（3）依据芜湖县农村发展思路，划分产业区域。依托西部、北部平原圩区大力实施整村推进、新型农村社区建设，实施农业产业化，依托东部、南部山岗丘陵，实施农业生态化。依托每个编制村的不同级别、分类、所在产业区，集合村庄现有特色和特

质，规划相应提出具有差异化、针对性的规划建设路径。

3. 编制流程——构建"新型村民理事会"，促成全流程、多环节的公众参与

在现有编制条件下，规划公共参与多以村民理事会形式产生，现状村民理事会成员主要由"五老人员"（老干部、老教师、老党员、老模范、老工人）和能人、大户代表组成，多以平均年龄70周岁以上的老年人为主，较为缺乏规划概念，导致村民关注点与管理决策者关注点之间往往会出现分歧，规划建议在系统的村庄产业发展提升作用下，吸引更多的年轻人、地方能人、新农村建设者们加入进村民理事会，促成多元构成、有活力和议定力的村民自治机构形成。

美好乡村规划一般的编制流程要经历"初步调研—详细调研—初步成果（技术审查）—专家评审—规委会预审—规委会评审—省市规划部门评估"七个阶段，其间伴随着施工图的编制与规划实施及竣工验收两个阶段，整个周期总计约半年时间（不包含评估及实施时间），规划建议在此基础上，强化新型村民理事会的参议作用，强调以座谈会议、陪同踏勘、参会讨论、会后反馈、实地考察、验收条件等形式进行多环节的全程参与。

4. 编制方法——"规划＋建筑＋景观＋X"多专业融合，提高规划实操性

考虑到规划层面更多解决的是条块问题，梳理性较强，往往直面村庄问题，迫切的需要得到解决，而景观和建筑的配合能够将细节问题，针对性地解决，笔者建议针对"美好乡村"规划务必要形成一个"规划＋景观＋建

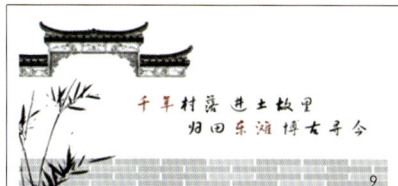

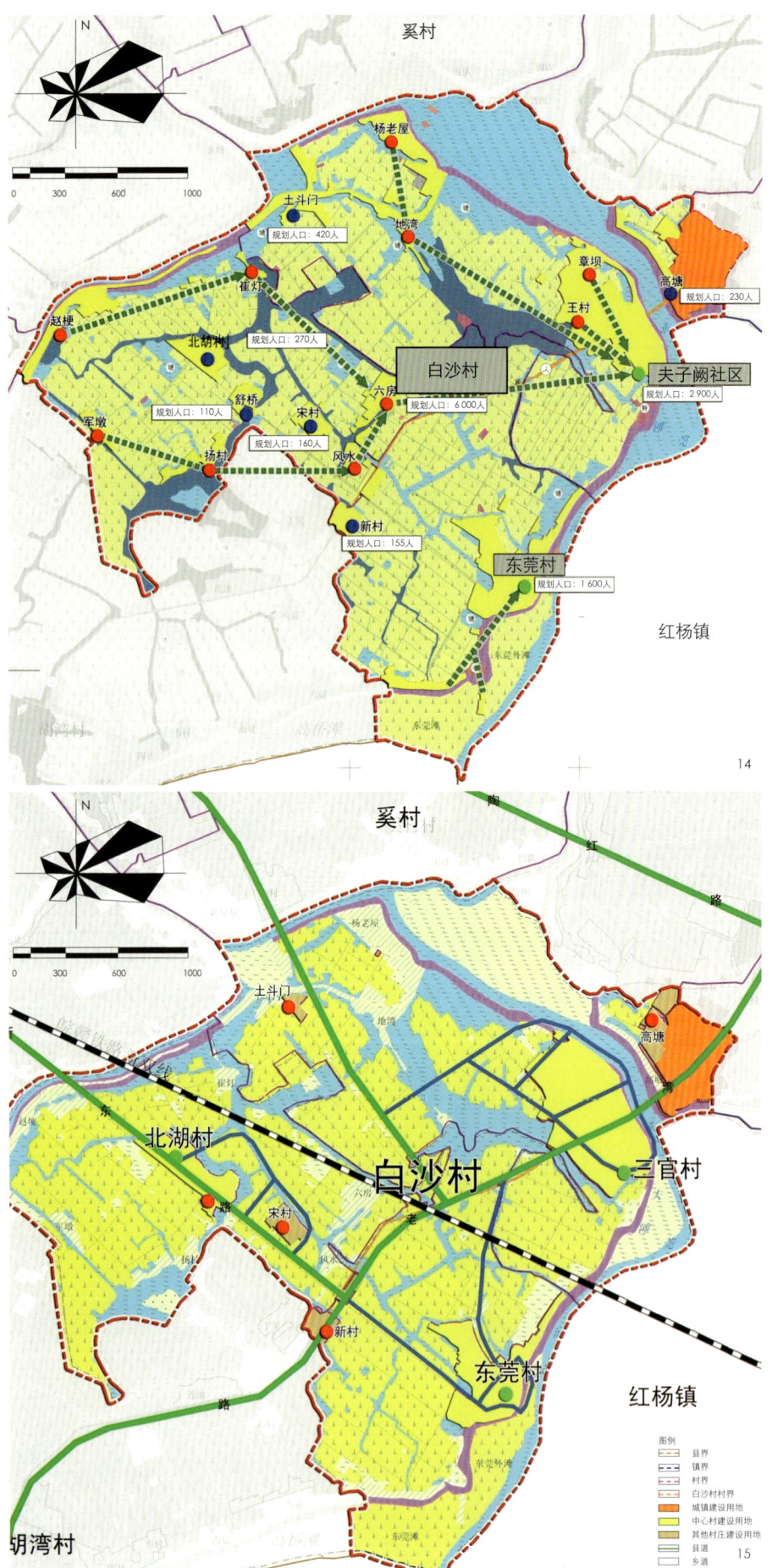

筑＋X"多专业融合的编制团队，提高规划编制的技术性、指导性和实用性，其中X的内涵是丰富的。

X=环保企业

以六郎镇永太村为例，在环保技术支持下，结合排水规划选址予以实施的微动力污水处理站占地小，造价省，可受益人群多，并在中心村生活污水处理站建设中得到推广。

X=策划公司

以陶辛镇沙墩村为例，在设计团队、陶辛镇政府及某集团（策划及投资方）长达一年的共同努力下，现已按照规划和策划实施完毕，作为景点已开始接纳游客，并被评为"芜湖市首届魅力乡村"之一。

X=管理部门

《芜湖市村庄规划编制导则》是与本案三批规划任务尤其是花桥镇横岗新型社区规划的编制同步拟定完成的，其从本规划成果中汲取了有益部分，同时导则也为规划编制的全面性提供了有效依据。两者的融合也使得规划的实操性、地方适应性得以极大的加强。

X=广告公司

以红杨镇万村为例，在设计团队、镇政府及广告设计公司共同合作，将规划公示的相关内容用群众喜闻乐见的表达形式，如文化墙、宣传册、小挂历的形式提供给村民，使得规划深入人心，减少实施障碍。

X=标识公司

以芜湖县编制各村庄为例子，在具体的编制过程中摒弃了村庄规划标志物多为石头、标识牌等单调的形式，通过标识设计师的介入，引入了新思路，为"一村一品"的建设增加了亮点。

X=文化保护专业技术人员

以芜湖县东莞村为例，本次规划编制中强调了对于历史文化资源的挖掘、保护与利用，在规划中对东莞村古墓、古民居、宗祠进行重点保护，对村落肌理进行整体保护。

六、结语

笔者建议在未来的中国村庄规划发展中，规划工作者理应尊重每个村庄的独特之处，将村庄的类型、文化、特点渗透到设计中；尊重每个村庄的有益的既有环境和原住民的想法，将规划真正落实到实际中；尊重每个村庄的自然所在，不将集中作为目的，慎重对待自然村的迁移合并。

至此，笔者也希望能够为中国乡村的美好未来而规划，促成村庄经济、社会、生态、文化价值相互和谐，以实现普惠的宜居乡村理想，构建村民与市民的平等生活体系，塑造易于识别的特质乡村，为乡愁寻得归属，留住外出脚步的活力乡村，营造村民参与建设的美好家园。

参考文献

[1] 人民网：中国共产党新闻网．《中国特色新型城镇化道路的发展演变及内涵要求》[J/OL]．2014年．

[2] 《中共安徽省委．安徽省人民政府．关于全面推进美好乡村建设的决定》[Z]．2012年．

[3] 芜湖市城乡规划局．《芜湖市城总体规划（2013—2030年）》[Z]．2013年．

作者简介

蔡宇超，上海经纬建筑规划设计研究院股份有限公司，项目经理，注册城市规划师；

唐依依，上海经纬建筑规划设计研究院股份有限公司，规划设计师。

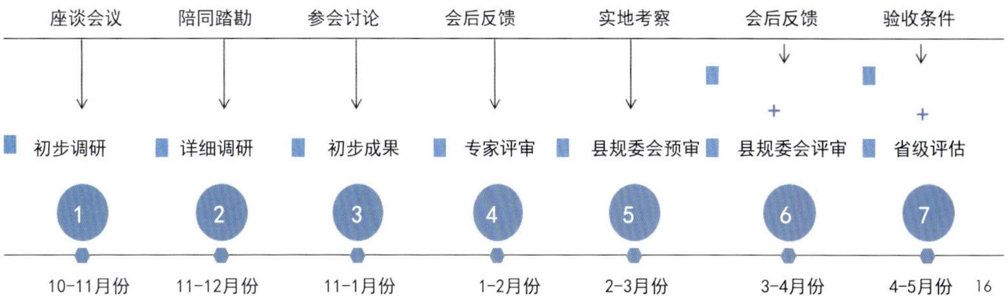

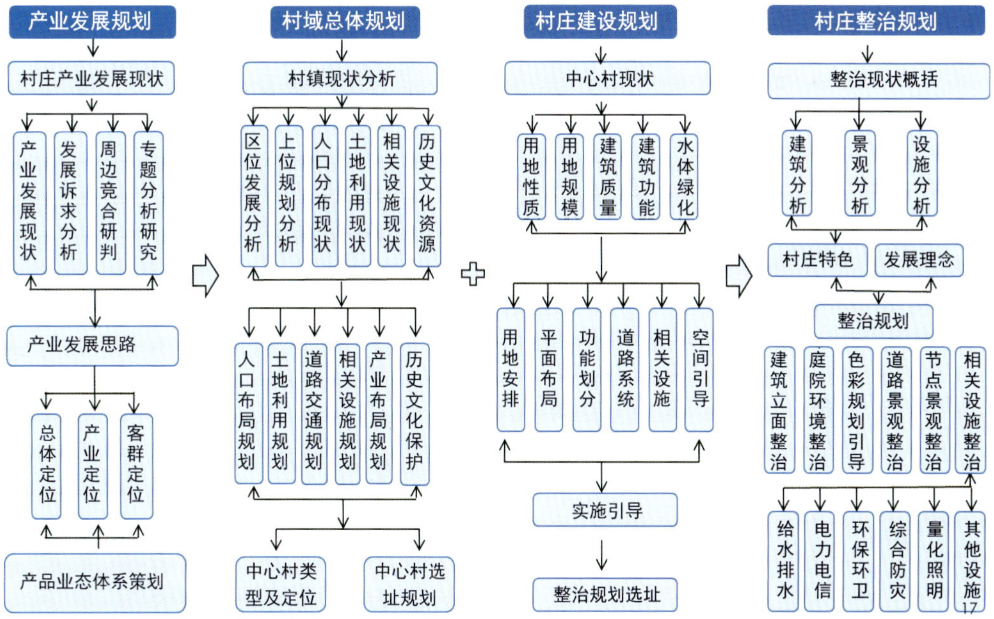

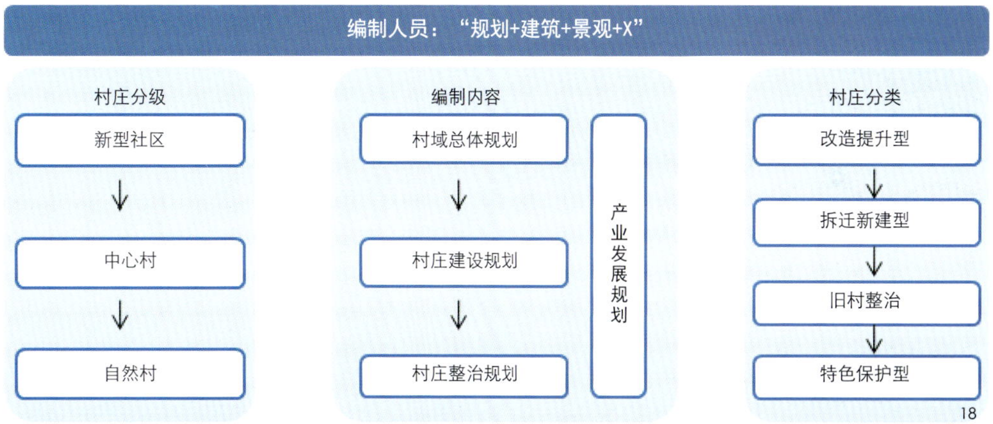

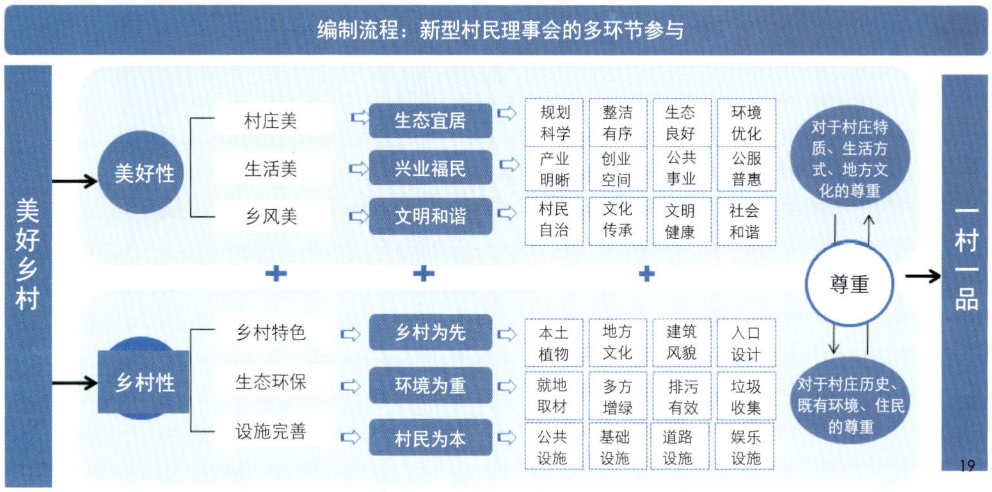

14.村域人口规划图
15.村域交通规划图
16.新型村民理事会规划公众参与图
17.美好乡村建设规划工作技术路线图
18.美好乡村建设规划总体思路图
19.美好乡村建设基本内涵图

乡村产业开发与策划
Industrial Development and Planning of Rural Areas

乡村滨水山地的旅游开发与利用
——以陕西永红村云栖后柳项目概念规划为例

Development and Utilization of Rural Waterfront Mountain Tourism
—A case Study of the Conceptural Planning that in Yunqi Houliu, Yonghong Village, Shaanxi Province

应 时 史慧劼 陆 地
Ying Shi Shi Huijie Lu Di

[摘 要] 随着乡村旅游资源的多样化开展，村落中旅游开发项目选址也从原来的生活区慢慢演化成了在村内生态资源与交通资源较好的地块发展整体性的旅游片区改造。这类村落旅游片区与村庄生活区邻近，地形较为复杂，其规划开发具有相对独立的资源供应，对村内村民原有的生活打扰较少，并能为村民提供较为现代的服务设施，近年来已在国内逐步开展。本文以陕西省永红村的旅游片区建设开发项目为例，探讨山地滨水环境下旅游片区开发中对地形地貌的改造及利用以及各类功能的组织与设计。

[关键词] 乡村旅游；山地滨水地形；旅游片区开发；地形利用与改造；陕西后柳

[Abstract] With the diversification of rural tourism resources, tourism development projects in the village location from the original living area gradually evolved into a tourism area in the transformation of the overall development of the village land ecological resources and traffic resources well. The adjacent village tourism area and village living area, the terrain is more complex, its development is relatively independent supply of resources, the village villagers less disturb the original life, and can provide more modern service facilities for the villagers, in recent years has been gradually carried out in china. In this paper, Yonghong village of Shaanxi province tourism area development and construction project as an example, to explore the mountainous waterfront environment in the development of tourism area transformation of the topography and the use of various functions and organization and design.

[Keywords] Rural Tourism; Mountainous Waterfront Topography; Tourism Area Development; Terrain Utilization and Transformation; Houliu Shaanxi

[文章编号] 2017-76-P-056

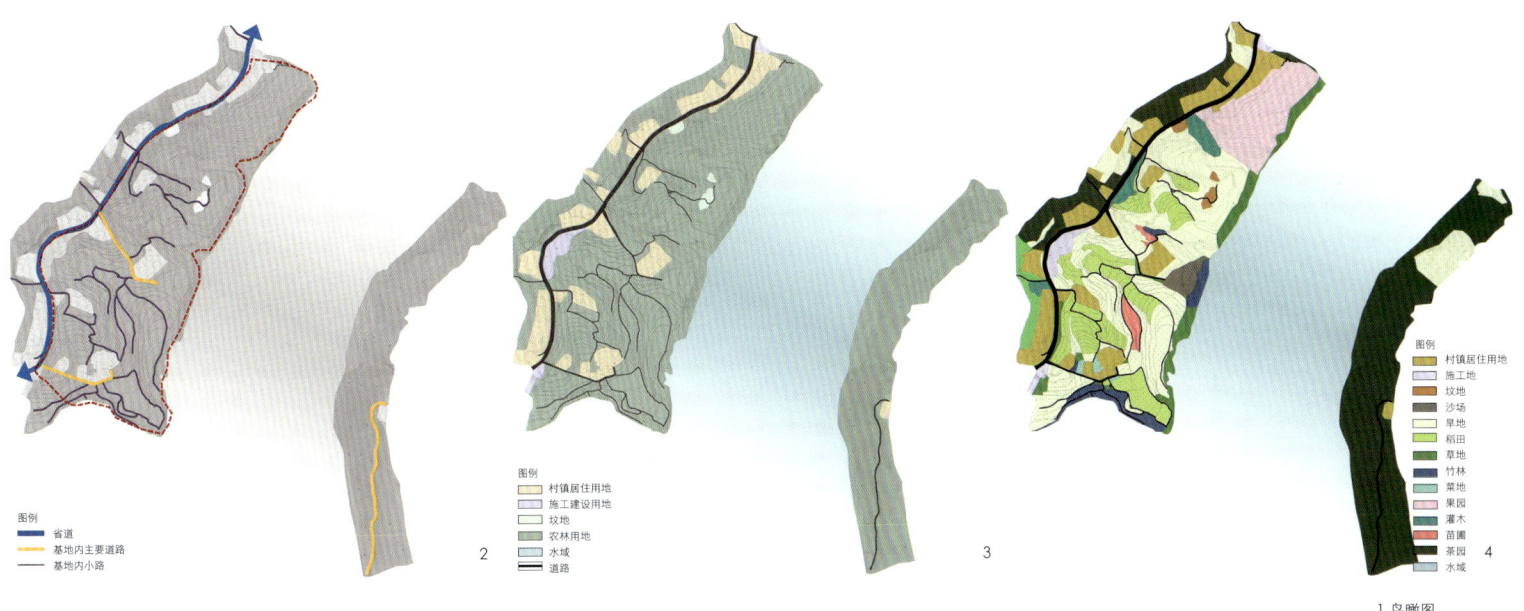

1. 鸟瞰图
2. 基地道路交通现状
3. 基地用地现状图
4. 基地现状植物分布

一、前言

1. 乡村旅游开发

我国的乡村旅游在20世纪80年代便已经开启，最先进行乡村旅游建设的村落一般临近城市，并具有较为明显特色的村庄整体建筑风格或文化历史资源，如周庄、景德镇等都是在此基础上发展起来的特色村落旅游。原有的乡村旅游开发选址一般为位于村内人居环境内部，如村民在村内举办的农家乐等。现今随着乡村旅游类型多元化，原有旅游资源已从单一的历史文化资源转变为如生态环境资源、休闲农业资源等多种资源模式。开发模式依赖的资源不同导致其开发方式的不断改变。在村居民点外进行片区整体的改造是乡村旅游开发的主要方式之一。本文中对陕西永红村的开发便是在村边缘相对独立的自然环境进行旅游片区的整体开发改造，将其建设成多元化的旅游度假与文化体验相结合的旅游片区。乡村旅游必须注重因地制宜的旅游规划与开发策略的制定，走可持续发展道路和坚持环境友好型开发，催生村内的经济产业链完善，使村民、游客共享规划成果，实现乡村旅游片区开发健康有序发展。

2. 乡村滨水山地环境的特殊性

滨水山地环境的自然要素构成较为丰富，依山与滨水造成滨水山地村的生态敏感性一般高于普通的村落。山地环境下的物种丰富度以及水土涵养性能与村落几百年来人居环境相互适应形成了较为稳定的发展模式，滨水环境的敏感性体现在水环境不仅作为生态要素以及景观要素存在于自然环境中，同时还作为村内的生存及生产资料的资源要素，是村民和牲畜的饮用水源以及生活、生产来源。因此，旅游片区的开发带来的资源及环境消耗都对原有的山水人文环境存在着或多或少的影响。由于部分村庄在旅游开发阶段进行大规模的地形改造，带来了能源消耗无法及时代谢，从而对村内原有的山水环境系统造成负担。所以在进行滨水山地环境的村庄开发时我们应将滨水山地地块理解成一个相对整的自循环生态系统，对其改造和开发既要考虑到各类效益的产出，也要考虑到负担的消耗与排解，注意保护基地内物种丰富度、重视基地内的生态环境质量、完善基地内的生态安全格局。对基地地形地貌的改造与利用在山地滨水环境的开发结果起到决定成败的作用，应在地块的开发初期就制定出因地制宜的开发策略，并贯穿于整个项目的始终。

3. 乡村滨水山地开发实质

滨水山地的开发实质是对村落原有优势的分析下进行经济、生态、文化状况的利益获取。这类利益获得一般以自然环境的改造以及人工环境的营造进行。正如上节对滨水山地村环境敏感性的叙述，该类村庄一般在聚落布局以及景观界面上对自然环境条件的依赖性较强，整体风格特征鲜明，生活性景观与生产性景观往往都与山地坡度走向以及水文驳岸形态有关。往往在生态界面、生产环境、生活场所不断演变出一副和谐的山水人文环境。这是滨水山地村的重要优势所在，因此如何利用地形、减少对地形的大规模改造，获得最大的生态效益，打造连续的自然景观界面和人流活动区域是山地滨水村规划需要考虑的重点。

二、陕西永红村云栖后柳项目概况

1. 项目区位

基地位于陕西省安康市石泉县后柳镇北侧谭家山区域永红村，省道541（石蒿路）东侧，距离西安150km，距离安康市区80km，距离石泉县城12km。与后柳古镇仅一河之隔，地处秦巴山间，汉水之滨的河湾处，视野环境极好。石泉县是陕、川、鄂三省间重要的交通枢纽之一，基地交通区位优势明显。

2. 基地现状分析

项目用地面积12.13hm²，以农林用地为主，村庄居民点散布其中，以一层民居为主，房屋质量较差，另有几处施工用地和坟地。基地整体呈山地地形，地势西高东低，西侧紧邻石蒿路，东侧紧邻汉江，从西侧石蒿路至东侧汉江约30m高差。

基地内植被多样，北部有果园，中部为大面积旱地和梯田，间有菜地、灌木和苗圃等，滨水地区带状分布竹林和草地。汉水东岸山地以茶田为主。植被覆盖良好，水质清澈，景观优美。

基地内部有省道S541（石蒿路）从西侧穿过，

5.规划总平面图
6.鸟瞰图

是基地的主要对外交通，有若干小路从石蒿路向基地内居民点延伸，多为土路，道路质量不佳。因此在对基地进行旅游开发时要考虑对交通的系统性规划以及道路设施工程的建设，根据永红村周边已成规模的旅游资源进行规划。

3. 基地内资源评估

基地内自然景观与人文景观资源丰富，景观界面连续。自然资源方面，基地濒临汉水，岸线曲折，水资源十分丰富，并拥有颇具特色与规模的梯田、茶园、果园等生产型景观，整体的乡野景观特色明显。基地内地形多变，低山狭谷、峰峦迭起，形成了较多的峭壁地貌，给人震撼的视觉效果。人文资源方面基地拥有全国著名的汉水文化（华夏文明源泉、汉文化）、民俗文化（民歌民舞民间美术、汉剧、饮食文化、酒文化）等文化资源。经过实地调查，以及对资源的评估，基地的旅游资源优势明显，重点利用的资源为壮观的自然生态景观资源以及颇具特色的历史文化资源。在利用与开发的策略制定上，前者要注重对生态环境的保护与利用，降低人工开发的痕迹，最大限度的利用地形。后者要营造文化体验旅游的应有氛围，进行因地制宜的人工设施的建设，拉动相关产业，对地形进行整体性的改造。两者相辅相成进行资源的利用与开发，达到生态效益、景观效益、经济效益、文化效益的共同发展。

4. 旅游市场分析

区域旅游市场开发前景较好，但现状市场发展并不完善。就安康市旅游发展来说，客流来源较为单一，主要客流来源为陕西省内部，占75%；陕西省内客源市场以西安市为主，占62%，安康本市游客仅占11%，旅游市场份额较少。市场来源的单一造成旅游产业发展资源向中心集聚现象，影响当地新兴旅游产业发展。

石泉县旅游业起步相对较晚，客源市场存在市场辐射范围小、市场结构单一、出游方式受限等特点，游客大多来自安康市区及其所辖各县，市场吸引力不足。这就需要在旅游市场开发初期谋求准确的定位，有的放矢的开辟项目吸引客流。近年来乡村旅游市场火爆，如2015年，西安乡村旅游接待游客人数超过5 480万人次，同比增长20%；乡村旅游餐饮、住宿、购物等消费达到39.6亿元，同比增长25%。通过对旅游市场及永红村的旅游资源的分析，可以预测基地发展乡村旅游较为符合当前趋势，拥有较大市场前景。

根据现存基地山水一体、水体清澈质量优良的水文环境，树木茂密景观视野强、空气质量一流的生态景观特性、汉水岸线长曲折多样的视觉效果，我们在对永红村环境开发利用时应对原有特色地理环境进行景观视线引导；根据基地内部总体环境良好，但景观单一，且资源不具备独特性和排他性的不足进行人工景观的搭建与文化资源的开发，令此地拥有供人们停留的景观性广场与观景平台；根据场地序列变化较多，利于趣味的空间组织的地形地貌，我们可以组织

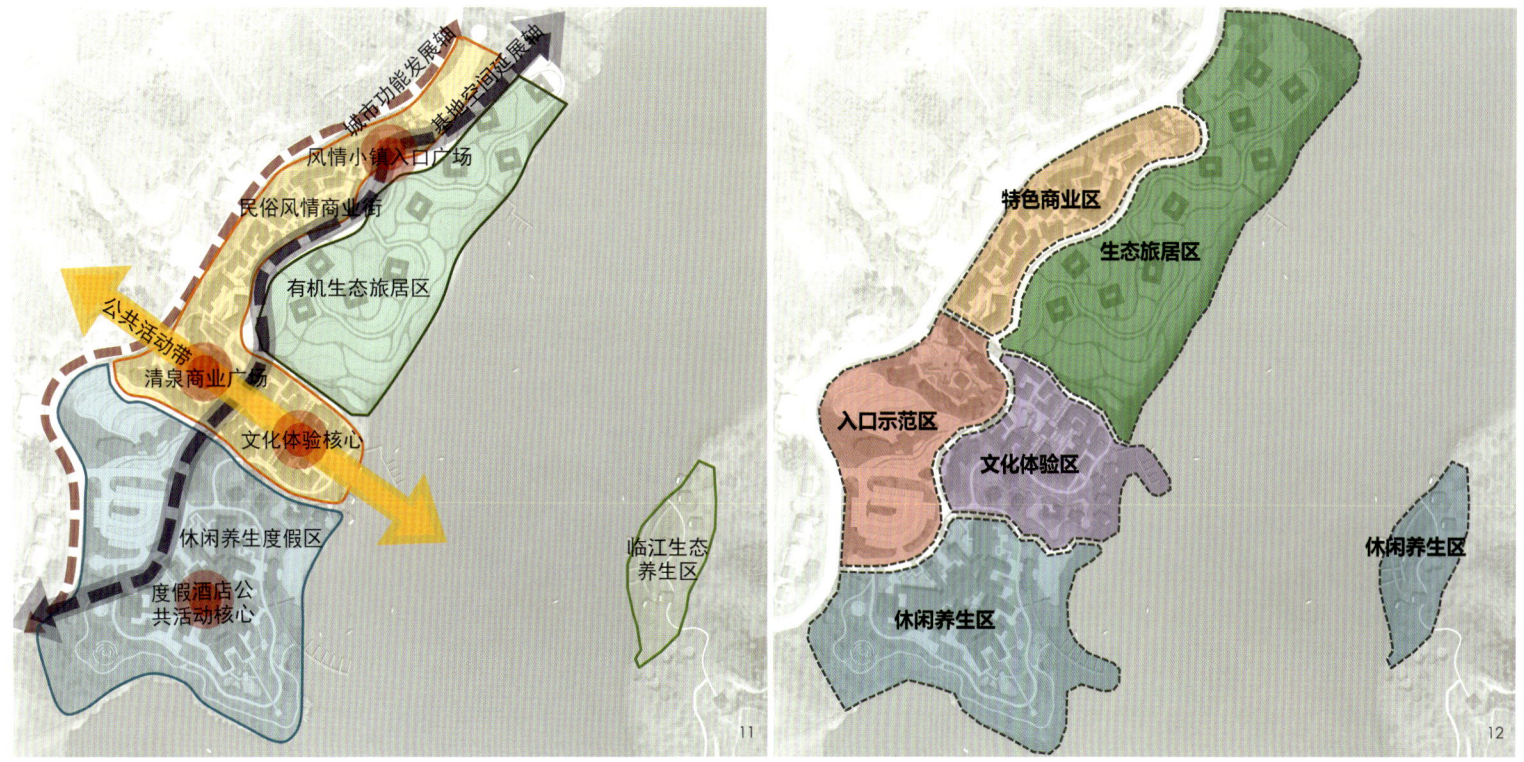

7.酒店效果图　　10.风情小镇地形利用
8.风情小镇效果图　11.规划结构图
9.酒店建筑剖面图　12.规划功能分区图

具有当地特色的仿古街巷空间；因此根据基地内部的自然资源、人文资源、市场资源进行分析与总结后，制定出基地的未来的发展必要"靠山依水""借林纳气"将山、水、林、气候资源充分融合。根据基地内部自然与人文资源的吸引力，考虑当前旅游市场发展趋势以及我国乡村旅游意愿分析，得出村内具有开发生态旅游、健康产业以及文化体验式旅游的潜力。

三、规划中的地形改造与利用

1. 基地现状地形分析

基地内地势西高东低，呈梯田式下降，其中西南部和东南部靠近省道有较平坦区域，中部滨水地区地势平缓，利于建设。中部有一条明显冲沟，是设计的不利因素。基地高程从324m至381m之间不等，呈由两侧向中心倾斜的微谷型空间，根据对基地内部坡向及坡度进行分析，基地内85%以上的区域坡度为30%以下，可以进行开发建设。对基地进行坡向分析显示基地坡向方向为东向、东南向、南向的用地较多，坡向良好。

对基地现状地形进行分析，基地南部三个片区地势较为平坦，是基地的最佳用地，在规划时可以作为重点建设片区布置主体功能。基地北侧坡度变化较大，在建设时需要重视对地形的利用，作为基地内适宜性次佳用地，可以依山就势，打造富含趣味的体验空间。村内背部两条带状区域为两侧高差较大的冲沟地段，不利于进行开发建设，需要在规划时作为自然界面空间进行利用。

2. 总体定位及规划结构

永红村凭借陕南优势资源，依托谭家山、汉水优越的自然山水禀赋，考虑到用地西侧紧邻石嵩路，南北两侧均为主要客流方向的市场条件，将项目基地建设成为集生态休闲养生度假区，打造集禅意养生、休闲娱乐、有机农业、生态旅居、民俗风情、度假服务于一体的特色旅游综合体。

规划形成两轴一带、四区多节点的结构。主要交通轴线沿着基地原有的省道进行延伸，穿插在基地内部，形成主要的人流轴线，主要景观轴线由山至江蔓延，形成由人文到自然的景观序列。主要的人流活动广场位两个轴线之上。主要景观节点的地理位置选择位于基地地势平坦区域和地形变化序列丰富，整体坡度适宜建设的地理位置。从节点空间可以遥望至临江自然景观界面，为游人提供良好的视觉感官享受。

3. 整体地形利用与改造

根据上文对地形的分析及利用，规划主要的改造工程量集中在项目南段的平坦地势区域。基地区划分为休闲养生区、特色商业区、以及生态旅居区、文化体验区、入口示范区五个片区。其中旅游开发重点片区为地形地貌较为适建的休闲养生度假区和民俗风情商业区。在坡度较为平缓地带建设游客停驻的主要片区单元，承担人文旅游、体验休闲的功能。在坡度较大的地段设置以体验自然为主的生态旅居区，利用山体地貌与自然景色，避开主要人流，减少改造工程量，保护原有山水环境功能，最大限度利用原有的自然景观界面。

道路与交通方面的流线组织遵循山地走向，寻求高程相近点进行道路设计，减少较大直升坡段的数量利于徒步及机动交通两种交通方式的正常运行。整体车行道沿山体走向平行布置，减少填补高差工程量，其余地段以支路蔓延进行连接，沿路增设节点，保护视线通廊。在入口处平坦区域设置停车广场，与村内西侧民居临近，形成村民游客共享的设施平台，保证原有的天然山体界面不受人为破坏。

规划对原有开发强度进行考虑与利用，地势平坦且人工开凿痕迹较重的南部平坦地段打造成主要商

061

业空间，减少土方工程量，避免对地形的二次破坏。临江农田及天然林地所在的坡地被最大限度保留，在此区域内进行点状建设。在原有的山水景观视线主要投放在沿江方向，避免人工建筑影响自然景观界面的连续性。尽最大的可能达到旅游片区的整体氛围营造。这种平地片状建造开发，坡地点状建设、沟谷景观引导的方式最大限度的保护了自然山体界面的自然完好性，减少因改造不当造成的生态安全威胁以及景观界面的断层。

4. 景观片区的地形利用与改造

景观片区的整体性设计方法主要以开发主体性广场游览景观、整理原有驳江岸线、利用原有生产型景观为主。基地南部和西部片区为重点开发建成的人工景观区域，这里地势平坦，利用改造工程量较小，自然景观元素相对其他区域较少，并且由于该位置已经进行过人工地形地貌的改造，因此对地段进行景观打造可以减少工程量，考虑该位置的自然景观元素少，人文景观资源吸引力不够的现状，增设人工景观，打造各类主题广场，增加各类景观节点，丰富文化主题的同时丰富区域的景观类型。同时利用景观支路形成汇水界面，减少洪涝灾害的发生。

景观的空间序列与山势平行，车行入口及人行入口作为主要景观节点，规划具有标识性的入口广场，将水景融入其中，既能展现片区省道沿线的良好形象，又为游客主要的集散场地提供景观要素。同时利用地貌起伏特点打造连续而趣味的景观节点空间，提升基地的整体景观品质，通过收放有秩的街坊空间以及开阔的水面广场空间，营造良好的休闲度假体验空间；度假酒店门口利用临水界面与坡地地貌的山峦叠水景观打造动静结合、突出灵动的景观意向。酒店片区内部道路竖向设计依据山势，利用自然界面和人工道路界面进行对雨水的汇集，形成聚水面，利用山体坡度向江内进行汇集，形成山地水系统的微循环，与此同时设立小型港口泊岸，创立亲水空间。

有机生态景观区中利用原有梯田走势，进行点状规划建设，最大限度的保留原有的梯田地形地貌空间与景观界面。风情小镇的背部区域沿山建造，整体布局形式延续村内原有建筑的布局方法，形成与江线一山线相呼应的界面布局，景观节点间视线相互呼应，满足游客视线范围内自然景观及人文景观的界面连续性。

整体岸线设计时将岸线分为四种类型，包括亲水木平台、亲水硬质平台、砌石以及生态驳岸四种方式。四种驳岸类型根据现实地形地貌以及旅游构造的需要进行布置。酒店滨水岸线东段主要设置游船码头，驳岸形式为亲水木平台；酒店滨水岸线西段驳岸形式为砌石驳岸；文化水街滨水岸线主要为公共活动景观空间，驳岸形式为亲水硬质平台；生态农庄滨水岸线以自然为主，驳岸形式为生态型。这种布置方式满足旅游景区功能布置上的人群使用，同时采用易得且符合当地整体风格的材料，不对环境造成负担。

5. 建筑单体布局的地形利用与改造

村内建筑单体的整体布局方式、主要形态、建设方式等都充分考虑到地形因素。从理论上讲，山地建筑可以生存于各种坡度的地形条件中，只是其难易程度不同，在坡度大于5%的地形上进行建筑道路、给水工程和供热工程时，工程技术费用比平原地区明显增加。因而我们制定山地建筑设计适宜性条件。

整体建筑设计依据山势有主有次进行布局，为了适应地形地貌以及山体景观界面的需要，以及完善新建筑与传统的民居的沟通，达到隐于山林不凸显人工痕迹的目的，在建筑高度及层数控制上将建筑普遍设置为一层，部分二层、三层建筑主要集中在地势较为平坦的人工重点建造片区。建筑密度呈现由西南向东北递减的分布趋势，与山体内基地的平坦程度直接相关，符合人工开发界面向自然山水界面的递变规律。

表1　不同坡度地形利用方式说明

坡地	坡度（%）	允许单体建筑设计形式
平坡地	2~5	跃层、筑台、退台
缓坡地	5~10	跃层、筑台、退台、爬坡
中坡地	10~25	错层、跌落、吊脚
陡坡地	25~50	掉层、架空
急、悬坡地	>50	特殊处理

在建筑单体的布置与安排上，南侧较平坦的片区主要采用跃层、筑台、退台的建设方式，利用地形地貌的同时丰富外部空间。以酒店建筑为例，在建设时主要依附山势较为平坦地段进行建设，并利用山地坡度在一层设立微挑台，朝向山势走向，客房的布置嵌入山地，沿梯田呈阶梯状布置，为酒店使用者提供较为壮观的山水景观。整体建筑的建筑风格模仿山体走向，与山体融为一体，达成与自然和谐的目的。风情小镇内部利用坡度进行设计，将商铺与生活库房相结合，形成一层商铺的游览界面。

生态园片区的农庄设计借助梯田地形的坡状布置，形态上采用回字形，将院内景观与外界自然景观加以区分，分别为自然开阔的公共视野环境以及私密雅致的私人庭院环境，客房的部分仍旧依据山势和人工梯田设立挑台，朝向面江一面，最大限度地获取自然界面，与静心的主题相互呼应。

四、总结与展望

乡村滨水山地的旅游开发对地形依赖较强，体现在区域的布局方式、功能的动静区分以及流线的组织与空间的设计上。项目开发中应将平坦区域开发为人流聚集和活动较为集中地，如广场、停车场以及重要集聚场所应该选择该类地段。动静区分即人工界面与自然界面的分割手法设计上可采用以道路或者自然山体进行人工化限隔断和自然屏障隔断的方式进行分割，还原村落自然界面的静态区域。在山势地形较为陡峭的区域尽量减少工程开发，采用点状开发方式，减少人工工程的介入，使其不但符合山地滨水界面的生态安全格局，同时完善整体景观界面，使整个地势变化较活跃的区域成为基地的视线通廊。

在对村落周边地区的旅游项目开发之初，要明确村庄的优势资源，根据不同资源的具体状况制定开发方式与强度，本文中对基地内的生态人文资源采用了低影响开发、多借景利用、少介入引导的方式，保存了村内农田及山水自然界面的资源完好性，同时在对文化资源的开发上采用了人工创意产业与商业服务业结合的方式，利用平坦地势提供商业产业的市场环境设施。主要人口活动场地与自然生态界面相望少相通，利用地形地貌将其分隔开，达到自身流线的清晰与地段内秩序的健康运行，减少了对自然界面的干扰。两者开发策略的相互配合使该项目各功能模块清晰，达到开发初期制定的山水人文景观共同发展的目标。

参考文献

[1] 陆地. 滨江空间的生态城市规划设计：以湖北省武汉市青山区滨江区域概念规划为例[J]. 城建档案, 2015, 05: 84–87.

[2] 陆地. 快速城镇化背景下武汉东湖风景名胜区生态文明构建策略[J]. 中国园林, 2015, 10: 66–70.

[3] 马青, 应时等. 新型城镇化背景下辽宁特色农村发展模式研究：以辽宁清源县橡子沟村、三十道河村为例[J]. 2015, 11.

[4] 余廷墨. 基于文化观的山地城市设计研究[D]. 重庆大学, 2012.

[5] 刘聪颖. 西南山地城市生态基础理论及案例研究[D]. 重庆大学, 2012.

[6] 上海中森建筑与工程设计顾问有限公司. 云栖后柳项目概念规划及建筑设计方案说明[R]. 上海中森建筑与工程设计顾问有限公司编制, 2016.

作者简介

应　时，上海中森建筑与工程设计顾问有限公司，规划师；

史慧劼，上海中森建筑与工程设计顾问有限公司，主任规划师；

陆　地，上海中森建筑与工程设计顾问有限公司，规划总监，国家注册规划师，高级工程师。

13.生态农庄效果图
14.驳岸方式示意
15.景观视线节点示意图
16.景观序列结构图

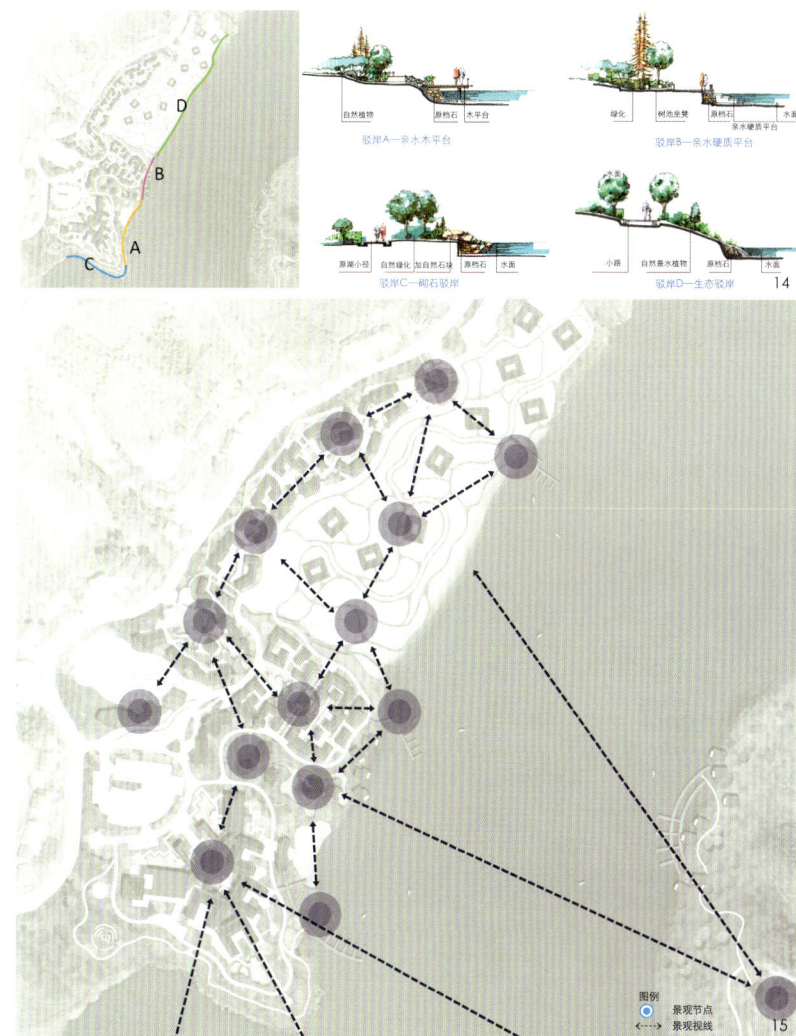

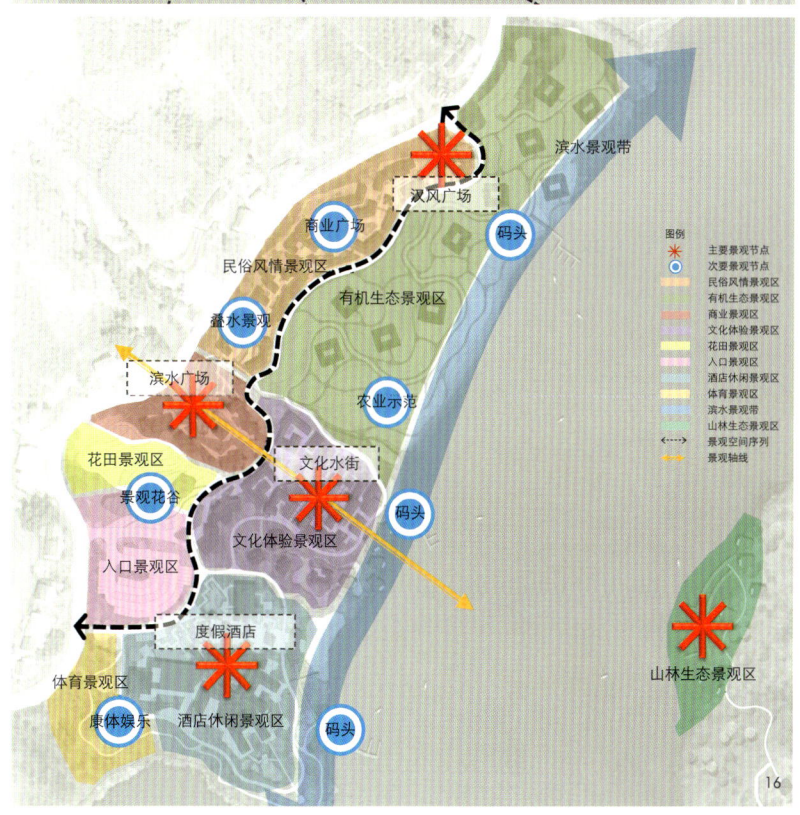

富春江畔的一块绿翡翠
——黄土路尽头的度假胜地

Emerald Village at Soul Bay
—The Resort at the end of the Yellow Dirt Road

James Brearley

[摘　要] 严陵坞度假村探索了生态旅游与当地环境的共生互动关系，我们相信可持续发展的生态旅游开发一定能让当地村民从中受益。故而，景观设计是在保留当地生态环境与特色的前提下进行的，建筑设计则注重当地传统建筑的保护与恢复，辅之以现代化的设计方法和设备，使严陵坞整体环境更加健康、节能、方便、舒适。

[关键词] 共生理论；生态旅游；乡村就业；发展延续；农业；农村的价值观；夯土；木柱框架结构；历史；包容性；不墨守成规；可持续发展；生态教育；人文

[Abstract] The project explores eco-tourism's symbiotic relationship, where the local inhabitants benefit from the introduction of visitors. The landscape design builds upon the existing farming, and the architecture extends the traditional informal village without blurring the new interventions.

[Keywords] Symbiotic; Eco-tourism; Rural Employment; Continuity; Farming; Rural Values; Rammed Earth; Pole Frame; History; Inclusion; Informality; Sustainability; Ecological Education; Culture

[文章编号] 2017-76-P-064

1.模型制作总图
2.平面图
3.游览节点图

一、中国城市化进程中的农村发展

随着大量农村劳动力进城务工，老人和儿童留守农村的现象在中国已经司空见惯。在当地政府的引导下，一些风景秀美、民风较开放的乡村开始发展旅游业，从而促进当地经济的发展，为村民增收。杭州桐庐富春江畔就有这么一个美丽乡村——芦茨村。

二、严陵坞的历史

严陵坞是富春江水库岸边的一个古朴村落，一条蜿蜒小道沿富春江将整个村子串联起来。这个古老村落原本坐落在地势较低的江岸，由于1965年修建富春江水库，江面拓宽至300m，村子搬迁至地势较高的地方。

三、生态旅游

严陵坞度假村践行可持续发展的生态旅游产业开发，使游客、开发者和当地村民都能从中受益。尽管中国绝大多数农村改造项目，都强制性将当地村民集体安置到附近的村镇，以便开发者对人去楼空的村子进行单独开发。严陵坞项目却向当地村民抛出了橄榄枝，村民可自行决定是否参与到村子的开发中来。开发者在距离村子很近的地方建造了集体式公寓，如果村民愿意将自己的老屋出租给开发者，并改造成度假屋使用，村民可另外获得一套面积较小的公寓房居住。如果村民不愿意离开自家老屋，也可以通过其他方式参与到度假村的开发和管理中来。比如有很多选择留驻的村民，为度假村提供一些有偿服务，如烹饪、保洁、泛舟等。

四、老屋改建

严陵坞现存36栋老房子，近一半采用的是传统夯土墙和木橡柱式结构，古老的建筑工艺体现了建筑的质朴感、对称性及体量比例。其余混凝土结构的老房子，设计表达风格多样，其中还发现了浙江有名的后现代风格彩色装饰面砖。

BAU在老屋改建中保留了传统的手工粗琢木柱结构和部分夯土围墙。较大的老屋被改造成若干独立的客房，配以现代化的生活设施。

针对老屋需改造的部分，BAU遵循现代主义建筑手法，并且注重建筑的功能性和逻辑性。本项目在保留传统房屋主体结构的基础上，将客房窗户与室内人的行走流线呼应设置，使游客在室内能够最大限度地欣赏到室外美景；同时，室外阳台和悬挑的大露台让人们更加近距离的欣赏富春江美景。横向设置的长排窗户，有时仿佛成为了室外美景的相框，让人驻足欣赏。

五、设计的包容

BAU怀着崇敬的心情，从古老质朴的建筑材料和方法中汲取经验，古老的建筑方法打造出来的功能空间，与乡村悠然自得的生活方式相得益彰。但对于新建部分，BAU拒绝复制，提取可利用的经验，结合现代设计手法，使建筑整体更加和谐、漂亮。这不是简单地将传统建筑与现代建筑组合在一起（如现代主义晚期所提倡的），恰恰是一种设计理念上的包容（体现了文化多元主义）。

总而言之，本项目同时体现了传统与现代两种建筑设计风格；老房子保留的部分和新建的部分融为一体（从内部结构到建筑外立面实现了无缝衔接，这种案例无论在中国城市或是乡村都很少见）；拘谨与松弛，传统建筑和现代建筑的质感、饰面和颜色，比较与共存随处可见。

六、改变生活空间

村民如果将老屋出租给开发商使用，自己就会搬到面积稍小的安置房居住。安置房设计一共两层，二楼做了退取式设计，每家居住一层，家家门前都有一个大露台，这种私密和半开放空间将作为村民农耕生活的庭院使用。新的社区广场则成为村庄庆典和举办活动的场所。

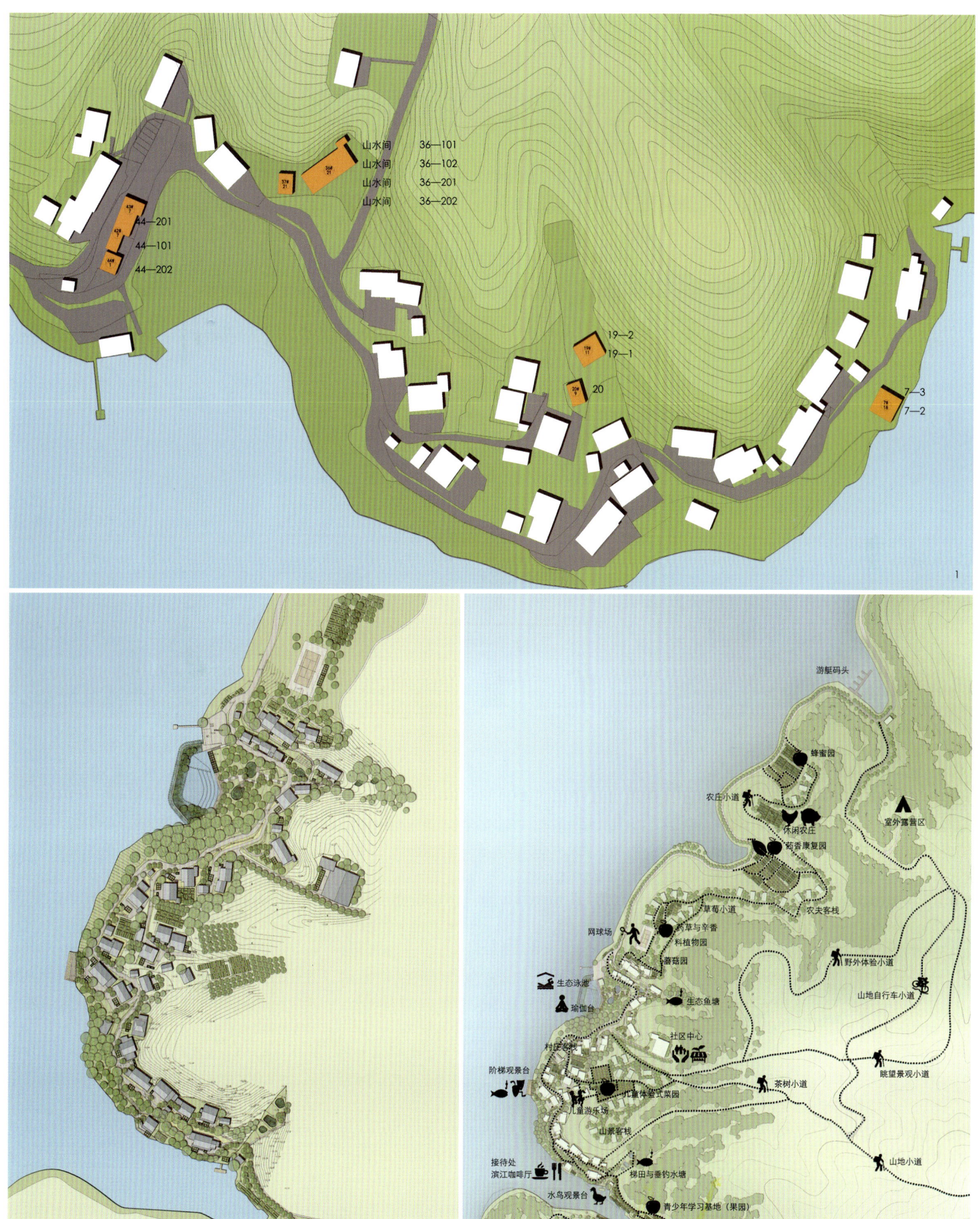

七、可持续性发展

对本项目而言，节能环保、舒适的室内环境、最小化对当地环境带来不良影响至关重要。光伏太阳能电池板被大量运用，OM太阳能系统正在第一栋建成建筑上进行效果测试。所有的建筑都使用了外墙保温、环保涂料，所有的窗户都采用双层真空玻璃，所有房间都安装排风扇和室内吊扇以加强空气流通，故而使室内环境更加舒适、健康、节能。

八、度假休闲项目

严陵坞最初计划将慢食、健康、运动、有机农业、生态教育与当地居民和文化结合起来。规划项目有生态泳池、山林远足、山林露营、骑行、有机农场。度假村内设有一个带壁炉的咖啡厅，扮演度假村的社交中心的角色，游客们来到这里可以随意交谈、结识新朋友、边欣赏美景边用餐，感觉会非常温馨惬意。严陵坞凭借多样化的活动主题、充满当地特色的休闲项目，让人眼前一亮，不断为游客带来惊喜。

九、景观设计

我们在保留严陵坞当地原始风貌和景观特色的前提下，对其景观环境做了整体性改造与提升。我们保留了当地野生动植物，并加强管理与保护。同时，科学地引入一些新品种和物种，使当地的生态环境更加丰富和宜居。众所周知，土壤是所有生命的基础，优质土壤对植物生长至关重要。于是，我们决定自制有机肥，提高当地土壤品质，方法是将村子里产生的所有有机物集中起来，放置在吸湿性种植床中发酵，然后通过蚯蚓养殖转换成高品质的有机肥。

严陵坞有密集的路网，由原有道路和新建道路组成。若干环路组成村子里的主路网，与周边森林和山上道路衔接后，形成度假村的整体路网。村子位于路网中央，可达性强，轮椅和婴儿车出行都十分方便，为老人、残疾人和带小孩出游的年轻家庭提供了便利。

严陵坞所有农产品都产自当地，度假村既选用本地动植物，也从外面引进适应性强的动植物品种，利用传统的农作技术，保证度假村能够自给自足。游客不仅可以观看有机农场，也可自由参与村子里的蔬菜和花卉种植。这样一来，游客不但能享受到原始农耕的乐趣，还能为度假村的美丽添砖加瓦。

十、结语

严陵坞度假村的建筑设计强调包容、谦逊和理性，BAU充分尊重当地的传统建筑和特色文化，结合现代设计手法将其翻新改造，打造出别具一格的美丽乡村度假环境，既能吸引游客前来放松身心，更能让游客体验不一样的当地风情。

度假村里的客房按照原来的村落肌理分布，联络方便，在此基础上经过细微的调整，整体布局看起来更加合理、更加吸引人。这是一个充满地方风情的度假村，也是一个现代化的美丽乡村，一定能够满足游客对高端度假村住宿的品质期望。

1. Rural development in an urbanising China

As China's working population migrates

4-10.房屋装修图

from the country to the city, only the old and the very young are left to maintain the abandoned villages. To assist the struggling rural economies some of the most beautiful and accessible countryside is being placed under new policies that encourage tourism development. One such area is the Tonglu Fuchun River, Lu Ci Village district.

2. History

Yan Ling Wu is the last village along a narrow winding road alongside the 300m wide Fuchun River Weir. The ancient town was relocated to its current position on higher ground in 1965 after the creation of the weir.

3. Eco-tourism

Soul Bay resort is an eco-tourism initiative where the visitor, the developer and the local people all benefit. The vast majority of village rejuvenation projects in China involve compulsory re-allocation of village inhabitants to another village or town. Soul Bay gives villagers the option of joining the project or not. They join by renting their houses to the resort and then downsizing to a smaller unit within the village. If they choose to stay in their homes, they can contribute in other ways if they wish. Various villagers are already providing a number of paid services including home cooking, cleaning and servicing units, or taking guests out in fishing boats.

4. The houses

Half of the existing 36 houses on the site have traditional rammed earth walls with timber pole structure, rustic architectural expression, and symmetrical facades with proportions determined by primitive technologies. The remaining houses have concrete frames with a variety of architectural expressions including Zhejiang's renowned aspirational post-modern polychromatic tile surfacing.

BAU's renovations to the traditional buildings expose the hand hewn timber pole frames and reveal portions of the rammed

earth perimeter walls. The large houses are subdivided into smaller self-contained units and modern services are provided.

BAU's new interventions follow a modernist, functional, logic. New windows are aligned with new internal circulation to avoid dead-end internal views; balconies slide beyond walls and cantilever to obtain multiple views; and windows are stretched horizontally and occasionally vertically to focus on landscape views important to the new inhabitants.

5. An abstraction of inclusion

These new buildings respect, value and learn from the simple and rustic materials, the modest and functional architectural expression, and the simple relaxed village lifestyle. However, they do not copy the existing buildings. Importantly, they abstract the positive elements but also include contemporary solutions to issues of amenity. This is not an abstraction of exclusion (like that of late modernism) but an abstraction of inclusion (that embraces a cultural pluralism).

Consequently, the housing provides traditional and contemporary forms; old spaces and new spaces (seamless connections between inside and outside – an experience all too rare in both urban and rural China); formality and informality, and rustic and contemporary textures, finishes, and colours.

6. Downsizing

Villagers choosing to downsize and rent their houses will move to a single level apartment in a horizontal building that steps back over two floors. Large terraces in front of all apartments provide private and semi-public open space for their continued village farming activities. A new community plaza provides the villages with a place for celebrations and activities.

7. Sustainability

Energy efficiency, healthy interiors, and minimising impact on the site are integral to the project design. PV solar panels are integrated into most roofs. Solar thermal technologies, where hot air is circulated to heat a thermal bank, are being tested on the first house. External insulation is added to all buildings, and all windows are replaced with double-glazing. Sweep fans, non-off-gassing finishes and solvents, and cross ventilation produce comfortable, healthy, and energy efficient interiors.

8. Resort programing

Slow food, health, exercise, organic farming, ecological education, and connection with local people and culture form the initial programs of Soul Bay. Activities include swimming in eco swimming pools, hiking and camping in the hills, riding on road and trail, and organic farming. A café with a fireplace provides the social heart of Soul Bay where single travellers can meet and groups can dine. The emergence of various themes, characteristics, and programs will undoubtedly continually refresh the project.

9. Landscape

The landscape design approach in Soul Bay is holistic and inclusive, which surprisingly, is still uncommon in China. The existing wild and indigenous vegetation is maintained and enhanced. New varieties and species are introduced to enrich it and make it more useful for humans and native wildlife. It is crucial to enhance the quality of the existing soil, which is the basis of all life, here, everywhere. So, all organic matter produced in the village is composted on wicking garden beds and turned into high-grade manure by earthworms.

There is a vast network of pathways on site, either existing or newly created. The main circulation in the village is based on looping pathways, which are well integrated with the existing walkways leading in the surrounding dramatic forests and mountain terrain. The central village is barrier free and easily accessible by wheelchairs and prams, etcetera, in order to make it comfortable for the old or disabled as well as for young families with small

children.

In Soul Bay all farm products are produced locally, using hardy local or well-adapted plants and animals, and traditional farming techniques. Visitors can be actively involved in the process by assisting all farm work or by freely sewing vegetable and flower seeds throughout the village. In doing so, the visitors contribute to the richness, diversity, and beauty of the rural landscape.

10. Conclusion

This architecture for this project is in no way selfish, arrogant, or ignorant. To respond in that way would destroy the very qualities of the region that visitors find so appealing and enjoyable – their reasons for visiting.

This project consists of a generous, respectful, and well informed architecture of small scale and subtle interventions. An architecture that adds to the spirit of the place while providing the level amenity that visitor has come to expect in the highest quality resort accommodation.

作者简介

James Brearley先生是B.A.U.Brearley architects + urbanists公司的创始人。B.A.U.Brearley architects + urbanists设计业务涵盖了建筑、规划和景观等专业，在墨尔本及上海设有公司。James Brearley先生现任澳大利亚皇家墨尔本理工大学客座教授，是澳大利亚规划师协会会员及澳大利亚皇家建筑师协会会员。

James Brearley先生与方群女士（BAU合伙人）合著了《网络城市》一书，该书对网络城市的概念进行深入探讨及发展，以BAU多个中国城市设计案例为基础对中国城市规划的问题进行深度剖析与研究。

James Brearley Adj. Prof., BArch, MPD (Urb.Des.) is the founding director of B.A.U.Brearley architects + urbanists, an architecture, planning and landscape architecture practice with offices in Melbourne and Shanghai. James is Adjunct Professor at RMIT University, Melbourne, and a member of the Planning Institute of Australia and the Australian Institute of Architects.

James is the co-author of Networks Cities, an investigative design publication of research, theory and practice of contemporary Chinese urbanism.

BAU项目组成员

建筑组：James Brearley　宋慧　Wayne Philip Henkel　李福明　高卫国　顾佳妮

景观组：Alexander Abke　熊娟　王晨磊

室内组：Natalie Clark　朱秀兰　刘晓勇　李鑫　项元舟　陈箭　陈志勇

BAU Project Team

Architecture: James Brearley, Song Hui, Wayne Philip Henkel, Li Fuming, Gao Weiguo, Gu Jiani.

Landscape: Alexander Abke, Xiong Juan, Wang Chenlei.

Interiors: Natalie Clark, Zhu Xiulan, Liu Xiaoyong, Li Xing, Xiang Yuanzhou, Chen Jian, Chen Zhiyong.

11-13.房屋外立面改造图
14-16.房屋装修图

乡愁实验：湖南株洲云峰湖体验区的生态规划实践
Nostalgia Experiment The Practice of Ecological Planning in Zhuzhou Yunfeng Lake Experience Area, Hunan

杨 峰　罗海师　劳科宇
Yang Feng　Luo Haishi　Lao Keyu

[摘　要]　云峰湖项目依托生态、农业资源，从满足人的真实需求出发，传承本地文化，以创造永居、传家的宜居生活模式为目标。目前启动的体验区以自然生态环境和本地的传统农业文化为题材，综合农业种植、生态复育、健康餐饮、户外运动、自然野趣等元素，面向长沙范围内的区域市场，为儿童教育、家庭休闲及行业培训等特定客群提供以自然教育、农业休闲、生态旅游为主的体验产品。并结合移动互联网系统的构建，为目标客群提供系统的延续服务，填补长沙区域市场在此领域的空白。

[关键词]　农业；生态；旅游体验；文化传承

[Abstract]　Yunfeng lake project based on ecological and agricultural resources, starting from satisfying the real demand, the local cultural heritage, to create a permanent residence, family livable life as a goal. the startup experience area on the natural ecological environment and local culture as the theme of traditional agriculture, agricultural planting, ecological restoration, health food, outdoor sports, wild nature and other elements, for the regional market Changsha range, for the education of children, family and leisure industry training and other specific customer groups to provide natural education, agriculture leisure, ecological tourism experience products. Combined with the construction of the mobile Internet system, to provide continuous service for the target audience, to fill the gaps in the regional market in Changsha.

[Keywords]　Agricultural; Ecology; Tourism Experience; Cultural Transmission

[文章编号]　2017-76-P-070

1.总平面图

一、项目简介

以一家农户作为农业生产的最小单元的研究模型，利用基地的自然资源进行农业生产，恢复传统精细化/自给自足式的小农生产模式，并以此作为展示农业文化的载体和体验内容。

中国传统农业文化的特质在于高度的在地性、精细化与混合性。充分利用不同的地形与环境资源，在二十四节气的变化中，形成本地的特色生活方式。

项目选择的地块具备了山、湖、塘、坡等完整的各种地形要素。基于对本地农业文化的尊重与保护，我们在规划中基本保留了原有的地形与土地利用方式，在基地范围内实现了本地生活方式的浓缩与集中展示。

同时，以消费为导向，把农户的生产过程及产品融入对应到不同的消费环节，既是生产单元，又是服务单元，使小农生产的模式可以依托市场得以持续，也使消费者可以获得更丰富的农业主题旅游内容和产品。

为此，我们把多个维度的专业团队导入此研究模型，以此项目的旅游策划和规划工作为契机，创造出与以往不同的、适合于传统农业村落题材的工作方式。

二、项目背景

云峰湖国际旅游度假区总面积逾21km^2，位于湖南省株洲市，属于长株潭一体化城市发展战略中的生态核心区"绿心"，距离长沙黄花机场20min车程。

此情况下，urbaneer提出以本地文化传承为基础，通过发展包括生态农业、健康产业、深度旅游、社群经济等业态内容，通过满足消费者的真实需求，引发和聚集消费客流，先实现可经营，再实现可传承，打造一座传家永居的现代山水城市；并充分利用云峰湖靠近空港的优势，以同步国际商务标准的服务式孤岛填补长沙空白，成为商务人士到达长沙的第一站和离开长沙的最后一站。

在云峰湖的整体策划工作进行的过程中，国内的互联网思维对包括规划界在内的诸多传统行业产生了巨大冲击，urbaneer意识到，必须以互联网思维重新组织云峰湖的建设工作，打破原有的条线分工和专业壁垒，多专业团队同步进场，以具体经营性项目落地实践的方式，代替过去的传统策划与规划操作方式，尝试为大型区域开发找到一条更符合新时代的启动方式。在这一过程中，urbaneer得到了甲方的充分理解和大力支持。

三、关于农业文明和在地文化的传承

伴随着我国城市化进入新阶段和房地产行业的十年盛宴落幕，生态与农业逐渐成为了近几年来流行的热词之一。作为农耕民族，我们拥有延续数千年的农业文明；对于土地的热爱，对于乡愁的记忆，这是根植于我们每个人内心的基因。

随着农村日益严重的空心化，传统农业逐渐离我们而去，单纯为景观效果而作出的花海、地景屡见不鲜，大面积的单一种植，不但没有保留本地的农业文化，更有生态隐患。为此，项目的策划团队希望通过在地化的实践，做一次试图寻找传统农业文明基因的生态规划实验。

云峰湖位于湖南省株洲市，是长株潭地区的中心地带，也是城市绿心所在。地形以低丘缓坡为主，湖泊河流等水资源丰富，是湖南农业生产地区的典型地貌。作为农业大省，湖南四季分明，农田种植和养殖体系品类多样，是农业文化传承的典型标本。以地貌而言，这里并不适合大规模的农业机械化耕作；在传统的中国农业生产方式中，充分利用本地可供利用的自然资源，产出多样化的农产品，在满足居民生活需要的同时，保持生态环境不受破坏，以使田地实现可持续的耕种和生产，从而

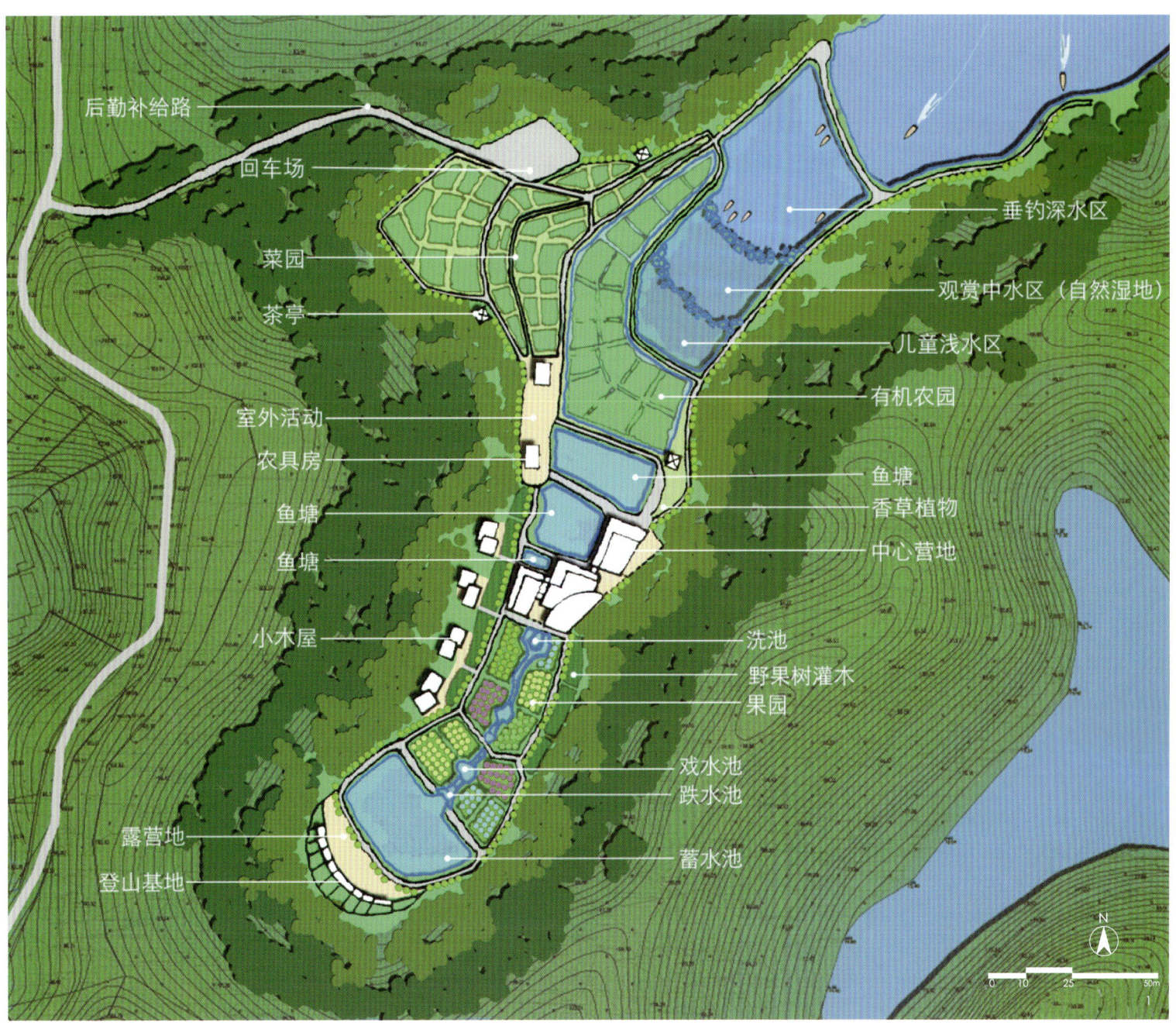

保证居民安稳的定居生活。

本项目策划与规划工作的首要原则,即充分尊重本地的农业传统,通过本地的农业生产视角,指导和影响规划工作。同时,作为已经远离传统农业的年轻人,在从事本次规划工作中,我们也希望能以开放式的工作方式,不断举行互联网思维模式的"工作营",不断吸纳各行业的专业者参与工作,在贡献各自视角的同时,让我们这一代的年轻人自身逐渐成为传统文化的学习者和参与者。

四、五亩之宅:典型的生活单元

作为云峰湖地区的启动示范项目,本实验选址于一处临湖的山坳,此处原有两户农民居住,并仍留有农舍若干间,耕地约五亩,旱田,水田,坡地均有。基地内还有鱼塘两口,果园一片,可以说,这个小山坳是本地农业生产环境的浓缩和典型标本。

两千年前,孟子曾经描述过他对于美好生活的理解:"五亩之宅,树之以桑,五十者可以衣帛矣。

鸡豚狗彘之畜,无失其时,七十者可以食肉矣。百亩之田,勿夺其时,数口之家,可以无饥矣。"以上的描述,正是孟子的时代里,中国农民生活智慧的反映。对于土地资源的细致规划,对时令节气的严格把握,最终形成自给自足的生活。这也正是本项目希望再现的价值观和生活状态。因此,我们借用了孟子的说法,暂以"五亩之宅"作为本项目的研究概念。

在"五亩之宅"的场地中,我们梳理了原有的农业生产资源,总计旱田2 000m², 水田1 700m²,

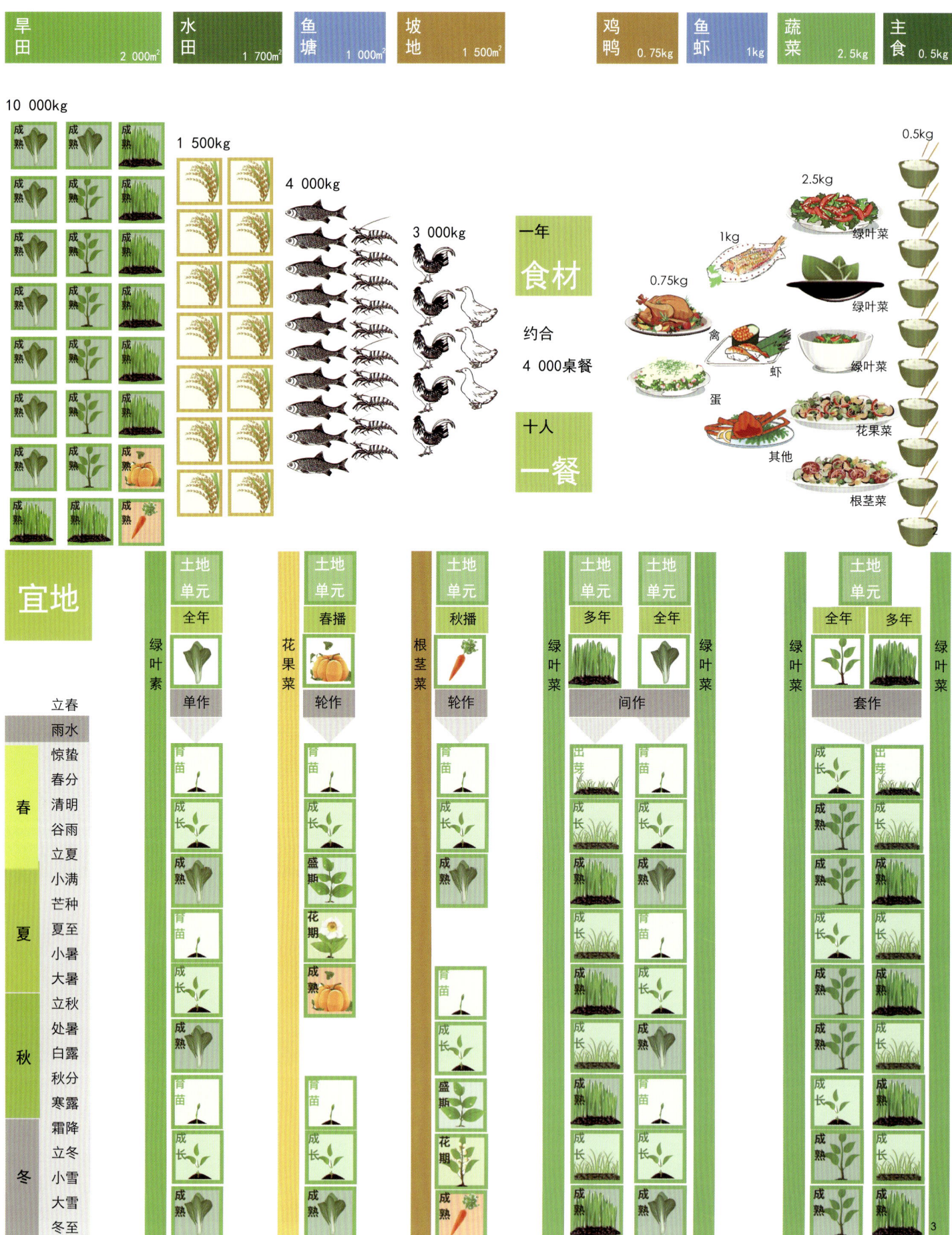

2.土地上一年的产出对应本地一年的食材
3.不同的节气对应不同的作物
4-5.一年食材对应本地的四季菜单
6.不同的地形对应不同的生产用途

鱼塘1 000m²，坡地1 500m²，果园500m²，以及尚未开垦利用过的山坡若干。通过访谈本地的农民，我们整理出了本地农业生产对于土地的利用和划分方式，对耕地重新划分种植单元，并重新规划鱼塘、果园等空间的边界，使之清晰化。

五、景观与产品：本地生态的再现

在基地的空间规划过程中，我们同样参考了本地居民对于土地的利用方式。首先，我们以旱田作为蔬菜为主的种植区，水田作为稻米种植区，坡地作为根茎类作物种植区，果园仍然种植果树，鱼塘也仍然作为养鱼之用；同时，在未开垦过的山坡上择地用于鸡鸭等家禽饲养；

这样，就基本构成了粮食—蔬菜—家禽—水产这样较为完整的农业生产体系。

如前所述，中国传统的农业生产方式非常强调因地制宜和资源的集约化使用，在复杂的地形上，如何充分有限的土地资源，成为中国农业精细化的动力。古人留下了大量关于精耕细作的原理，例如：三农生九谷，黍华陵巅，麦秀丘中。各以地所宜也，相其宜而为之种（不同自然环境，对应选种不同）；无田甫田，维莠骄骄，农之治田，不在连阡跨陌之多，唯其财力相称，则丰穰可期也审矣（量力而行，精耕不滥）；种谷必杂五种，以备灾害（拒绝大面积的单一品种种植，有意识的维护生态环境。这些甚至已经形成了约定俗成的经验与习俗，今天看起来仍然字字珠玑，毫不过时；这些都是我们试图在项目实践中予以再现的内容。

六、二十四节气：把农业生产的过程作为展示和旅游的内容

如何通过农作的生产过程本身，传达出中国农业文化的魅力，是本项目的核心问题。我们把二十四节气作为线索，串联起展示和体验的内容。

随着一年中时节的变化，气温，降

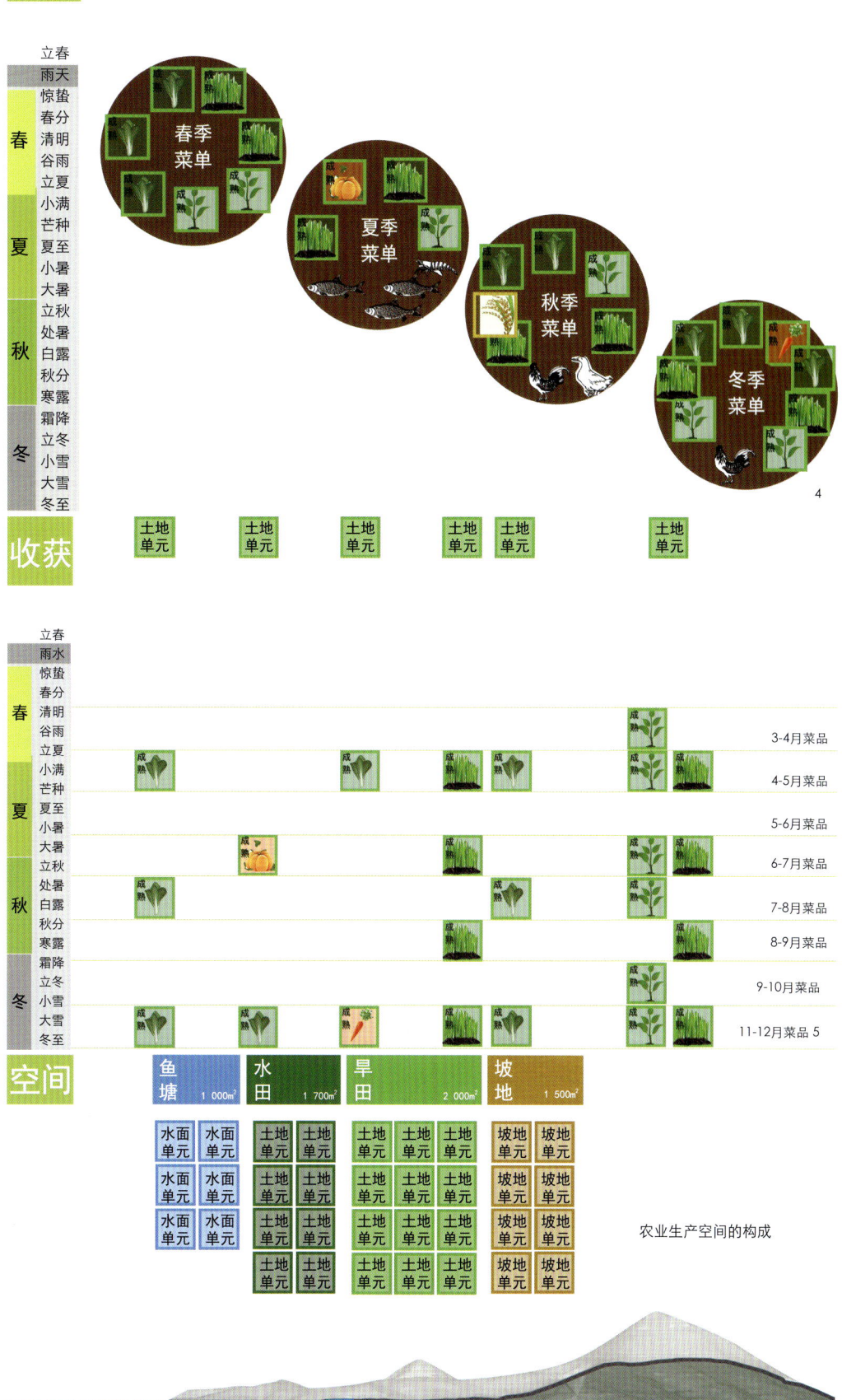

农业生产空间的构成

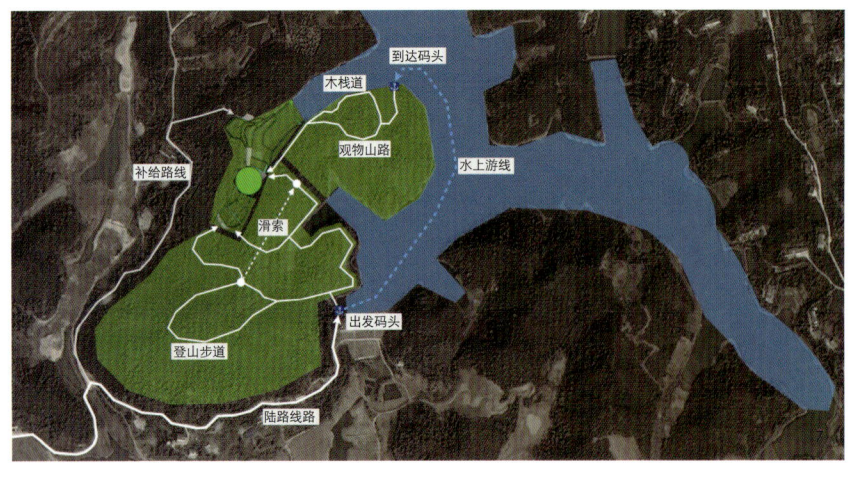

水，风向，乃至自然灾害，都在影响着农作的生长和地景的变化，进而影响到农人的饮食，休作，二十四节气，几乎是中国传统生活方式的索引。

我们有幸请到本地的年轻农人帮我们整理出了本地种植的菜蔬等农作品种清单，计有数10种之多；其中常见的也有近20种。通过对每种农作的生长规律和对应节气的梳理，我们与这位年轻农人一起，制定了年度种植计划表，规划了每季的蔬菜瓜果的品类，并依据节气和农作的生长规律，列出了每种农作发芽、抽叶、开花、结实的时间，并以此为依据，对应规划的土地单元，使每一季都有相应的作物，在它最漂亮的时候，出现在距离游客最近的田埂内。

通过不间断的记录每种作物生长的过程，这本身成为本地农业文化的直观体验；而把每季收获的蔬菜瓜果对应本地的烹饪方式，就是最代表本地特色的当季食谱。在享受生态美食的同时，也是对本地农业文化的切身体验。

七、实验的扩容：不同专业者的加入与探讨

本项目的规划过程中，以工作营的方式吸纳了不同专业领域的工作者，一起探讨关于可持续的乡村与农业文化这一主题，收获不同视角下的意见与建议，本身也是这个实验得以持续和深入的过程。部分专业者的观点如下。

1. 吴宇（生态农业）

单凭景致而言，云峰湖在长沙范围内并不占据绝对优势；但同时长沙周围很少有人真正全身心投入来做生态农业休闲的事情。因此问题的关键不是项目本身的自然资源，而是在于找到可以做实事的人。我有热情和愿望从事推广生态农业，但相比父母辈的农民，目前自己对于农业种植确实是个门外汉，因此关于如何协调和引导农民按照生态种植的标准进行农业生产，仍然是自己要面对和解决的最大问题。

2. 王求安（建筑师）

最担心的问题是生态农业文化休闲这个概念是否能够被落实，而不是成为开发商圈地—卖地游戏中的又一个噱头，毕竟这个事业需要投资者和经营者投入较大的时间和人力成本。作为一个湖南人，我看到湖南不缺自然景观及美好的乡村资源，只要踏踏实实的做，每个地方都有机会成为明星。只要下定决心按照设定的目标落实下去，就一定是值得做的事。

  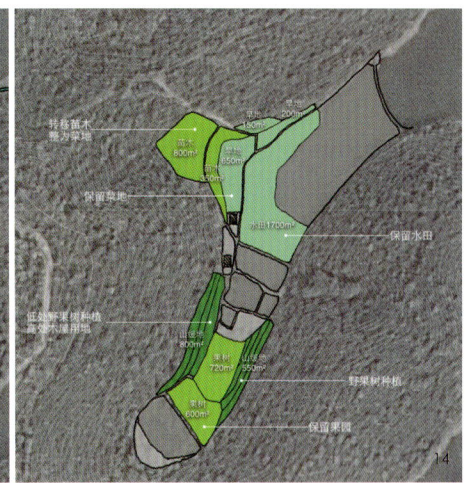

3. 潘陶（策划师）

依托城郊农业资源的生态休闲类项目，本身面临的最大危机是陷入低水平的同质化竞争。只有充分发扬互联网思维，在项目策划启动伊始就以营销作为第一任务，摆脱固有印象，树立自身特色，圈定目标客层，才能确保此类农业生态特色项目在市场上具备可经营性，占据正确位置。而对于区域开发而言，此类农业生态项目实质上是为整片区域启动的营销动作，必须使参与此事的各方团队始终保持高标准的视角和目标，勿使事情偏离初衷，走入为项目而项目的误区，而忽视了整体目标。

4. 劳科宇（开发商、运营商）

传统的房地产行业中的惯性做法和常规思路积重难返，我一直有梦想要做一件能够让自己突破传统房地产的粗放模式，能够让业界刮目相看的事，这是个人的成就感和情怀。但为此必须要承受巨大的压力和孤独。不但要说服团队中的同事，还要努力影响自己的老板。眼下感受最深的是终于找到一条可以落实的执行之路，即打破原有的专业条线界限和甲乙方的泾渭之分，而是集结各方力量平等共同参与，一切以推动项目的落地为目标。

5. 林德福（社区营造）

从来不以某个项目为目标，而是从人着手，找到愿意转变思想，以社区营造的方式影响社会的人。在云峰湖项目之前，已经在湖南找到了一群这样的人。即使没有云峰湖项目的机会，我们依然会继续影响和聚集志同道合的人，一切以建立社群为重。而在日常的联系中，社群内已经形了"我们"的关系，大家能够突破项目或商业合作的界限，从互帮互助，共同利益出发，共同落实社区营造。

八、项目的执行层面小结

1. 对于合作团队的启示：以互联网思维进行众筹式的项目工作

传统的大投资、大开发模式的不适用已成为业内共识。在此背景下，一个项目的开发进程已从传统的"拿地—建房—招商或出售—运营"迅速转变为以可运营、可落地为前提，并由此证明其开发和投资价值。为了满足这一变化趋势，必须打破策划、规划、建筑、经营等各专业团队的壁垒，在项目伊始就以共同参与、同步启动的方式进行工作，以落地为目标。特别是在地执行团队的培育，是项目筹备的重中之重，需要放在项目策划和启动的首要位置。

2. 对于项目开发的启示：以互联网思维进行营销前置的项目开发

互联网思维为项目开发提供了前所未有的机会，即在项目启动伊始即同步启动客群的筛选和聚集，在明确项目定位的同时，就已经开始了营销和传播。项目的筹备期，就是与消费者建立联系，积累喜好，完成探索的过程；也只有如此，才能保证小而精的项目开业时即有正确客群支持，能够在市场中顺利生存。

3. 对于区域内的项目合作的启示：以互联网思维进行同类项目间的共享客群合作

以农业生态为特色的项目具有强烈的在地性，每个项目所占据的自然及人文资源类型相似，为避免市场风险及同类竞争，每个项目突出自身特色的同时，可与区域内的同类项目形成互补，共享品牌和客群，借助移动互联网构建的客户渠道及信息平台，形成资源共建和消费引导。

作者简介

杨　峰，Urbaneer都市工作群，文化研究与市场驱动总监；

罗海师，Urbaneer都市工作群，主任规划师；

劳科宇，云峰湖旅游度假区战略发展总监。

7-8.驱动区整体游线
9.地形剖面
10.水上活动图
11.田间活动图
12.水系分析
13.道路分析
14.种植分析

新农村规划中产业发展规划的思路分析
——以武汉市大集街美丽乡村产业发展规划为例

Analysis of Industrial Development Planning in New Countryside Planning
—A Case Study of the Beautiful Rural Industry Development Planning in Daji Street, Wuhan

郑保国
Zheng Baoguo

[摘　要] 自党的十六届五中全会提出要建设社会主义新农村的历史任务以来，新农村规划建设理论研究与实践得到了前所未有的关注，而产业发展是新农村规划的重要组成部分。目前，我国新农村规划中出现了重视村庄建设而忽视了产业规划，本文从我国农村产业发展中存在的问题入手，提出了产业发展规划的基本内容和规划策略，并通过武汉市大集街美丽乡村产业发展规划的具体实践进行了案例论证。

[关键词] 新农村规划；产业发展规划；产业规划策略

[Abstract] Since the Fifth Plenary Session of the 16th CPC Central Committee put forward the historic task of building a new socialist countryside, the research and practice of new rural planning and construction has received unprecedented attention, and industrial development is an important part of the new rural planning. At present, China's new rural planning appears to attach importance to village construction and ignore the industrial planning, this paper from China's rural industrial development problems, the basic content of industrial development planning and planning strategies, and through Wuhan City, Rural industry development planning of the specific practice of the case demonstrated.

[Keywords] New Countryside Planning; Industrial Development Planning; Industrial Planning Strategy

[文章编号] 2017-76-P-076

1.规划效果图
2.两大产业功能板块
3.农业产业布局示意图
4.规划总平面

一、我国农村产业发展存在的问题

现阶段，国家和地方各级人民政府，对新农村规划建设的支持度很高，我国的新农村规划建设取得了一定的成绩，但在新农村规划方面仍显不足，主要体现在新农村规划中重视村庄建设而忽视了产业规划，难以兼顾长远发展；对长期影响农村地区经济的产业规划没有给予足够的重视。新农村规划建设只侧重于村庄建设部分，难以真正实现农民生活水平提高以及使农村得到全面发展的真正目的。

当前，国内农业产业发展问题主要包括：农业产业化发展不均衡，产业化规模较小，缺乏足够的竞争力；相关的农业政策不完善，市场机制缺乏。农业产业结构调整缺乏长期科学有效的措施，资金较缺乏，产业化水平不足，农村产业发展的特色较欠缺。

产业发展是新农村规划的重要组成部分，同时也为解决"三农"问题提供了重要的途径。产业发展了，农村的经济才能持续良好发展，进而促进新农村建设的持续发展。

二、新农村产业发展规划的基本内容

新农村产业发展规划的内容应符合我国农村的经济社会水平，同时要兼顾农村中所面临的问题。新农村产业规划一般包括以下几方面的内容：产业现状分析与评价、产业发展目标与定位、产业发展方向、产业空间布局等。

1.新农村产业现状与评价

首先要对规划村庄进行详细的现状调查和评价。分析评价村庄的社会经济发展条件，内容应包括所在地行政区划、人口、劳动力、国民经济发展水平、产业结构、特色经济、居民收入、基础设施、气候条件、人文历史、民俗文化情况等。

应在完成上述分析评价的基础上，对村庄的优势、劣势、机遇和挑战进行综合分析，重点提出新农村产业类别选择、产业化经营、产业功能拓展等方面的策略与建议。

2.新农村产业发展定位和目标

产业发展定位应立足长远，从不同层次分析产业所处的地位，产业发展定位应体现层次性，同时以市场为导向，并考虑未来产业发展的趋势。产业发展定位应协调一、二、三产布局，积极推进新农村第二、三产业的发展，促进一、二、三产业多元化发展。拓展农业产业的广度和深度，实现新农村增产增收。

产业发展目标，从新农村自身的自然经济条件出发，制定适宜的发展目标，包括定性的目标描述和定量的指标，定量的指标包括产业增长率指标、总产值指标。同时，产业发展目标根据时间尺度，也可以划分为近期目标、中期目标和远期目标。

3. 新农村产业发展方向

在确定产业发展方向后,应明确新农村产业发展方向,确定村庄发展的主导产业。在新农村规划中,应根据村庄自身的自然和社会经济条件,分析村庄产业方面的优势、劣势、机遇和挑战等因素,层层筛选,明确主导产业,并围绕主导产业延伸产业链。村中的主导产业可与周边区域主导产业相一致,以形成集中连片、规模发展。在加工、服务项目确定中,要依托当地农业资源,形成带动辐射作用。

4. 新农村产业空间规划

新农村产业空间布局中,应在产业现状调查与评价的基础上,依据产业定位和产业发展方向,结合产业布局理论,将规划产业在空间上进行落实分布。同类型的产业应当适当集聚,从而有利于发挥"集聚效益",发挥集聚效应,也便于统一建设比较齐全的基础设施,避免重复建设,节约投资也可共用基础设施,降低建设投资,同时在产业布局中,应发挥比较优势,推动产业特色发展,形成特色产业优势带。

(1) 新农村产业发展的空间引导

新农村产业的区位选择要依靠市场来调节,能够最大限度地利用各种资源和生产要素,并可以获得最大利益的空间是产业最佳的投资空间,新农村产业规划要引导产业在获得最大利益的基础上,尽量避免产业发展和布局造成地区土地、水、矿产等资源的浪费,减少出产业发展对生态和环境的压力,形成产业空间配置和相对平衡,促进地区经济发展和增加就业水平的良好发展态势。

(2) 新农村产业发展点(轴带)的规划

新农村产业在空间上的发展不会均衡展开,在一些区位条件优越的地点,交通干线两侧等会形成不同规模、等级的产业集聚点和集聚轴(带),这些产业集聚点(轴带)是不同层次区域经济发展的重要依托和支撑,也是各类产业发展的核心区。因此,按照市场经济规律,最大限度利用不同层次区域的各种资源优势,促进不同类型、规模的产业集聚点(轴带)的形成和发展是产业空间规划的重要研究内容。

(3) 新农村产业空间的管治

产业在空间上的发展要充分考虑到生态与环境的约束和人居环境发展的要求。针对重要的生态和环境保护区、居住区、文物保护区、风景名胜区等区域或轴线应制定严格的产业发展和布局的限制政策,形成不同层次的产业管制区,根据产业管制区类型特征,按照强制性、指导性、引导性等政策手段进行分类指导,目标是促进产业发展与生态建设和环境保护相协调。

三、新农村产业发展规划策略

1. 产业定位准确

产业定位是村庄产业发展规划的关键内容。产业定位是

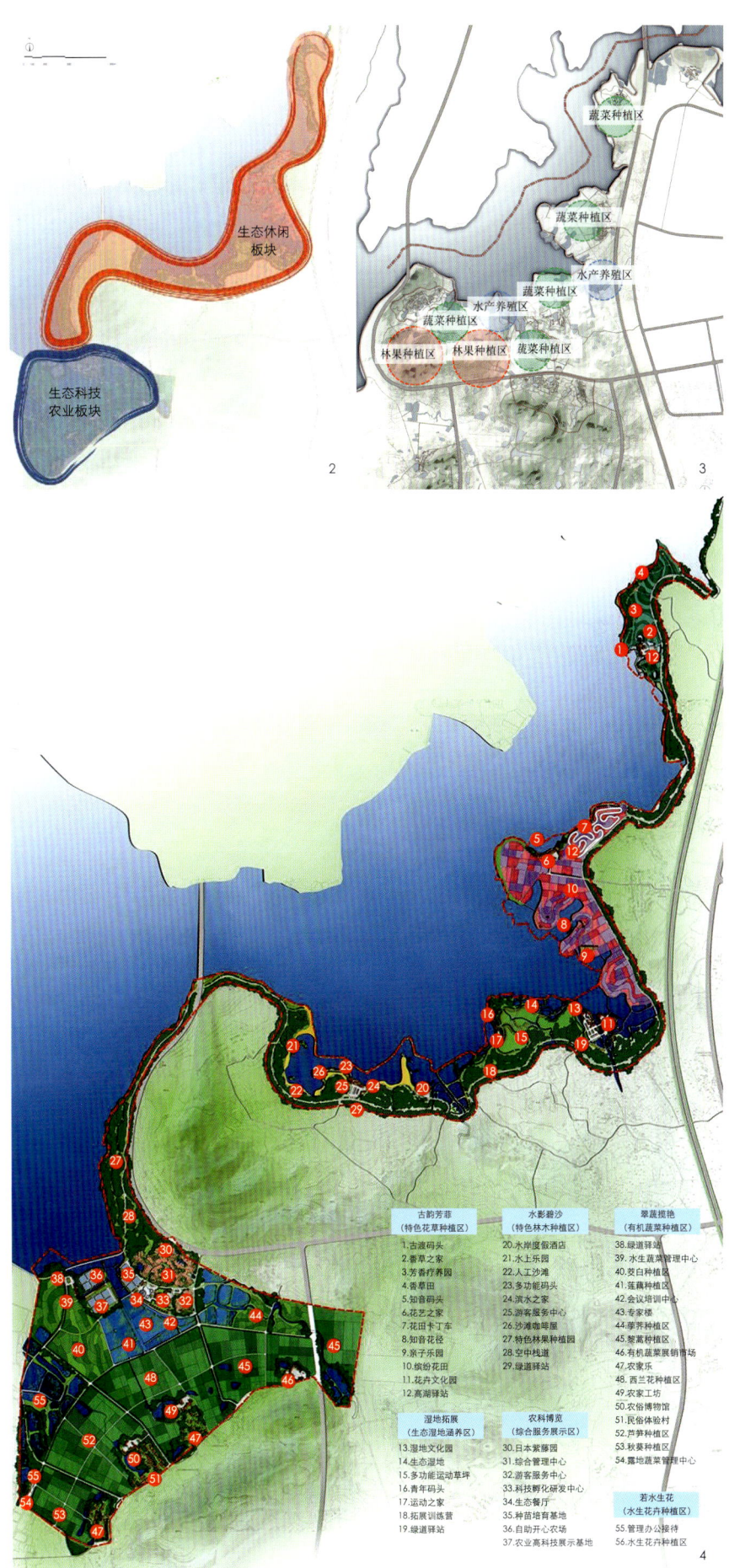

根据村庄的基础优势和区域比较优势，合理确定村庄的主导产业以及基础产业。产业在规划中占有很重要的地位，可以说规划离不开产业，产业也要靠规划来制约，避免产业过多、布局杂乱、产业间关联度较小、集而不群、产业同构、缺乏特色等问题。

产业发展定位应立足长远，从不同层次分析产业所处的地位，产业发展定位应体现层次性，同时以市场为导向，并考虑未来产业发展的趋势。产业发展定位应协调一、二、三产布局，积极推进新农村第二、三产业的发展，促进一、二、三产业多元化发展，拓展农业产业的广度和深度，实现新农村增产增收。

2. 产业布局科学

新农村产业空间布局中，应在产业现状调查与评价的基础上，依据产业定位和产业发展方向，结合产业布局理论，将规划产业在空间上进行科学分布。同类型的产业应当适当集聚，从而有利于发挥"集聚效益"，发挥集聚效应，也便于统一建设比较齐全的基础设施，避免重复建设，节约投资也可以共用基础设施，降低建设投资，同时在产业布局中，应发挥比较优势，推动产业特色发展，形成特色产业优势带。

首先，新农村产业空间布局中，应强化产业空间上的引导，节约利用土地，使产业在空间上得到均衡有序的发展。

其次，新农村产业空间布局中，应适当突出空间结构的规划，形成一定的轴带与片区，可根据交通干线、河流水系等形成产业发展轴与产业片区。

村庄的产业布局，也可以通过相关的产业政策来进行约束引导，使产业能科学合理的进行分布。例如，新农村规划中，可通过产业准入政策，鼓励生态绿色旅游产业的发展，而限制一些高污染、高耗能的加工业的发展。

3. 产业模式适当

结合所选的产业中的品种在村庄内发展现状、适种程度及经济效益等推荐适合发展模式，包含第一产业的循环农业模式等，第二产业的农产品加工、民俗手工艺品的制作等，第三产业的休闲旅游农业等。

以种植、养殖为主要产业的村庄，可以推广发展循环农业模式、套种养殖模式等，如塘基果园模式、猪—沼—菜模式、林下养鸡模式等，加强经济效益和社会效益。

自身拥有良好的矿产资源和人力资源的村庄，可以形成以第二产业为主导的产业链延伸模式，如矿产资源的综合利用、农产品初深加工业、民俗手工艺品制作等。

人文资源或自然旅游资源丰富的村庄，可以充分利用当地的优势资源，优先积极发展休闲旅游农业模式，如田园农业休闲模式、民俗风情休闲模式、休闲度假模式等。

四、武汉市大集街美丽乡村产业发展规划实践

1. 项目简介

根据武汉市和蔡甸区"美丽乡村"建设统筹规划，大集街九个村湾（黄湖村大金湾、国新村渡口湾、黄湖村小金湾、九如桥村姜湾、杨家众村梅湾、杨家众村大湾、新塘村天香山湾、俞家垸村俞家大湾、龙泉村王湾）被确定为市级创建点。规划目标在于打破原有行政村的限制，对大集街现有的9个村湾资源进行整合，打造大集美丽乡村新概念——"九如鲤"村，建设"规划建设有序、村容村貌整洁、配套设施齐全、生态环境优良、乡风文明和睦、管理机制完善、经济持续发展"的"宜居、宜业、宜游"的美丽乡村样板，实现"留得住基业、留得住环境、留得住民心"的美丽乡村建设目标。

本项目的产业发展规划位于武汉蔡甸区大集街道京港澳高速以西，天鹅湖大道从中穿过经高湖大桥通往蔡甸区城关镇；北邻高湖，湖岸线长而优美。项目涉及到龙泉村、黄虎村、杨家众村、俞家垸村、国新村共五个村的村域，包括九如鲤美丽乡村的九个村湾。

2. 产业现状与评价

目前村湾的主导产业以第一产业为主，主要种植水稻、茭白、玉米和水生菜等农作物和进行水产养殖。现状产业资源及环境良好，但缺乏有效利用和开发，产业基础薄弱，村内无工业带动经济发展，整体综合实力不强，区域缺乏特色产业带动，发展内力不足从而可能导致经济发展滞后。

村湾可依托现有的良好山水资源，大力发展以乡村休闲游为主的特色产业，发展如农家乐、家庭农庄、农家休闲一条街等第三产业。

3. 产业发展定位与目标

产业发展定位与目标，集生态居住、农业生产

5-6.项目局部鸟瞰图

（蔬菜种植、林果种植和生态水产养殖）、乡村旅游为一体的滨湖美丽乡村。

产业发展根据场地特色将规划区划分为两个大的功能板块，分别为高湖沿岸地区的生态休板块和西面大片平坦田地的生态科技农业板块。

4. 产业发展方向

通过SWOT分析方法进行主导产业选择：

（1）产业发展优势

村湾拥有的良好山水资源，旅游资源丰富，外部交通条件好，适宜发展乡村休闲游。

（2）产业发展面临的问题

现状主导产业以第一产业为主，产业基础薄弱，村内无工业带动经济发展，整体综合实力不强，缺乏竞争优势，旅游资源开发不足。

（3）产业发展面临的机遇

上位规划支撑机遇，项目区位于武汉市生态保护区规划——后官湖绿楔内，内外发展条件良好。同时，项目区位于武汉后官湖"四化同步"示范区内，周边主导产业为生态农业，其为本项目产业的选择奠定了基础。

产业政策支持机遇，"十八大"报告中指出，加快发展现代农业，增强农业综合生产能力，建设美丽乡村，促进农业增效，保障农民增收。《国务院关于促进旅游业改革发展的若干意见》指出通过美丽乡村建设，发展乡村旅游，带动地方经济。同时，根据国家的相关政策要求，武汉市出台了一系列农业补贴政策，省市的一系列政策鼓励都市休闲农业的发展，项目区的建设符合产业政策发展的要求。

村湾规划主导产业选择根据村湾的资源条件、产业发展情况、上位规划、产业政策及村民意愿等因素进行综合考虑，最终确定符合本村湾实际情况的主导产业发展类型。项目区村内无工业，主要是传统农业，整体综合实力不强，结合现有村庄的山水资源条件，选择休闲文化旅游产业作为村湾的主导产业。

5. 产业布局规划

村湾产业采用"一三融合"的产业规划策略，第一产业与第三产业相互融合，由第一产业向旅游服务产业发展，延长产业链，扩充价值链，实现一三产联动发展。

农业产业布局，依托现状产业发展情况，重点发展蔬菜种植、林果种植和生态水产养殖等。

乡村旅游产业布局，推行"一村一品"全村旅游，鼓励游客参与到农事活动、游乐探险、民俗节庆中来，增强旅游度假的参与性、互动性、体验性。其中，天子山、渡口、俞家湾临近高湖，重点发展休闲游的游船观光；大湾、梅湾拥有绝佳的山水田园和湿地景观资源，发展休闲游的养生产业和民宿；大金湾背靠斧头山和笔架山，村湾背山面水，村湾内传统建筑历史悠久，重点发展水上乐园、休闲垂钓等；昌金湾、姜湾两村背靠伏牛山，紧邻城市主干道，交通便捷，毗邻大集街，有着滨湖临城的区位优势，重点发展蔬果采摘、科普教育、农家休闲等；王湾田园风光优美，区域生态环境和农业产业资源条件良好，环境幽静，重点发展赏花摄影、婚纱婚庆、花卉博览等。

五、结语

本文从我国农村产业发展中存在的问题出发，对新农村规划中重视村庄建设而忽视了产业规划的问题进行了一定的阐述，提出了产业发展规划的基本内容和规划策略，新农村产业发展规划一般包括产业现状分析与评价、产业发展目标与定位、产业发展方向、产业空间布局等，产业发展规划策略包括产业定位准确，产业布局科学和产业模式适当等方面，并通过武汉市大集街美丽乡村产业发展规划的实践进行了案例论证，为新农村产业发展规划提供了一定的借鉴意义。

参考文献

[1] 宁建葵. 农业产业结构调整存在的问题及对策[J]. 现代农业科技, 2010 (13): 393-399.

[2] 梁雪冬. 以鄂中地区为例的新农村规划研究[D]. 湖北工业大学, 2012.

[3] 李岩. 社会主义新农村规划建设与实施研究[D]. 河北农业大学, 2010.

[4] 李婷. 新农村村庄建设规划设计研究[D]. 西安建筑科技大学, 2012.

[5] 龙江. 长沙市新农村村庄规划建设研究[D]. 湖南师范大学, 2012.

作者简介

郑保国，硕士，武汉现代都市农业规划设计院，注册规划师。

上海美丽乡村建设中特色产业植入的探索与实践

Exploration and Practice of Characteristic Industrial Implantation in the Construction of Beautiful Villages in Shanghai

张鑫彦
Zhang Xinyan

[摘　要] 上海美丽乡村产业发展有其自身特点。文章通过分析上海美丽乡村示范村产业发展概况并结合江浙地区美丽乡村产业发展实践，提出上海美丽乡村特色产业类型的思考，并结合文化产业植入美丽乡村建设的案例，为上海美丽乡村建设实践中特色产业的植入提供借鉴。

[关键词] 美丽乡村；产业类型；特色植入

[Abstract] The development of beautiful rural industry in Shanghai has its own characteristics. Based on the analysis of the industrial development of the beautiful rural demonstrative village in Shanghai and the practice of the beautiful rural industry development in Jiangsu and Zhejiang, the paper puts forward the thinking of the beautiful rural characteristic industry in Shanghai, and combines the case of the beautiful village construction in the cultural industry, Characteristic industry to provide reference.

[Keywords] Beautiful Countryside; Industry Type; Characteristic Implantation

[文章编号] 2017-76-P-080

一、上海美丽乡村产业发展现状

1. 上海美丽乡村建设概况

为贯彻落实党的十八大、十八届三中全会精神，围绕建设美丽中国、生态文明的总体要求，上海市于2014年正式启动美丽乡村建设工作，成立了以分管市长为组长，市农委等17个部门组成的美丽乡村建设工作领导小组。下发了《本市推进美丽乡村建设工作的意见》《上海市美丽乡村建设导则》等政策意见，形成了"美在生态、富在产业、根在文化"的主线，评定了首批15个上海市美丽乡村示范村，明确了至2020年完成村庄改造、美丽乡村示范村评定、全面提升美丽乡村建设成果等三项任务。

根据上海市农委数据及相关研究，2015年上海市农村居民人均可支配收入为23 205元，主要来源包括：工资性收入、家庭经营收入、财产性收入和转移性收入，其中以工资性收入为主。近中郊农民的非农就业机会较多，工资性收入较高，而远郊农民工资性收入较少，收入差距明显。同时上海郊区目前仍有近1/4的行政村为经济相对薄弱村，主要位于中远郊地区，产业支撑不足，可持续发展面临巨大挑战。

2. 上海美丽乡村示范村产业概况

上海首批15个美丽乡村示范村都根据自身发展情况进行了特色产业的打造，主要为特色农业、休闲旅游产业、文化产业三种产业类型，产业类型较为传统。其中以特色农业结合休闲旅游产业模式为主，如浦东新区周浦镇棋杆村、奉贤区庄行镇潘垫村等；少量结合自身文化、地理特点发展文化、旅游产业，如嘉定区马陆镇大裕村、金山区山阳镇渔业村等。

表1　上海15个美丽乡村示范村产业类型表

序号	美丽乡村示范村名称	产业类型
01	浦东新区周浦镇棋杆村	特色农业（葡萄）、休闲旅游产业
02	浦东新区书院镇塘北村	特色农业（瓜果、水稻）
03	闵行区浦江镇新风村	特色农业（葡萄、蔬菜、兰花）、休闲旅游产业
04	嘉定区华亭镇毛桥村	休闲旅游产业
05	嘉定区马陆镇大裕村	特色农业（葡萄）、文化产业
06	宝山区罗泾镇洋桥村	特色农业（水稻）、休闲旅游产业
07	奉贤区庄行镇潘垫村	特色农业（水稻、蜜梨、水产、蔬菜）、休闲旅游产业
08	松江区泖港镇黄桥村	特色农业（水稻）
09	松江区叶榭镇井凌桥村	特色农业（花卉）、休闲旅游产业
10	金山区廊下镇中华村	特色农业（苗木、葡萄）、休闲旅游、文化产业
11	金山区山阳镇渔业村	文化产业、休闲旅游业
12	青浦区金泽镇蔡浜村	特色产业（阿婆茶）
13	青浦区朱家角镇张马村	特色农业（香草、蔬菜、蓝莓）、休闲旅游业
14	崇明区横沙乡惠丰村	特色农业（水果、蔬菜）、休闲旅游业
15	崇明区竖新镇仙桥镇	特色农业（水果、蔬菜）、休闲旅游、文化产业

浦东新区周浦镇棋杆村是特色农业结合休闲旅游产业模式的代表。棋杆村位于周浦镇东侧，与上海迪士尼度假区仅一路之隔。2012年，被国家农业部授予"一村一品"殊荣；2013年被评为上海市第二届"我喜爱的乡村"和上海市"生态村"称号；2015年，棋杆村被评为全国文明村和上海市美丽乡村示范村。在这些众多荣誉的背后是棋杆村强大的产业支撑。

葡萄特色农业是棋杆村的传统优势产业，2004年棋杆村就成立了葡萄种植专业合作社，经过多年发展逐步走上了产业化、规模化道路，葡萄产品多年获得上海市及全国性奖项，目前葡萄种植面积达500余亩。

随着上海迪士尼度假区建设的利好，棋杆村近五年在休闲旅游产业方面取得了长足发展。先后打造了"疯狂的农民""周浦花海"等休闲旅游项目，着力打造迪士尼的"后花园"。2014年10月，"疯狂的农民"拓展基地正式对外开放，城里来的游客可以体验"农村的生活"。在这里不仅可以吃到地道的农家饭；也可以体验一系列的农家娱乐活动，如智擒水鸭、浑水摸鱼等；还可以进行草莓、蓝莓、西瓜等采摘活动。同时"疯狂的农民"也让当地百姓共享发展成果，解决了当地160多位村民的就业。"周浦花海"借鉴了世界十大花海及上海市区域内上海鲜港、浦江玫瑰园等成功经验，打造一年四季鲜花盛开、绿意葱茏，具有江南水乡风味的农业旅游景点。园区目前占地面积500余亩，通过大条型、大色块进行景观营造，同时结合展示、加工、销售、科普教育为一体，是一种较为新型的农业生态园。

但是随着周边类似拓展基地、农业体验园的建设，以及迪士尼香草园的建成，棋杆村的休闲旅游产业也受到了一定的冲击，同质化竞争开始显现。未来特色农业结合休闲旅游产业这一类型的美丽乡村，如何做好产业升级，品牌塑造，优化空间是摆在当地政府和农民面前的一个重要问题。

二、江浙地区美丽乡村产业发展借鉴

江苏省和浙江省是美丽乡村建设中的佼佼者，对上海的美丽乡村建设具有较好的借鉴意义。综合相关资料，选取浙江永嘉、江苏高淳两地作为美丽乡村产业发展的借鉴。

1.总平面图

1. 浙江永嘉——生态旅游为基础，长寿品牌促特色

浙江省永嘉县经过多年的发展，通过土地的灵活流转，农业招商引资，已经形成了较多各具特色的农业产业园、观光园；围绕旅游景区、度假区的基础优势，着力发展旅游配套产业；同时名宿、农家乐等也都有长足发展。近年，通过对"中国长寿之乡"的品牌挖掘，积极发展养生养老产业，建成了一批养生养老项目，把品牌资源优势转化成为产业优势。

2. 江苏高淳——环境优美成气质，一村一业促多元

江苏省南京市高淳区近年来按照"绿色、生态、人文、宜居"的基调，着力开展"靓村、清水、丰田、畅路、绿林"五位一体的环境建设，改善了农村环境面貌，提升了环境气质。在此基础上以"一村一业"的思路对村庄产业进行促进，形成了多形态、多特色的美丽乡村产业。并通过多种方法，大力实施产供销共建、种养植一体、深加工联营等产业化项目；形成了特色旅游业、商贸服务业、高效农业等产业。

以上实例可以看出，江浙地区的美丽乡村产业发展除了发挥本地资源优势，发展特色农业、特色旅游业外，还着力构建对农村整体产业发展具备有力支撑的其他类型特色产业。

三、上海美丽乡村特色产业类型思考

李克强总理在2016年夏季达沃斯论坛上提出旅游、文化、体育、健康、养老"五大幸福产业"，大力发展服务业。在新一轮上海市城市总体规划（2016—2040）中，明确提出要强化农用地复合利用，充分发挥农用地的农业生产、生态景观、休闲观光、文化教育等综合功能。强化农用地功能的共生相融合，通过拓展农业的生态景观、休闲观光和文化教育等功能，促进农业与二三产业融合发展。

上海美丽乡村的产业发展，除了现代农业、乡村旅游业之外，还应发挥上海本身的优势，构建符合上海城市需求的乡村特色产业。笔者认为加快对美丽乡村植入"五大幸福产业"是促进上海美丽乡村建设的现实需求，是提升乡村发展水平的必然途径。

首先，无论是从中央到地方还是从理论到实践，都已经证明了乡村旅游业是带动三农发展的一个很好的方向。去年，农业部就会同11个部委联合出台了《关于积极开发农业多种功能大力促进休闲农业发展的通知》，上海市在农业部出台政策的基础上也出台了《贯彻农业部关于积极开发农业多种功能大力促进休闲农业发展通知的有关通知》，制定了具体的实施办法，为乡村旅游业的发展做好了政策保障。因此，在上海乡村旅游业20多年的发展基础上，应不断丰富乡村旅游的内容，逐步提升乡村旅游服务水平。突出乡村本色，恢复田园原真，加强慢生活体验，大力发展民宿，促进一二三产融合，加强公共基础设施建设。让城里人可以通过乡村旅游，真正看到上海郊区的这些新农村建设，美丽乡村建设，促进城乡一体化发展。

2014年上海市文化创意产业实现增加值2 820亿元，同比增长8%，占全市GDP的比重为12%左右。文化创意产业正在成为引领和支撑上海新一轮发展的支柱产业。目前上海文化创意产业的发展呈现出多产业融合，新模式频现的特点，在与装备制造业、金融、科技、贸易等行业与领域的融合中都有非常多的成功案例。同时明确工作重心向区县下移，形成市区合力推进的格局。

上海体育产业进入21世纪以来发展迅猛。2015年6月，上海市人民政府出台了《关于加快发展体育产业促进体育消费的实施意见》，明确指出，上海"到2025年，基本实现全球著名体育城市的建设目标，努力打造世界一流的国际体育赛事之都、国内外重要的体育资源配置中心、充满活力的体育科技创新平台"。同时在发展思路中提出"推动郊区县节点圈体育旅游融合发展，结合上海郊区县丰富的自然资源及区位优势，积极发展极限运动、水上运动、航空运动、马术运动等户外运动休闲产业，探索与旅游业融合发展的路径和模式"。并规划建设一批体育主题公园。

不管在中国还是在全球，健康产业是个越来越热的产业。上海作为全国医疗资源和研发力量集中地之一，在健康产业的健康服务业、健康制造业、健康关联产业方面均有长足发展。根据《上海市生物医药产业发展行动计划（2014—2017）》的目标要求，到2017年底，上海仅生物医药产业就要实现经济总量3 500亿元，应该说，目前上海的健康产业在全国已经先行一步，形成了规模和特色。

伴随着中国老龄化的逐渐加速，"养老难"成了提及率越来越高的话题之一，老龄事业发展也同步上升为国家战略，相关部门也出台了一系列对应政策。上海的养老产业需求量巨大，目前市场供给与需求严重脱节，公办养老机构呈现一床难求的局面。

上海乡村有着背靠大都市的天然区位优势，有着发展文化、体育、健康、养老产业的空间和环境优势。若能在保护耕地的基础上，对土地政策有相关的通道，着力提升公共基础设施，融合发展相关产业，那么可想象的空间将是巨大的！

四、文化产业植入美丽乡村建设案例

1. 案例基本情况

项目位于崇明区竖新镇春风村，自然风景优越，生态环境良好，总面积约4 000亩。在国家、政府大力支持倡导休闲农业、两岸农业合作发展的大背景下，借鉴台湾农创文化，以"农业文创特色化、生态旅游景观化"为理念，发展"新农业＋"的模式，打造世界级生态智慧岛上的创意地标。着力构建农业、文创、旅游相结合的，集生态农业、创意农业、文化休闲、艺术体验、旅游度假于一体的上海崇明两岸农业文创生态旅游示范基地。

2. 规划主要内容

（1）规划定位和特色

项目核心定位是以台湾文创为特色的现代农业示范基地。新农业＋创意地标的特色理念，采取现代农业文创与复合式创新结合，打造一个兼具本土特色和艺术创新的展示窗口，一个文化创意和休闲聚会的

广阔空间。

（2）功能分区和项目总体布局

规划结合场地现状条件以及台湾农业、文创资源，形成生态农业、创意农业、文化休闲、旅游度假、艺术体验等产业板块。划分出两岸农创艺术、农业体验工厂、国学养生静修、有机农业生产四大功能区。

两岸农创艺术区主要引入台湾农业文创经验，打造具有主题特色的艺术农场，促进两岸农业、文化交流。

农业体验工厂区引入台湾先进兰花培育技术等，融合崇明本土特色，塑造农业体验式旅游新感观。

国学养生静修区以太极拳、国学、茶文化、养生、静修为主的主题休闲养生区，引领文化养生新模式。

有机农业生产区引入台湾先进有机农业生产技术，提高农业质量及产量生产水平；提升产品包装艺术及销售、售后模式，搭建有机农产品新平台。

3. 创新特色亮点

（1）文化交流促产业

引入文创运营公司协同设计企业设置两岸设计师部落，举办两岸大学生稻草人设计大赛，民宿设计大赛，儿童教育，义诊交流等定向活动。这些活动带来了大学生、教师、医生、设计师、艺术家等城市高级知识分子，形成了很好的文化氛围。在此过程中，当地居民也充分参与其中，在后勤保障、知识讲解等方面做出了巨大贡献。在此氛围下，促进了文化相关的产业的发展。这种模式促进了两岸同胞的交流，促进了城市与乡村居民的交流，也促进了产业的发展，值得借鉴推广。

（2）政企合作新模式

为构建长期战略合作关系，进一步发挥资源优势，创新经济发展，拉动、转型、升级资本引入。竖新镇春风村作为主要平台，充分发挥统筹协调职能，对本项目的实施全力配合；本地农业合作社作为一级主体，引进台湾及大陆相关农业、销售、文创企业共同入住基地，在项目建设、产业发展等方面开展深层次的合作。在此过程中，政府转变职能，注重监管，加强公共服务提供；农业合作社作为招商引资主体，发挥灵活的市场能力，促进相关企业入驻发展。这种模式促进了乡村经济发展的灵活度，为美丽乡村建设作出新的贡献。

（3）定向种养谋高值

基地农业类项目进行定向引入，芦粟、兰花、桔子、澳洲龙虾、有机蔬菜等产品，企业进行统一回购，同时引入成熟农产品宅配企业，保障农产品的销售。建立芦粟观光工厂，兰花工厂等，不仅带动了观光农业的发展，起到科普教育的功能，同时作为高附加值农产品的培训、展示基地，增强了高值农产品对周边地区农业的辐射功能。

五、结语

特色产业是乡村经济发展的催化剂，如何选择特色产业不仅要研究产业的发展趋势，更应充分了解本地的特色以及握有的资源。产业的发展不仅需要政府的推动，也需要落地企业的具体实施，更需要当地居民的积极参与，这样才能达到城市与乡村共荣。上海地区的乡村由于背靠上海这座国际性大都市，更应抓住美丽乡村建设的机遇，着力发展特色产业，为本地的经济发展做出应有的贡献！

参考文献

[1] 吴理财，吴孔凡. 美丽乡村建设四种模式及比较[J]. 华中农业大学学报，2014（1）：16—17.

[2] 应建敏，汪琦. 上海新农村的嬗变升华[J]. 中国园林，2015（12）：14—17.

[3] 上海市城市总体规划编制工作领导小组办公室. 上海市城市总体规划（2016—2040）[R]. 2016.

作者简介

张鑫彦，上海经纬建筑规划设计研究院股份有限公司风景园林设计研究院，院长，工程师。

2.崇明区竖新镇春风村基地现状图
3.功能分区图
4.浙江永嘉楠溪云澜养生度假村
5.江苏高淳漆桥镇漆桥古村
6.游客在周浦镇棋杆村"疯狂的农民"拓展基地游玩
7.乡村体育产业意向
8.周浦花海
9.稻草人设计大赛意向
10.乡村养老产业意向
11.文创工坊意向

基于乡村文化展示的博览园规划设计研究
Study on the Planning and Design of the Expo Garden Based on the Rural Culture

郭小龙 苏 杰 刘芳馨 陈诗雅
Guo Xiaolong Su Jie Liu Fangxin Chen Shiya

[摘　要] 结合阳新县村庄发展现状，充分考虑阳新县作为经济欠发达地区县的特征，通过合理交通配置将各村落串联起来，整合有利景观资源，引导沿线村民发展配套服务，拉动休闲旅游产业的发展，带动农民就业和创业，促进农产品流通升值。这种模式，为我国发展经济欠发达地区的新农村建设规划起到借鉴作用。

[关键词] 美丽乡村；乡博园；阳新；文化创意；乡村旅游

[Abstract] In the light of the present situation of Yangxin County's village development, the paper takes Yangxin County as an economic underdeveloped area as an example. Through rational allocation of traffic, the villages will be connected in series, the landscape resources will be integrated and the supporting services will be developed along the villagers to drive the development of leisure tourism industry, Promote the employment and entrepreneurship, and promote the circulation of agricultural products appreciation. This model, for the development of China's underdeveloped areas of new rural construction planning to play a reference role.

[Keywords] Beautiful Countryside; Rural Expo Garden; Yangxin; Cultural and Creative; Rural Tourism

[文章编号] 2017-76-P-084

一、规划背景

为全面深入推进黄石市精准扶贫工作，确保实现"三年消除绝对贫困、五年实现全面小康"的目标，黄石市召开动员会，对老区、库区沿316国道范围内的王英、三溪、殷祖、刘仁八4个乡镇（简称"两区"）精准扶贫示范带建设工作进行了动员部署，要求在两年内，将"两区"建成为全市精准扶贫示范带、美丽乡村展示带。与此同时，为改善农村人居环境，建设美丽乡村，省政府出台有关意见，提出通过编制规划、加强基础设施建设等措施，到2020年底，全省所有行政村人居环境基本得到改善，建成2 000个美丽宜居村庄，发展各具特色的休闲农业、乡村旅游业、文化创意等新兴产业，推进农业规模化、集约化、标准化经营。并且，阳新县"园博园"也在与之同步建设当中。

二、项目概况

1. 背景介绍

为了积极响应市委"生态立市"的发展战略，推动阳新县生态文明建设和绿色产业发展，成功举办好2015年黄石市第二届园林博览会。园博会主要依托园林艺术文化盛会，展示地域文化、突出生态特色。总体设计以传统山水园林为主体风格，从"采茶戏文化"文化中提炼设计元素作基调。园区设计结合"山水阳新，园林新城"的设计理念，突出生态、科技、人文、民生、地域特色，展现出一个秋色满园、文化满园、特色满园的大型城市生态休闲公园。

阳新乡园博园选址三溪镇、王英两镇，包括王英镇车前村和三溪镇石牛村以及丫吉村，以王英河为核心，西南至仙岛湖大坝，北至三溪镇中心镇区沿横省道，东西以山为界，交通便捷，区位优越。场地地势平坦，高差起伏不大，场地内西南最高处约43m，东北最低处约17m，总体西南高、东北低，整个地形成西南——东北走势。

项目区域山水秀丽，景色宜人，主要风景旅游资源有三教山景区、姜福果品采摘基地、王英河生态农业景观资源、三溪河沿线生态农业景观资源和藏河洞景区等主要自然景观资源。

此外名胜古迹众多，人文景观特色鲜明。该地区风俗文化内涵丰富：舞龙、舞狮、划龙船等琳琅满目，历史人文景点主要有三教古刹、黄冲老宅、英烈碑、王佰超墓冢、红军街、彭德怀故居、县苏维埃旧址、姜福农院以及镇区一河两街商业旅游区等。

2. 资源评价分析

（1）宗祠文化

阳新地处湘、鄂、赣三省交界处，据县志记载，阳新公元前201年建县，已有2 200余年历史，是全国为数不多的古县之一，是历史上"湖广填四川""江西填湖广"的重要和必经的通道。阳新很多姓氏家族大都是江西等地迁至阳新境内。从某种意义上讲，阳新是一个移民大县。故此，阳新宗祠文化呈现出更加丰富的文化内涵。

祠堂是一个家族的中心，浓缩了本土文化色彩。祠堂具备多种用途，除了"崇宗祀祖"之用外，各房子孙平时有办理婚、丧、寿、喜等事时，便利用这些建筑宽大的祠堂以作为活动之用。另外，族亲们有时为了商议族内的重要事务，也利用祠堂作为会聚场所。目前阳新保存下来的较完整的古祠堂已不足100座。其范围涉及到阳新的每个乡镇，但最主要分布在阳新太子、龙港、洋港、陶港、枫林、浮屠、白沙、富池、王英等地。之中保存比较完好的有王英国和的伍氏宗祠（省文物保护单位）、太子的李氏宗祠和徐氏祠堂、白沙的梁氏宗祠、浮屠的李氏祠堂、龙港的黄桥祠堂和肖氏祠堂、洋港的隙氏宗祠等，这些宗祠多则历经500多年，少则也遭受了100年以上的冲刷。虽然这些祠堂经过修缮，但基本上保留其原来的面貌，保存完好的古祠堂大都是明清时期的建筑，如梁氏宗祠、伍氏宗祠等。如果考证其始建筑历史，可朔源到唐宋时期太子镇的李氏宗祠了。

（2）民俗文化

阳新民俗文化丰富，包括戏曲和舞蹈两部分。戏曲民谣分为阳新采茶戏和汉剧。采茶戏以富水为界，分南乡采茶戏与北乡采茶戏。南乡采茶戏音乐，由正腔、彩腔、击乐组成，无"文场"伴奏。唱腔属板腔体。正腔包括"北腔""汉腔""叹腔""四句腔"。而现存的汉剧戏班在县内先后有"玉""寿""新""美""采""凤"字科班与"同庆园""新新园""同兴班""庆华班"，他们

1.三溪平面图

如今均在从事演出活动。

阳新民间舞蹈，多种多样。普遍流行"打花棍""打花鼓""抛彩球""跑竹马""踩高跷""舞狮子""玩龙灯""戏蚌壳""玩花灯""板凳龙""划旱船"等20余种。春节至元宵期间，城乡玩龙灯、舞狮子颇盛。龙灯有看龙、打龙、九节龙等。看龙100余节，打龙50节左右；九节龙由童男表演，俗称"伢崽龙"。太子庙一带玩龙灯，兴"一龙带九蛟"，同时有花灯、高跷、"蚌壳精"登场。三溪口、白沙铺、荻田桥等处较多。梁显湾等村庄玩看龙，兼有小龙、狮子。排市、木石港、龙港等地多舞毛狮子、草狮子，并伴有"十八般武艺"表演。三溪口一带流行划旱船。枫林农村玩花灯，群众喜闻乐见。

（3）红色文化

三溪有光荣的革命历史。1929年冬，三溪成立了大凤区苏维埃政府，在全区普遍开展了"土改运动"。1930年5月下旬，彭德怀率红五军进抵阳新，在三溪口一带击溃敌军郭汝栋部五个团。同年6月，阳新县第一次工农兵代表大会在三溪徐立中召开，成立了县苏维埃政，政府机关设在郭家冲，抗日战争时期，三溪人民在党的特别支部和三溪区委领导下，为配合革命武装，抗击日本侵略军，作出了很大贡献。

如今革命遗址有彭德怀旧居、彭德怀屯兵站、县苏维埃旧址及保存完好的红军石板街。

彭德怀旧居——1930年5月份的一天，彭德怀因感染疟疾走进了阳新三溪的一家药铺，并在药铺里住了三个晚上。1987年，这家药铺被挂上了"彭德怀旧居"的牌子。如今这座老房子成了名副其实的危房，墙体倾斜，屋顶漏雨。

苏维埃政府旧址——县大凤区第四乡苏维埃政府位于湖北省黄石市阳新县三溪镇黄冲村下黄冲组。县大凤区第五乡（军林）苏维埃政府位于湖北省黄石市阳新县三溪镇姜福村姜福组，原是一佛教庙寺，一进三重连三间砖木结构瓦房，保护范围面积482m²。第七乡（霞坡）苏维埃政府驻地上余村赵祥组。该旧址坐北朝南，是一幢老式连五间，建筑占地面积234m²，保护范围面积269m²。县三溪区（九区）苏维埃政府位于三溪镇陈竹林村龙王冲组。

英烈丰碑——位于三溪镇竹林村龙王冲湾西边昭昭日月，丰碑高耸。龙王冲红军纪念碑，为纪念1930年9名红军战士英勇就义而建。还有那烈士墓冢，苏维埃老屋，共同讲述着悲壮的往事，已成为湘鄂赣边区一处经典的红色旅游胜地。

（4）名产资源

阳新旧时沟通南北东西，汇集了全国各地的风味小吃，南甜北咸、东辣西酸都能从这里品尝到。尤其阳新地处长江中游，境内湖泊河流纵横，水产品极

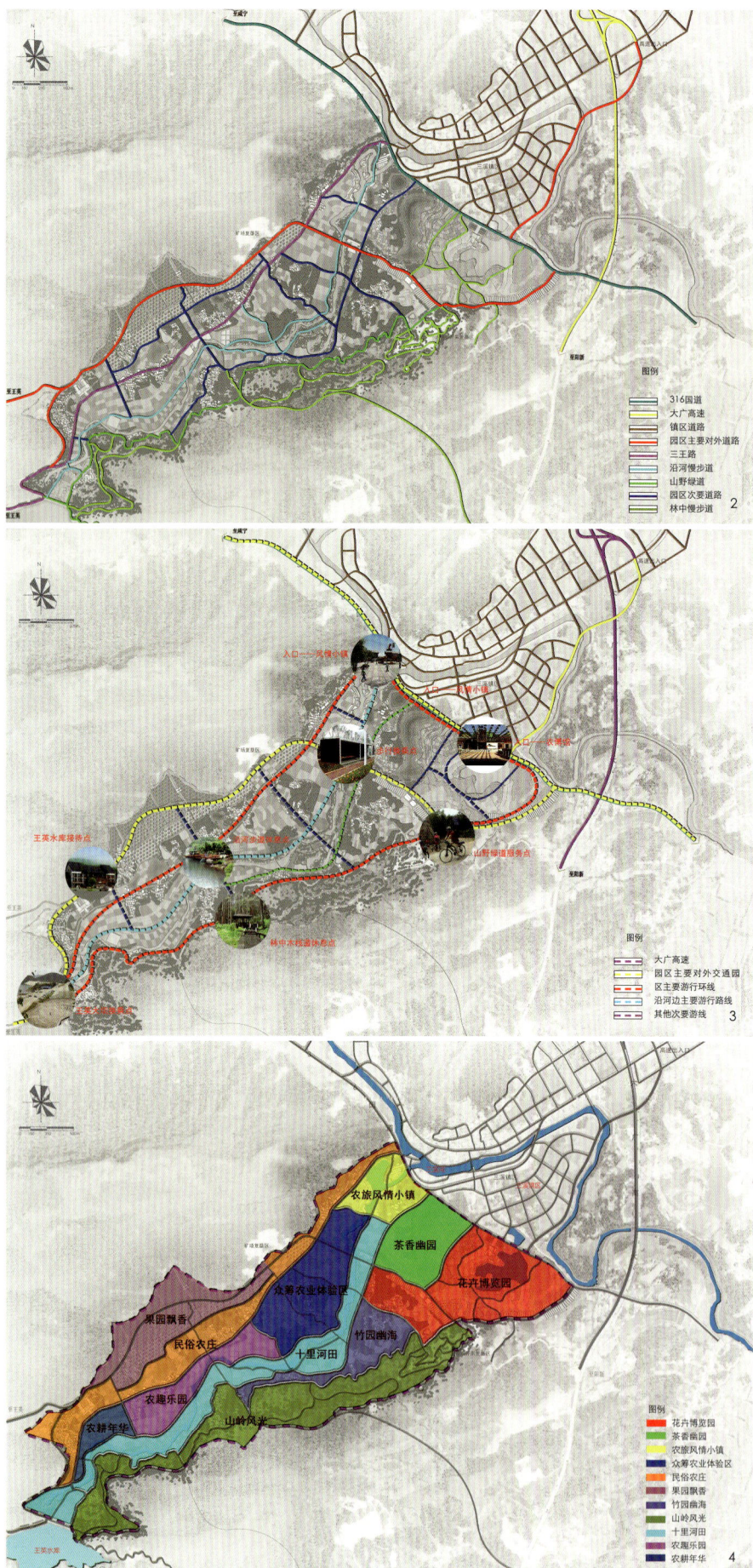

具特色。阳新鸭（屯鸟）、春鱼、清水虾、麻乌鱼、螃蟹等都是地区特有的食菜，其他还有太子豆腐、王家酥麻花、阳新枇杷、柑橘、湖蒿、仙岛湖天然野菜等，配上金竹云峰茶，品尝过后齿颊留香，回味无穷。

三、规划主要内容

1. 整体规划策略

整个规划的结构采用"三带、两区、多节点"的形式。"三带"由乡忆宗祠文化带、十里河田风光带和山岭风光绿带组成。乡忆宗祠文化带通过三王道路把各个村落串联起来，整合景观形象大道、宗祠、山塘、林木等资源，引导沿线村民发展配套服务，拉动休闲旅游产业的发展，带动农民就业和创业，促进农产品流通升值。可通过风景道的建设，串联不同类型的绿道或旅游点，使自驾游和绿道游相互促进、相得益彰。

"十里河田风光带"以农耕文化的发展史为索引，以王英河为载体，串联各个村庄、农田等自然节点，打造一条体现乡村特色、彰显农业特色的十里河田风光带。整条风光带顺水而展开，将乡村田园风光展现的淋漓尽致。山岭风光绿带在现有丫吉路路基的基础上，以乡土景观，向南延伸至车前村的南山湾上仙岛湖大坝，打造一条乡村绿道，旅游慢系统，全线长约4 800m，路面宽约4m，或柏油路、青石板路面，或依山、或畔水，以"运动"作为其主题，打造山岭游园绿道，全线驿站均以"竹屋、竹塔"为节点，也可结合周边乡村作为驿站换乘休息。

"两区"分为前庭和后庭。前庭以花博园、茶园以及农旅风情小镇为核心功能组团，组成乡博园的入口服务区；后院则以丫吉山、王英河以及石牛山为为生态本底，农业景观为核心，组成乡博园的生态景观游览区。而"多点"分别是由特色乡村文化聚落点、十里河田农田景观节点、乡村农事景观节点。

2. 产业布局策略

整体规划产业布局主要分为三个区，分别为灵山区——茶香幽园、果园飘香、桃园乐土；十里河田区——怡然农庄、水田风光；秀水区——古居风情、鱼光水色。开发模式采用农民幸福（农旅互促产业）＝农业产业升级＋农村环境改造农业的模式。对待农业，主要策略是众筹农业——农业升级。而对待农村，则是以期通过诗意人居忆乡愁，乡村旅游显特色的模式来推动其发展。

3. 服务配套设施布点策略

服务设施点布置主要围绕自行车行车路线布置，在

河流北岸居民点较多，服务设施主要依托现有村庄布置，利用居民建筑进行改造；河流南岸山体较多，依托山体现状道路，布置5处服务设施点，两处综合型服务设施点，三处小型服务设施点。

4. 景观规划策略

景观规划在充分考虑项目区现有的自然山水资源的基础上，为使游客欣赏到沿途茶园、花海、山岭、村庄、竹林、田野、菜地、小岛、河流等一系列丰富的景观，设置了"茶野飘香""野趣体验""农趣休闲"和"农耕文化"四大景观区块。

5. 项目目标定位

以大力发展蔬菜、瓜果、花草、水产等绿色农业生产和保护自然生态环境资源为根本，立足阳新，面向全省，辐射全国，本着可持续发展的原则，将阳新乡博园建设成为集科技农业、景观农业、休闲旅游农业于一体的现代生态农业园区，蔬菜、瓜果、花草新技术和新品种的研发及推广基地，成为湖北省鄂东地区乃至全国的休闲农业示范点、农业旅游示范点和国家4A级景区。

四、总结与展望

"美丽乡村"的建设在中国乡村土地上如火如荼地进行着，而不同地区的乡村有着截然不同的地域特色，盲目运用"千层一面"的模式是不可取的。本文立足当下政策需要，对黄石市阳新县几个贫困村庄乡博园的规划建设做出一系列解答，希望能够从中找出乡村规划建设的相关经验，为国内其他类似的新农村规划建设提供有益借鉴。新农村建设是当下刻不容缓的话题，农村的发展牵涉到成千上万村民的利益，而相关决策者，因地制宜，尊重场地文化，建设具有中国时代特色"美丽乡村"。

在此感谢项目组成员（李宏燕、高校、杨诚、冯亚西）的辛勤的付出。

参考文献

[1] 何仁伟,陈国阶,刘邵权,等.中国乡村聚落地理研究进展及趋向[J].地理科学进展,2012(08):1055-1062.

[2] 费孝通.乡土中国[M].北京:北京出版社,2005.

[3] 苍铭.古村镇研究[M].北京:中央民族大学出版社,2014.

[4] 胡燕,陈晟,曹玮,等.传统村落的概念和文化内涵[J].城市发展研究,2014(01):10-13.

[5] 任映红,梅长青.城市化进程中村落传统文脉的承继与延续[J].浙江社会科学,2014(12):107-112.

[6] 王云才,杨丽,郭焕成.北京西部山区传统村落保护与旅游开发利用：以门头沟区为例[J].山地学报,2006(04):466-472.

[7] 王小明.传统落价值认定与整体性保护的实践和思考[J].西南民族大学学报（人文社会科学版）,2013(02):156-160.

[8] 康璟瑶,章锦河,胡欢,等.中国传统村落空间分布特征分析[J].地理科学进展,2016(07):839-850.

[9] 刘大均,胡静,陈君子,等.中国传统村落的空间分布格局研究[J].中国人口.资源与环境,2014(04):157-162.

作者简介

郭小龙，华中科技大学建筑与规划学院研究生；

苏 杰，武汉远景规划有限公司，中级工程师；

刘芳馨，华中科技大学建筑与规划学院博士研究生；

陈诗雅，华中科技大学建筑与规划学院研究生。

2.道路交通
3.交通游线图
4.产业布局图
5-8.局部效果图

基于文化景观的谢埠乡村旅游策划
Rural Tourism Planning of Xiebu Based on Cultural Landscape

冯 绘
Feng Hui

[摘　要] 在保护生态机理与文化脉络的前提下，以先"留白"后规划的"反规划"措施进行生产、生活、生态三方面的策划。其中经济诉求是政府最关注的问题，所以策划相应的经济产业链，并竭力建设与保护绿色基础设施、文化廊道成为工作时的重点和难点所在。以湖北鄂州美丽乡村改造项目为例，本项目抓住其特色农业观光的生态效应和特色文化产品"谢埠千张"的多线程开发程式，分别作为基本产业和周边产业，引导出后期的艺术品精品加工的衍生产业与美容行业的推优产业的全方位发展，最终形成旅游规划的全产业链。

[关键词] 生产；生活；生态；文化景观；美丽乡村；旅游

[Abstract] In the premise of protecting the ecological mechanism and culture context, with the "opposite planning" method that first "blank" planning, then planning measures for the three aspects of production, life and ecologic of planning. The economic demands are the government most concerned questions. So how to plan a corresponding economic industrial chain, and strive to build and protect the green infrastructure, cultural corridor becomes the focus and difficulty in the work of the planning. Taking Hubei Ezhou beautiful Rural Reconstruction Project as an example, this project grasps its multi aspect program development that ecological effect of characteristic agriculture sightseeing and characteristics of cultural products "Xiebu Qianzhang", respectively as the basic industry and the surrounding industrial, leading to development of art boutique processing and later stage of the derivatives industry and the beauty industry for excellent industry. Ultimately formation an all-round tourism-engaged whole industry chain.

[Keywords] Production; Life; Ecologic; Cultural; Landscape; Beautiful Rural; Tourism

[文章编号] 2017-76-P-088

1.梁子湖区五大功能组团分布图
2.谢埠村现状道路分布图
3.谢埠村交通圈

一、引言

狭义地理解，文化景观是历史作用下形成的产物，需要我们去保护它们不受侵蚀，维持其精华的文化脉络及其空间表现形态。广义地讲，它又是一个动态的过程：民间艺人的技艺传承、传统作坊、现代店铺等的营销方式演进、建筑与景观作品的设计、工业园区的变迁、文化团体的活动与文化受众的接受范围，以及文化遗产的保护和利用等均可以作为文化景观的实载体，丰富其内涵。

旅游是近些年蓬勃发展的新兴行业，乡村旅游又是其中的热点。随着经济的不断发展，人们疲于快速生产生活的节奏，对休闲旅游的需求量越来越大。相对于千城一面、高楼林立的城市环境，人们产生了回归乡里，崇尚自然的"后城市化"需求。为了让游客体验到不同地区的民俗文化，如何将文化景观融入到乡村特色旅游的发展中受到了很多专业人士的重视。

谢埠村作为鄂州市的一个乡村，拥有优越的风水格局和优美的自然地理环境资源。由于其居于周边景观资源丰富的梁子湖旅游片区，挖掘谢埠村的核心文化，兴建基于文化景观的旅游产业链，丰富谢埠村乡村旅游的文化内涵，成为开发谢埠村旅游发展的一个方向。

二、项目概况

谢埠村位于鄂州市南部，梁子湖东南部，具有山水环抱的优良自然条件。距武汉市仅1h车程，同时与黄冈、黄石、咸宁等周边城市交通便捷，是鄂州市南部门户地区。自2008年，谢埠村被湖北省确定为全省第一个城乡一体化试点城市至今，鄂州市在较短时间内实现了全市经济发展提速，经济结构优化，城镇化步伐加快的目标。如今鄂州市开展了美丽乡村计划，以谢埠村作为试点，其良好的自然与人文资源条件的开发再利用成为本次规划的重点。

三、项目挑战

1. 对外开放度较低

谢埠村作为鄂州市的一个村落，并没有积极开发旅游业等其他产业，发展相对落后，村民保留村镇一贯的小农经济特色生活，对外开放度较低。

2. 对外交通不便

现状只有一条主路南北向联系谢埠村内外，其他道路都是村内部的小路，对外交通极其不便。

3. 经济条件落后，招商引资困难

谢埠村目前经济条件落后，且没有吸引外来游客的焦点，在招商引资困难的前提下，由政府投资，需要控制投资金额，尽量提高投资回报率。

4. 乡村景观环境品质较差，基础设施建设落后

谢埠村建筑质量较差，没有形成良好具有统一特色的建筑立面和建筑风貌，开敞空间与公共空间匮乏，景观环境品质较差，基础设施建设落后，人们生活水平较差。

5. 周边地区丰富的旅游开发

梁子湖区分布着多种多样的景观资源，在谢埠

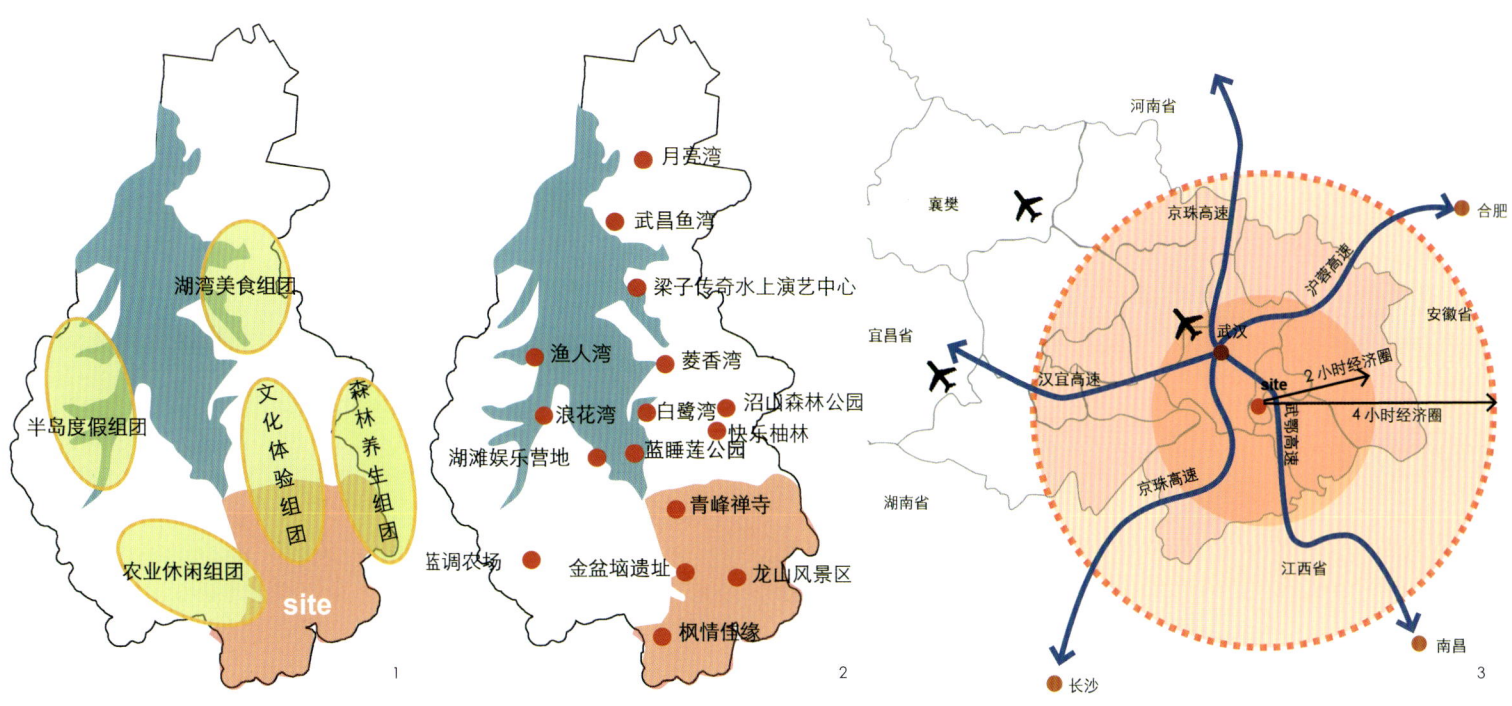

村开发成旅游景点之后，形成既相互促进又相互竞争的竞合作用。

6. 历史人文脉络断裂

谢埠村拥有特色千张、含硒山泉，并且是三国时期的驻地，然而目前并未抓住这些特质继续发展，也并没有深度挖掘其内涵，进行进一步开发，导致谢埠村的文化脉络断层。

四、规划设计理念与策略

1. 生产维度——产业化集成运作："豆蔻韶华"主题品牌打造

谢埠村最具特色的资源是谢埠千张。千张：豆腐，选用本地大豆和山涧含硒山泉精制而成。谢埠千张为国家地理标识证明商标，追溯至三国时期，明清列为朝廷贡品。

（1）"豆蔻韶华"初级产业链：生态体验游

①以山水为主体的自然生态风光观光

初级旅游形式，以观光和山地野营活动等为主，开发和优化水资源及沿岸水景观，使游客欣赏和游乐于此。

②体验式农业观光

结合豆类农业种植的基本产业，建设和优化豆类种植观光产业，使以城市人口为主的游客亲子走入农产品的种植场地，并且亲自参与到简单的豆类种植体验过程之中。

（2）"豆蔻韶华"周边产业链：生产体验游

①生产制作流程参与体验

将制作谢埠千张的过程"外部化"，人们可以亲自加入到部分生产过程当中，去体验谢埠千张的生产加工过程。

②预留工厂用地

加大谢埠特色谢埠千张的生产力度，预留生产所需工厂用地，以保证后续谢埠千张的生产量。

（3）"豆蔻韶华"衍生产业链：商业服务业

主要包括后期艺术产品加工及周边产品开发。除"谢埠千张"加工生产线参与式体验这类的周边产业发展，逐步推出后期艺术品、精品输出的衍生产业精品，如艺术化产品包装，精品纪念品的制作与售卖，商务大礼包的推出等，将谢埠千张的受众群体扩大至商业办公人群等。

（4）"豆蔻韶华"推优产业链：美容养生产业

逐本溯源，作为谢埠千张的制作原料，大豆本身作为现代农产品，具有养颜和抗衰老的功能；含硒山泉除具有生态景观效应，也具有养颜和抗衰老的作用。而谢埠作为三国时期吴都驻地，史上美女大乔小乔曾居住于此，谢埠的山水格局和风土人情对于她们的养颜效果多少有些优化作用。这些都推动其发展美容产业。美容行业的发展主要从两方面展开：以含硒山泉为原料的美容产品的生产加工，以及美容院的设立。另外，推动疗养院、度假酒店等地产项目的发展，从传统的观光短期游转向中长期度假游，甚至第二居所的置业阶段过渡。综上，此项目取名为"豆蔻韶华"。

2. 生活维度——健康之旅

（1）原住民：因地制宜

主要采取建筑改造、建筑文化植入、开敞空间及景观营建等手法进行村庄整治，达到与产业旅游区的共生互融。具体手法包括：破旧房屋及生存环境的整治、文化景观的维护、景观生态格局的保护，从而整合生态人文资源，梳理、提升谢埠村村貌及村民生活环境，有效改善居民生活水平和就业问题。

（2）引入人群：食住行游购娱

主要结合自然山水景观及拓展野营地开发，发展一日游和半日游。面向全国可以以三国为源头展开旅游活动策划，恢复荆楚记忆，挖掘本地文化，放大本地人文地理识别性，保持传统的生产和生活方式，使村寨更具魅力。如历史演变、服饰、饮食、名人、节庆、建筑、工艺……营造慢生活。小范围客源市场则比如吸引周边客源暂住，野营、拉练，或者为饮食，文化等特色来此地一日游半日游甚至小住之类的"走出城市，走进谢埠，回归自然"的初级游。让人体验自然风貌，农家乐等，并有计划地组织特色旅游

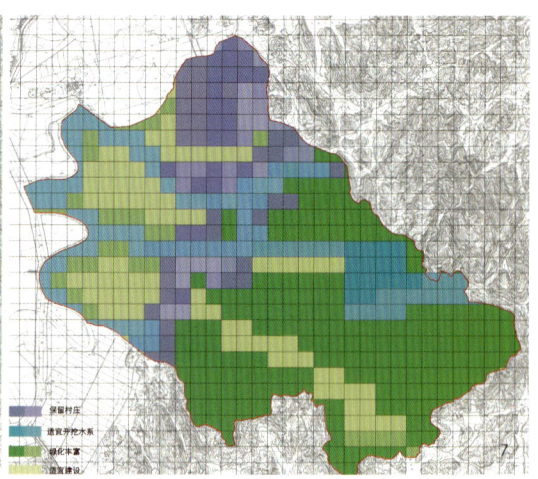

线路。并由衍生产业打造出的精品艺术品纪念品，增加人们的购物量，从而增加政府的财政收入。

3. 生态维度——生态之居

（1）生态基底的打造

通过生态适宜性分析，生态承载力预估，空间管控，生态补偿机制，最终打造良好的生态基底。

（2）生态景观资源优化

充分利用现有的优势山水景观格局，对自然山水进行适度开发。包括对山地野营地的开发，爬山拉练活动场地及交通线路的开通，房车营地的场地开发，景观滨水空间的亲人改造等。

（3）具体生态措施

①废水净化处理：打造湿地污水处理系统

②废弃物循环再利用：利用秸秆等形成乡村特有的生态循环体系。

③生态资源整合：景观生态格局优化。

④现代农业技术中的生态环保应用。

⑤生态交通开发：完善区域交通提升网络效能，开通巴士专线，连运码头等，低碳式开发。

⑥其他低碳开发建设措施：清洁能源使用，建筑节能等。

五、开发原则

1. 以自然资源为核心，以人工资源为助力，以文化资源为提升

充分保护和利用自然景观生态格局及山水风光，适度开发人工经济和人文资源，挖掘当地文化特色，与山水资源混合开发利用，以构造良好的文化景观格局，吸引游客观光。

2. 经济有效地投资开发，低成本建筑改造设计和景观设计

建设过程需考虑谢埠村本身的经济实力，以低成本的投入开销展开农村建筑的维修与改建，同时增加开敞空间的设计，以优质的景观环境吸引游客的注意力，并且以相对较少的投资成本从实际上改善村民的居住环境。

3. 以简约与雅致引领国内高端风尚

低成本投入可以抛弃繁缛的建筑风格，营造简约的环境特质，景观上以枯山水增添简约雅致的风格特征。

4. 突出本地特色，"以产促游""以游带产"

充分体现谢埠村的自然山水风貌特色与文化特色，形成一条以旅游发展为动力的全产业链，以达到旅游与产业的相互融合与促进。

六、结语

保护山、泉和农业用地，维持大地景观风貌，进行农业观光和农业种植体验成为最基础的旅游业开发始端；开发工厂用地，开通"谢埠千张"参与式加工体验生产线；售卖精品纪念品，商务大礼包，艺术化产品包装等，以满足不同消费能力群体的消费需求；在资金允许的情况下生产面膜等美容产品，美容产业的缘由来自于当地文化溯源，为美容行业与美容产品的后期开发提供了依据。并且建造美容院、疗养院等商业地产项目，将文化景观结合生态基质，与旅游规划紧密结合，为将谢埠打造为全国知名的美丽乡村典范做出了夯实的基础。

作者简介

冯　绘，同济大学硕士，华东规划建筑研究院有限公司，规划建筑设计院，助理工程师。

4. 农业观光体验示意图
5. 千张生产体验示意图
6. 综合用地类型分布
7. 土地生态适宜性开发强度分布图

"美丽乡村+"模式下的乡村旅游开发模式探讨
——以扬中市幸福村乡村旅游规划为例

Discussion on Rural Tourism Development Pattern Based on "Beautiful Rural Construction Plus" Mod
—A Case Study of Xingfu Village Rural Tourism Planning in Yangzhong City

姚恭平 胡 昕 杨梦凡
Yao Gongping Hu Xin Yang Mengfan

[摘　要]　随着中国经济发展进入新常态，美丽乡村建设开始转型向弘扬乡村文化、丰富乡村业态、打造休闲乡村、创新运营模式等方向发展。本文通过研究扬中市八桥镇幸福村在乡村建设和乡居体验旅游开发层面上的规划实践，展示了"美丽乡村+"模式在资源特色不够突出的乡村建设中的应用。文章旨在分析幸福村整合自身资源条件，构建核心吸引力的发展思路，为该类型乡村的转型发展提供参考。

[关键词]　美丽乡村建设+；乡居体验；乡村旅游；水乡

[Abstract]　Since the development of Chinese economy thrived into a "new normal" economic status, beautiful rural construction has begun to transfer into innovative aspects, such as promoting local culture, flourishing rural industries, building leisure countryside and creating new operation patterns. This article investigates the planning practice in Xingfu Village, Baqiao Town, Yangzhong City, which mainly focused on rural constructions and development of its countryside experience tour. It demonstrates the concept of "Beautiful Rural Construction +" Mod applied to the village construction without outstanding features. The article aims to discuss the scheme on integrating local resources to building core attraction, which could provide experiences for the similarity cases.

[Keywords]　Beautiful Rural Construction+; Rural Experiences; Happiness Tour; Waterside Village

[文章编号]　2017-76-P-091

一、引言

所谓乡村旅游，是指以农业生产、农民生活、农村风貌以及人文遗迹、民俗风情为旅游吸引物，以城市居民为主要客源市场，以满足旅游者乡村观光、度假、休闲等需求的旅游产业形态。我国的乡村旅游发展至今，在推动农业转变发展方式、建设美丽乡村、统筹城乡发展、促进农村文明进步、增加农民收入等方面发挥了极其重要的作用。

二、研究背景

1. 国家推进美丽乡村建设为乡村旅游提供机遇

"十八大"提出了"美丽中国"的理念，给城市和乡村的建设带来新方向，随着新型城镇化进程的不断推进完善，"美丽乡村"的建设理念，应该跳出传统的新农村建设模式，从单独的以经济增长模式转型带动乡村发展，转变为通过对乡村景观环境的打造，打造乡村的可持续发展。

美丽乡村建设改善了乡村风貌，为发展乡村旅游给农村的经济、社会、文化、生态环境带来契机。而外来旅游者的活动促进了当地经济发展，带动农村相关产业发展，带来大量外来资金和投资，拉动了当地消费，提升农民的就业机会和收入水平。相应的，乡村旅游亦有利于促进乡村建设，以提供更优质的旅游环境吸引更多观光客。在人文建设方面，外来游客给乡村带来新的文化思想理念，与当地的传统文化碰撞促成不同文化思想的交流，推动了特色文化的传播，提升了乡村住民的眼界和素质，有利于农村精神文明建设。乡村旅游与美丽乡村建设是一个互利互惠，互相影响的有机系统。

2. "双康"时代下休闲旅游需求提升

国内学者提出目前中国进入"双康"旅游时代的概念，即"小康+健康"。健康已成为现代人旅游活动的主要动机之一，现代人对健康的理解已不再停留在身体机能正常、体格健壮层面上，还包括情绪健康、精神健康以及社会健康等多方面的健康指标。城市的快节奏、高压力的生活方式，使城市客群"逃离"城市、回归自然、向往与城市生活迥异的"田园、乡村、生态"的需求指向性越发明显。伴随着新休闲时代的来临，乡村旅游休闲逐渐成为城市居民周末短途旅游、环城游憩的热点，成为国民最常态化的旅游休闲方式之一，客源市场对乡村旅游的需求越发强烈。

三、项目概况

1. 项目背景

本次规划项目位于八桥镇老镇区以南幸福村1组和2组的部分空间范围，位于长江之滨、夹江之畔，地处规划打造的扬中市南部新城近郊。

《扬中市南部新城总体规划（2013—2030）》将幸福村作为南部新特色农业游览区的重要乡村旅游项目进行培育和打造，要求幸福村提升乡村景观与休闲环境、引导乡居服务业态，发展乡村旅游业，并积极与夹江旅游风光进行有机整合，整体打造成南部新城乃至整个扬中市的特色乡村旅游点。

2. 现状条件分析

（1）乡土气息与氛围具一定原真性，但整体环境景观风貌有待提升

幸福村保留了较好的乡土风貌，但部分民居建筑破旧、部分小洋楼选材与色彩色调与乡村环境的协调性不足、庄内环境卫生有待提升、村庄四化工程有待推进。

（2）乡村旅游开发价值与潜力较高，但特色旅游产品体系有待构建

1-4.建筑风貌整治
5.幸福村旅游区总平面
6.功能分区
7.八桥镇旅游格局

较为原真性的乡村意境与氛围条件，使得幸福村作为乡村旅游的开发价值与潜力较高；但是幸福村现状为普通居住村落，尚未启动旅游开发，供游客参与体验的旅游产品，尤其是具有主题化、特色化、差异化的旅游产品体系有待构建，旅游吸引力有待培育。

（3）现有传统农业基础尚可，但产业引导不足缺乏特色

幸福村目前农业产业以传统的小麦、油菜、水稻等种植业为主，传统农业产业的规模和基础尚可，而整体产业经济效益相对较低产业缺乏特色，产业优势和竞争力不足。

（4）乡村基础设施亟需完善，且旅游公共服务设施有待配套

现状幸福村内的基础设施尚不完善，仅能基本满足乡村生产、生活的需求，无法满足乡村旅游开发的要求，亟需推进乡村旅游公共服务体系的构建。

（5）乡村旅游运营管理体制有待构建，且融合创新发展模式有待构建

幸福村发展乡村旅游的管理体制有待建立，支持乡村旅游发展的政策措施有待制定，并且幸福村产旅融合、村旅融合、产村融合的创新发展模式有待构建。

3. 总体定位

本次规划对幸福村的定位为：江苏省一流，镇江市首选的极具滨江风情、乡土意境、新村风尚且以乡村休闲、乡居生活体验为导向的旅游专业村。

幸福村作为八桥镇旅游产业发展与国民经济新业态培育的突破口，扬中市美丽乡村新品牌与乡村旅游提档升级的新引擎，未来打造为镇江市乡村旅游休闲的首选地，"旅游+美丽乡村"建设的新标杆，塑造江苏省一流的乡村旅游区及"整村带动、创新发展"的示范项目。

四、幸福村旅游规划策略

乡村旅游的重点在于打造乡居生活体验游，其特色旅游的打造要区别于传统的低端农家乐，结合地方农业生产、民俗文化、游客群需求，同时综合考虑周边旅游资源类型，减少同质化竞争，以创新的思路，依托旅游发展推动产业转型和地区建设。

1. "定魂"——乡土意境的空间体系构建

在幸福村地脉肌理的基础上，根据聚落、田园、水系等资源的分布条件，在深入研究核心客源市场需求导向及现有乡村旅游产品结构的基础上，确定幸福村乡村休闲与乡居生活体验的定位导向，营造乡土意境、融入乡奢品质、展现新村风尚气，塑造扬中乡村旅游品牌，错位于周边其他乡村旅游区。以此为要求，项目组对幸福村，进行深入规划研究，将幸福村确定为"一心一核四区"的功能布局，即：

一心：综合服务中心；

一核：乡居生活体验核；

四区：乡居生活体验区，乡愁记忆唤醒、魅力田园体验区和林果花木游赏区。

2. "亮肤"——完善基础设施，提升环境风貌

发展乡村旅游需要有较为完善的基础设施支撑，包括便利通达的道路交通条件，基本的卫生安全保障，良好的生态环境等等，以彰显幸福村乡土特色与美丽乡村品质。

（1）慢行主导的交通体系

在旅游规划中首先对其道路设施进行改造整治，结合标志和景观设置强化出入口节点；重点梳理内部道路，以现状水泥路骨架为基础，满足基本车辆通行为要求，形成一条串联整个地块的主干路，辅以曲折的内部园路和田间路。整个旅游区内以慢行交通为主，提供电瓶车、自行车为主要车行游览工具，倡导绿色出行、慢生活，让游客能更加近距离，放慢脚

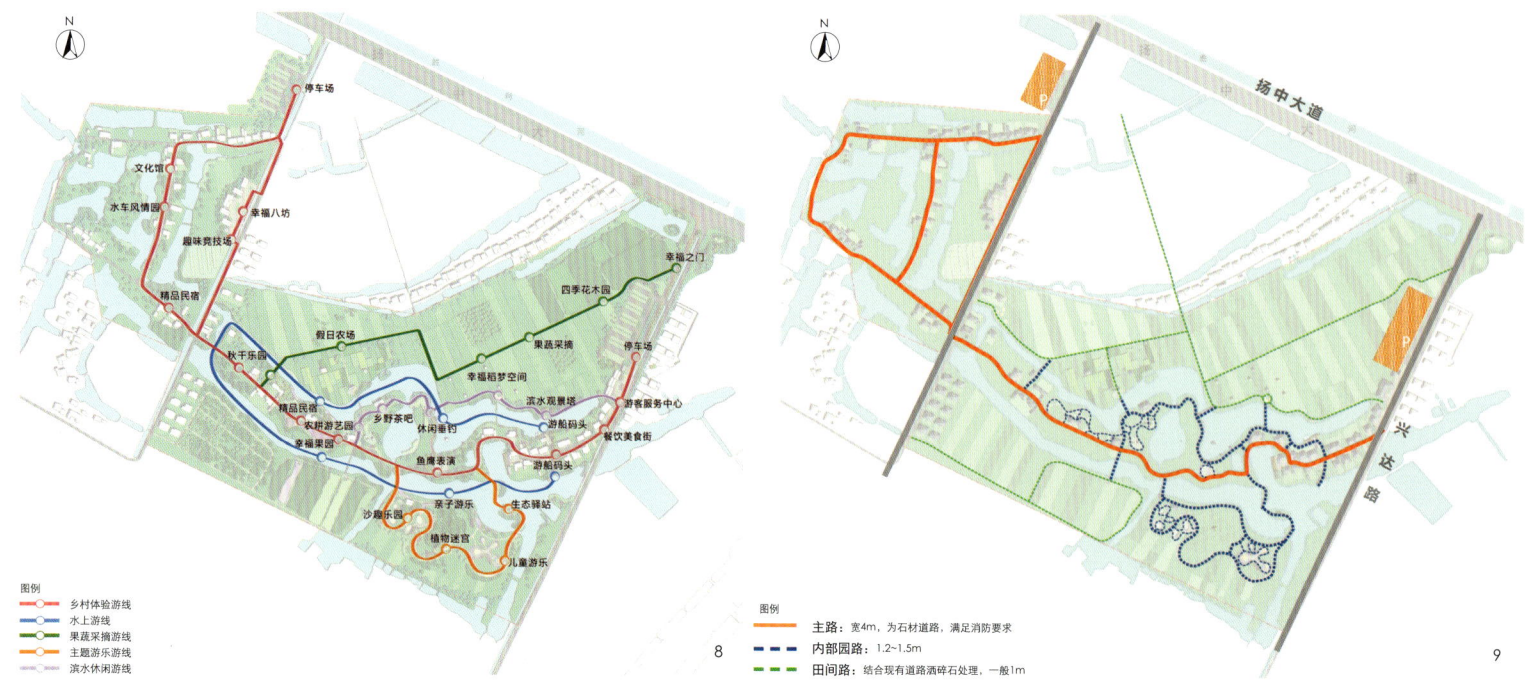

步体会田园风景和乡居生活。

（2）其他配套设施更新

旅游目的地受市场影响和驱动，要想在同类旅游目的地中脱颖而出，除了具备独一无二的特色外，应注重道路、环境设施的维护与建设，水利、电力、通讯等基础设施的投入，更加注重对农舍、地方特色建筑的维修更新，以此来满足乡村旅游参与者在吃、住、行、游、购、娱等多方面需求。同时对于旅游资源的维护与管理，村落整体景观环境的保护有利于乡村旅游的可持续发展。

3. "康身"——产旅一体，融合发展

（1）农业产业升级

"围绕乡居度假做业态、围绕乡村休闲做经营"，从游客需求与满意度着手，"村旅一体、产旅融合"，合理开发各类乡村休闲游产品，适度丰富休闲业态和特色旅游商品，引导农业产业景观化、体验化、休闲化，形成幸福村健康的商业造血功能，支持创效与可持续发展。

在这其中，农业产业资源是幸福村乡村旅游开发的基础，也是幸福村乡村景观的基底。因此，为促进乡村旅游开发，推动幸福村农业产业转型升级，以及促使农业产业的统筹、合理布局的考虑，本次设计在充分尊重幸福村农业产业布局现状的基础上，对产业发展方向进行优化引导，紧扣生态化、景观化原则、游客可参与原则、产业效益与特色原则，在现有传统粮、油、麦种植的基础上，拓展有机林果、四季花木、绿色果蔬等的种植。以丰富整体田园景观层次，形成以菜花、麦田、稻田景观为基底、以有机林果和绿色果蔬为拓展以四季花木、景观苗木种植为点缀的田园景观与产业格局，同时做好生态环境保护工作。实现"既要金山银山，也要留住绿水青山"的目标。

（2）产旅结合的项目策划

鉴于旅游市场需求的新变化，以及长三角旅游消费结构的"新常态"，乡村旅游发展也逐步呈现出新的特点：逐渐突破传统农家乐形式，向休闲、度假深度体验化发展，个性化休闲时代到来，乡村旅游产品进入创意化、精致化的发展新阶段。基于现状研究，幸福村自身的自然旅游资源优势在区域水乡旅游目的地竞争中并不占突出，结合客源市场需求分析，本次项目旨在利用其自身环境条件，开发吸引游客停驻的旅游项目来打造幸福村的品牌特色。

幸福村的核心旅游资源要素为乡土意境、水景丰盈、淳朴民风、静谧环境、悠慢生活。而针对的游客群体特征：都市人、快节奏高压力、休闲放松的需求、对田园乡村向往、期盼回归自然、环城休憩常态化、享受慢生活。围绕两者，确定了主题旅游项目将以体验真实的田园生产活动，享受慢节奏的乡村生活，据此旅游主题活动可分类为：

①以建筑为主体展开的旅游项目：餐饮、茶社、民宿、幸福八坊等。

②以农业基础为主体展开的旅游项目：假日农场、果蔬采摘、乡野茶吧、幸福果园等。

③以园艺为主体展开的旅游项目：农耕游艺园、幸福稻梦空间、幸福植物迷宫、秋千乐园等。

④以特色表演为主体展开的旅游项目：鱼鹰表演等。

⑤以水上游乐为主体的旅游项目：休闲垂钓、水车风情园、儿童水上活动、幸福画舫等。

同时针对不同的人群以及旅游产品性质，打造五条主题游线：

（1）乡村体验游线：游客服务中心—餐饮美食街—鱼鹰表演—农耕游艺园—民宿—秋千乐园—水车风情园—文化馆—幸福八坊—趣味竞技场；

（2）水上游线：游船码头—休闲垂钓—鱼鹰表演—民宿—幸福果园—亲子游乐；

（3）果蔬采摘游线：假日农场—幸福稻梦空间—果蔬采摘—四季花木园；

（4）主题游乐游线：沙趣乐园—植物迷宫—儿童游乐—生态驿站；

（5）滨水休闲游线：滨水观景塔—幸福稻梦空间—休闲垂钓—乡野茶吧—农耕游艺园。

将旅游活动与农业生产，商贸服务，创业等相融合，改变原有单一的以农业生产生活为中心的乡村面貌，有利于促进当地业态丰富化和产业升级转型。

4. "新生"——创新联动、科学运营

在项目运营方面，采取"参与式"旅游开发，

一改传统式政府、企业主导下的被动开发模式。让村民以社区为单位，参与旅游开发进程中，可以增加农民的直接收益，防止开发中的"返贫"现象。农产品直接面对消费者，减少了流通环节，增加了附加值，也给予旅游者更加真实的乡村生活体验。

融合"互联网+"的理念，将"智慧服务"理念运用于幸福村乡村旅游开发，以信息资源数据库为基础，以物联网、云计算、新一代通信网络、高性能信息处理、智能数据挖掘等技术为支撑，以城市客群旅游需求和幸福村产品特色为基础，加大信息资源开发利用力度，打造符合幸福村智慧乡村旅游服务产品。如建立幸福村旅游专题网站，旅游咨询微平台，实现WiFi覆盖，对于扩大旅游产品影响力有极强的推动力。

表1 参与式旅游与传统旅游的比较

项目	参与式乡村旅游	传统旅游
开发主体	社区、村民、政府	旅游企业
利益主体	社区、村民、游客	旅游企业、游客
关注效益	长远利益、经济社会、环境、文化效益	近期利益，经济效益
	真实的乡村体验	商业化、人工化
游客体验	真实的乡村体验	商业化、人工化
带动效应	示范性强、参与积极、带动快	示范性强，带动慢、参与难度大
农产品转化	环节少、农民直接受益	环节少，农民受益受旅游企业影响
总体评价	实现农村经济可持续发展和转型升级	企业增收，乡村环境资源退化

五、结语

乡村旅游作为旅游业的一个新领域在新一轮美丽乡村建设中显示出了强有力的推动力。一方面通过发展乡村旅游，使得乡村的硬件设施，村容村貌得到了改善，符合美丽乡村的建设标准。另一方面也推动农民主动投身于美丽乡村建设，提升了积极性，提高了村民的素质，使乡村的内涵也得到了提升。旅游开发，让乡村特色的文化物质遗产得到了保护和传承，也使得乡村公共服务更加标准化、人性化、精致化，有助于缩小城乡差距，实现统筹发展，逐步实现美丽乡村的"富民利民"内涵。

参考文献

[1] 严华清. 建设"美丽乡村"带动"乡村旅游"研究[J]. 教育：文摘版：00284-00284.

[2] 张玉钧，李露. 美丽乡村建设与乡村旅游发展的关系[J]. 旅游研究，2016，8（1）：4-5.

[3] 丛培德，张宪旺. 建设"美丽乡村"带动"乡村旅游"[J]. 中国财政，2014（6）：50-51.

[4] 李玲. 乡村旅游背景下南京美丽乡村建设的探讨[J]. 太原城市职业技术学院学报，2013（12）：8-10.

[5] 郭旭，陈健. 大都市乡村旅游开发的现状与对策：以南京为例[J]. 南京社会科学，2009（11）：151-155.

[6] 马勇，周霄. WTO与中国旅游产业发展新论[M]. 北京：科学出版社，2003. 21-23.

[7] 沈启旺. 美丽乡村建设背景下芜湖县乡村旅游发展探讨[J]. 衡水学院学报，2013（15）：122-125.

作者简介

姚恭平，上海经纬建筑规划设计研究院股份有限公司，国家注册规划师，高级城市规划师；

胡昕，上海经纬建筑规划设计研究院股份有限公司，高级景观工程师；

杨梦凡，上海经纬建筑规划设计研究院股份有限公司，助理城市规划师。

8. 主题旅游路线规划
9. 道路系统分析
10. 渔猎部落效果图

乡村环境保护
Environmental Protection of Rural Areas

历史村落改造背景下苏北古村镇规划设计
——以邳州土山古村镇规划为例

Planning and Design of Ancient Villages in North Jiangsu Under the Background of Historical Village Reconstruction
—A Case Study of Ancient Town Planning in Tushan County, Pizhou City

任佳前 张小娟 相 冬 吴 凡
Ren Jiaqian Zhang Xiaojuan Xiang Dong Wu Fan

[摘　要] 在快速城市化背景下，中央城镇化会议提出历史文化村镇规划要"记得住乡愁"，建设有历史记忆、地域特色、民族特点的美丽城镇。规划项目位于邳州市土山古镇，通过前期的项目业态，活动空间，建筑院落，水系环境等方面的调研分析，提出了古镇历史传统风貌保护、生态文明、促进旅游与地区发展的四大目标。在项目的规划策略上，提出了四大策略，分别是文化整合策略，保护与创新策略，生态策略——海绵城镇理念，社会策略——提倡村民自组织的渐进式模式。同时对于历史村镇保护对象，提出了具体保护措施和方法，对于重点片区和建筑进行保护性开发，同时组织相应的旅游与文化活动，从而促进当地文化、经济、社会可持续健康发展，实现古村镇的振兴。

[关键词] 保护；历史古村镇；生态；旅游；振兴发展

[Abstract] In the context of rapid urbanization, the Central Urbanization Conference proposed the planning of historical and cultural towns and villages to "remember the nostalgia", the construction of historical memory, regional characteristics, national characteristics of the beautiful town. The planning project is located in the ancient town of Tushan, Pizhou City. Through the investigation and analysis of project forms, activity space, building courtyards and water environment, the paper puts forward the four goals of historical and traditional style protection, ecological civilization, tourism promotion and regional development. In the planning strategy of the project, four strategies are put forward, namely cultural integration strategy, protection and innovation strategy, ecological strategy - sponge town idea, social strategy - to promote villagers self-organization gradual model. At the same time for the protection of historical villages and towns, put forward specific protective measures and methods for the protection of key areas and the development of buildings, and organize the appropriate tourism and cultural activities, so as to promote local cultural, economic and social sustainable and healthy development, of the revitalization.

[Keywords] Protection, Historical Ancient Villages; Ecology; Tourism; Revitalization and Development

[文章编号] 2017-76-P-096

1.规划总平面

一、引言

随着城市化进程的加快，振兴当地经济与旅游业发展，历史村镇的改造一直在如火如荼的进行着。在2013年12月举行的中央城镇化工作会议提出"记得住乡愁"，将"要传承文化，发展有历史记忆、地域特色、民族特点的美丽城镇""要融入现代元素，更要保护和弘扬传统优秀文化，延续城市历史文脉"纳入了城镇化的重要内容。同时，2013年徐州市政府对小城镇发展问题高度重视，相继出台《关于加快推进城镇化发展的意见》，打造"1530"城镇体系，出台了《关于推进中心镇提档升级加快培养小城市的意见》，提出对中心镇和特色镇考核体系指标，通过规模、人口、经济产业以及配套等，加快推动小城镇建设。具有悠久历史的土山古村镇作为徐州市十大特色小城镇之一，正迎来前所未有的机遇。

然而随着城镇化进程的加速，富裕起来的村镇居民对住房进行大规模的改建，村落的新建筑不断代替原有的历史建筑，古镇的历史文化遗存越来越少。为了方便建设，人工随意填埋，使现存地表水体越来越少，甚至还存在着生活污水随意排放的问题，使古镇的历史风貌和自然环境都受到越来越严重的影响。土山镇是拥有2 000多年历史的古镇，如何保护与开发建设，是城镇建设的重点问题。

二、项目概况

邳州市土山镇与大运河关系密切，历史上曾经一度繁荣辉煌，布庄、药房、大宅林立，同时地处徐州市各个区县的地理中心位置，周边交通较便利，土山镇周边历史文化资源丰富，位于大运河支流房亭河南岸，周边山水资源丰富，是徐州正东区位得天独厚的历史文化古村镇。处于徐州楚汉文化，红色文化，运河文化，明清古镇文化，关帝忠义文化的文化交汇集合处，拥有丰富的历史内涵与价值。

三、项目挑战

（1）历史建筑未全得到有效修复，历史资源点分散，特色不鲜明

土山古镇历史悠久，具有丰富的关帝文化、红色文化、集市文化和市井文化等，由于部分物质载体

的消失，加上历史文化资源分散，传统特色风貌不连续，缺少统一规划和整合，总体给人感觉特色不突出，不能留下深刻印象。

现土山古镇有五处文物保护单位，十余处历史建筑，历史建筑多数由于年代久远，已不能正常使用，或废弃，甚至濒临坍塌的边缘，亟待修复。

（2）游客较少，商业不景气，古镇核心区缺乏活力

据统计，目前土山古镇核心景区关帝庙的年游客量约为十万人次，相比较而言数量偏少，随着古镇商业、文化、经济与生活中心的功能逐渐外迁，直接导致居民外迁，古镇核心区存在老年化与弱势化的现象，面临逐渐空置化的问题。以上原因等，综合导致了古镇核心区活力的丧失。

（3）公共设施、旅游服务设施还不完善，道路不成系统

古镇核心区内生活设施落后，缺少必要的基础设施，狭窄的街巷系统给现代化生活基础设施的改造带来困难，加速了古镇核心区整体功能的衰退。旅游配套设施跟不上，如旅游餐饮、住宿档次低、条件差，甚至没有干净的厕所，景区内缺乏完善的导游服务系统。

（4）水网不成体系，水体受污染，有待恢复

古镇现状水系存在水量减少，河流水网遭破坏，河道填埋阻塞，分散坑塘广布，区域汇水能力下降等问题。同时由于核心区基础市政设施的不完善，污水未经过处理就直接排放到附近的水体，造成了部分古圩河受到污染。

（5）社会经济劣势

邳州地区在江苏全省范围内经济综合产值较苏

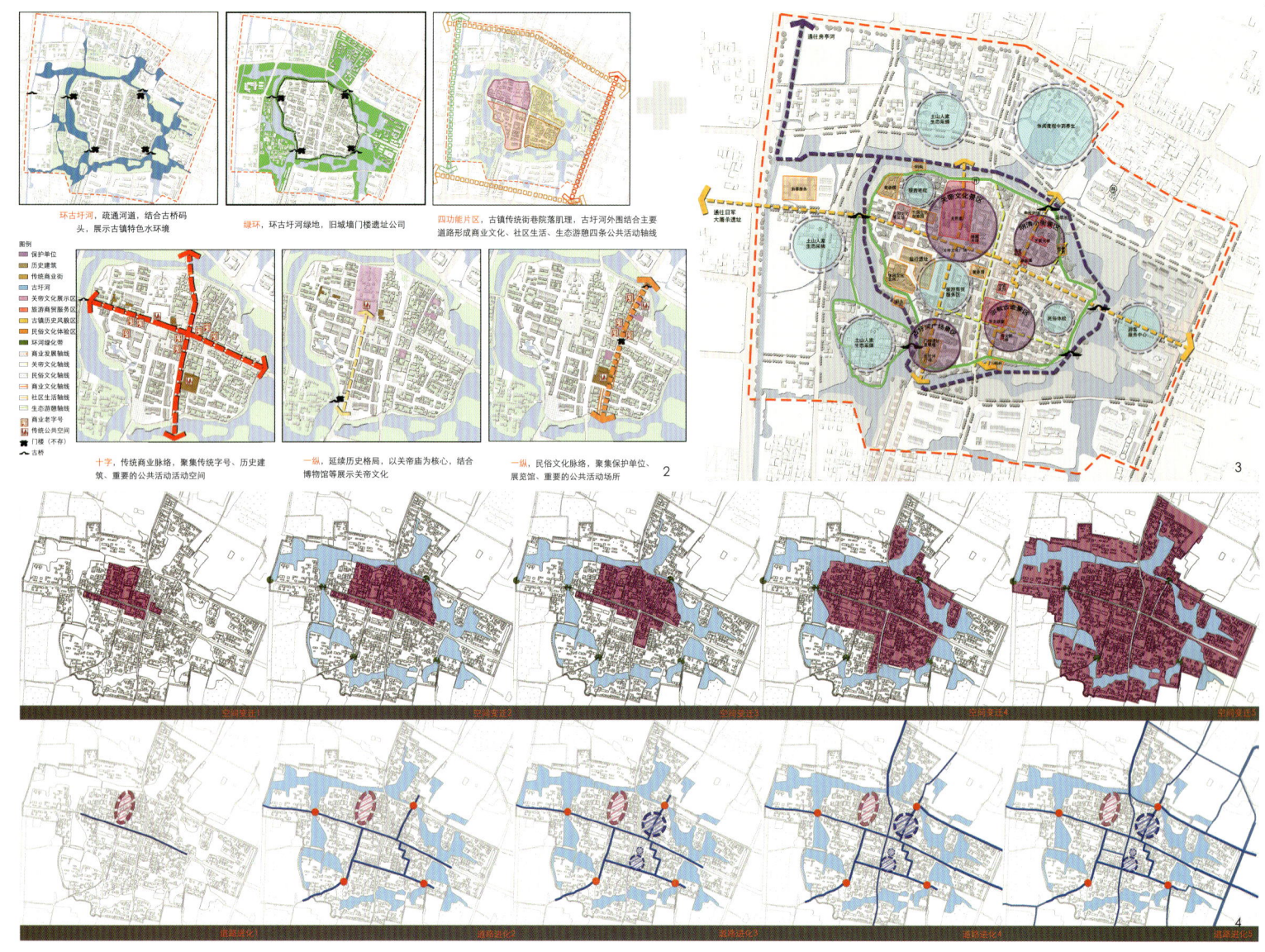

2.功能结构图
3.旅游路线规划图
4.土山镇空间形态演变与分析图
5-7.关帝庙景区规划图

南地区相对落后，土山经济发展缓慢。在地区社会经济较落后的大背景下，地方财政无法给古镇开发提供宽裕的资金投入，给古镇的开发带来了困难。

四、规划目标与结构

1. 规划目标

土山的历史文化特色正在迅速消亡，作为徐州十大特色小城镇之一，面对"运河申遗"所带来的新机遇以及"留得住乡愁"的新要求，规划应对着古镇历史传统风貌保护、生态文明、促进旅游与地区发展的四大目标。土山古镇的发展口号：大运河畔，忠义古镇，魅力土山，创新服务。

（1）古镇保护

考评历史文化遗产，发现历史文化价值，对历史文化遗产实施保护，提出与古镇发展相辅相成的新措施与新方法。

（2）生态文明

体现生态文明内涵，实现当地居民生活、自然水环境系统、古镇特色要素、人文历史积淀、产业发展等和谐统一可持续发展，采用城市设计的方法对古镇空间秩序进行合理引导。

（3）促进旅游

依托土山关帝庙、红色文化和明清小街为核心，古镇旅游文化产业格局基础上，以古圩河水环境为媒，将古镇的核心老镇区、周边土山人家游、生态采摘、休闲度假、水上观光、古村落游及其他运河古镇相联系，丰富旅游内容，扩展旅游范围，体验地域文化特色，宣传土山形象。

（4）地区发展

改变地区生活环境落后状况，提升地区物质空间环境品质，提升路网、基础设施、投资环境与公共生活环境品质。在保护创新的前提下，通过全面环境改善带动地区功能的复兴。

2. 规划结构

规划结构由保护规划、系统规划、项目规划三个层次组成，规划成果分为六大部分：

（1）古镇总体发展策略研究

充分分析土山古镇的历史文化内涵,确定土山古镇在整个地域与运河系统中的保护与发展目标定位,历史文化保护目标、环境与功能建设目标。

（2）古镇历史文化保护

确定历史文化遗存保护内容,明确保护价值,制定相关措施、方法与技术路线,对古镇的历史遗存进行有效保护,在保护的基础上,进行合量利用。

（3）古镇系统改善与环境整治

对古镇内各片区的功能结构进行调整与编制用地规划,道路交通与基础设计规划,公共空间与公共环境设施规划,水网疏通与整治等,对古镇整体环境有序发展提供指引与控制。

（4）古镇旅游发展规划

以古镇核心区丰富的历史资源为基础,整合周边地方旅游项目特色和水系环境,在保护历史尊重历史的基础之上,对古镇的旅游市场进行充分的分析与恰当的定位,合理的开展旅游业,以旅游促进保护与发展。

（5）重点地段保护与发展规划

收集详实的历史资料,评价土山古镇历史文化价值并对主要遗产进行梳理,对重要景点进行环境整治与历史氛围重塑,甚至对已消失历史遗存进行意向性恢复,从文化景观的适应、传承、创新等方面探讨历史文化遗存保护和更新相结合的发展模式。

（6）核心区非历史建筑的居民新建住宅规划导则

避免大拆大建的不理性开发,规划以宅基地为建设单位,编制了居民新建住宅规划则。即通过规划引导,政府和地方投资奖励,村民配合建设,最终形成功能多样复合的现代和历史融合的新古镇,同样也有利于维护古镇社会稳定和淳朴的社会民风。

五、规划策略

1. 文化整合策略

古镇旅游的本质在于其文化性。古镇的旅游开发是一项综合性的工作,古镇不仅仅具有较高的旅游价值,更是历史的载体,文明的载体,是我们宝贵的文化遗产。因此,在旅游开发的过程中首先应该考虑古镇的保护工作,杜绝盲目的开发,要着眼长远,保护古镇文化,才能使旅游业可持续发展。

2. 保护与创新策略

古镇保护与创新策略即在保护的前提下创新发展古镇,在创新发展的背景下深化保护。保护策略,保护历史文化遗存原先的、本来的、真实的历史原物,保护它所遗存的全部信息。保护方法注重整体化,保护内容注重多样化。

（1）延续古镇历史空间格局

①恢复具有标志性历史建构筑物、格局

在维系传统街区风貌、保护原真性遗产不受破坏的基础上,规划建议恢复具有标志性的历史建构筑物、空间格局,为地区旅游发展建立基础。

②延续街巷肌理与院落关系

院落民居是组成古镇的细胞,街巷是联系居住与古镇环境的过渡空间,由街、巷有机组合划分宅院的组合地段,院落构成单体居住空间,构建了由街、巷、宅院组成的古镇空间序列。

③以宅基地为单位的空间整治和规划

新建院落在原院落宅基地旧址或拼接组合的基

维护结构。改造立面及门窗细部以展现传统风貌。屋顶进行整治

维护结构。改造立面及门窗细部以展现传统风貌。屋顶进行整治

维护结构。改造立面及门窗细部以展现传统风貌。屋顶进行整治

拆除重建，进行不改变外观，维护结构。改造立面及门窗细部征得保护性恢复，以展现传统风貌。屋顶进行整治

街道名称　关公中路关公西路

区位图

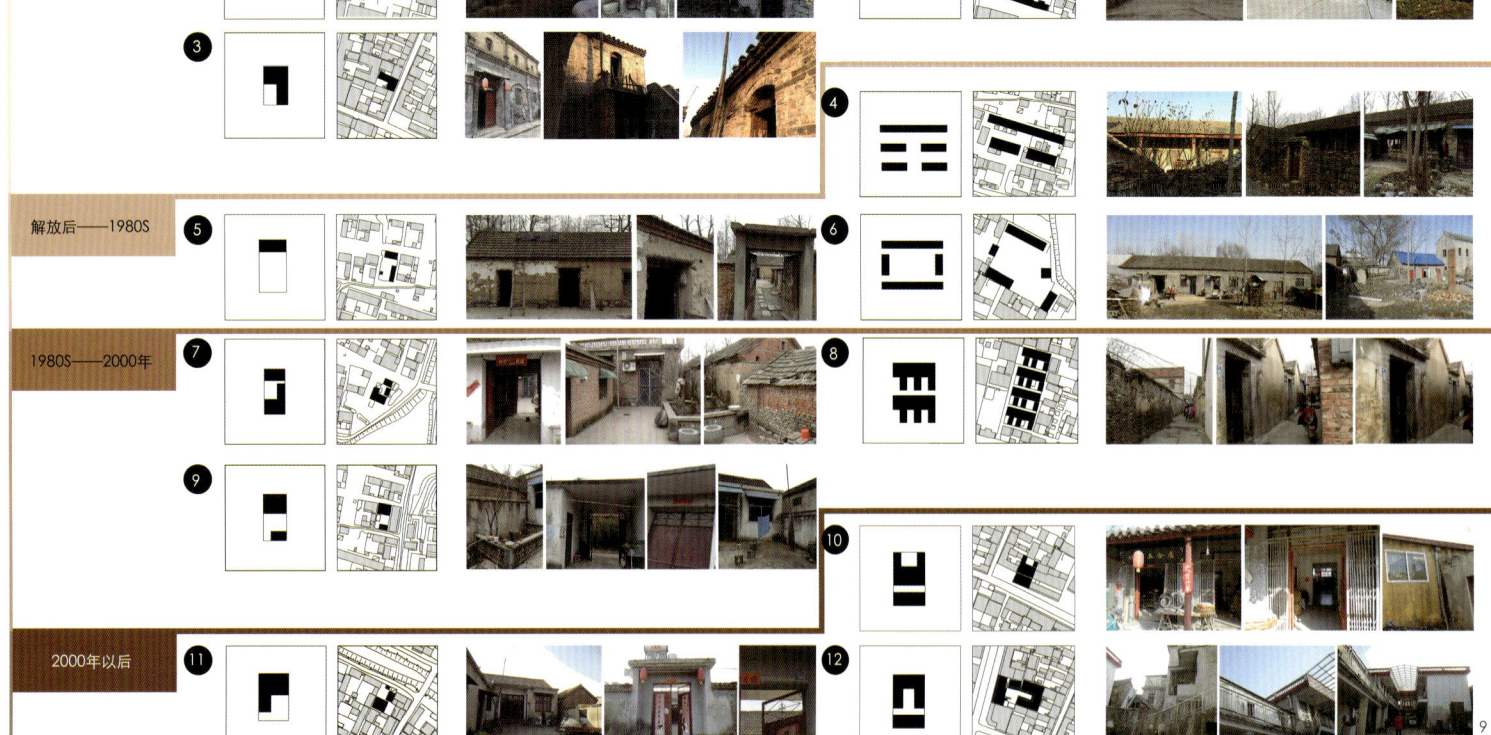

解放前

解放后——1980S

1980S——2000年

2000年以后

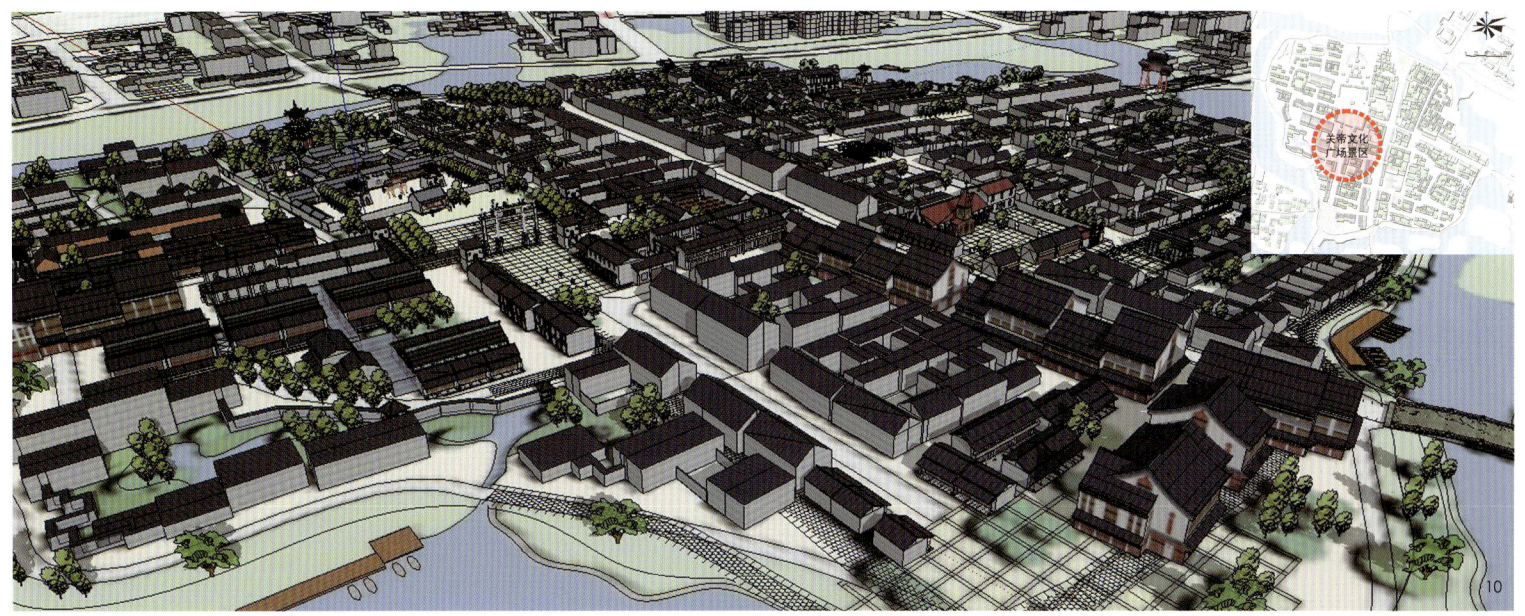

8.沿街立面改造图
9.院落年代及类型分析
10-12.土山古镇总体规划效果图

础上形成，顺应院落的生长趋势，既延续了传统街巷肌理，同时在一定程度上也便于居民的自建、自组织原则。

（2）还原历史风貌同商业价值的开发相结合，由生活商业向文化商业转化

①模式一，沿主要街道、巷道，基于其商业及旅游的基本功能，建筑呈单排布置，沿街界面多为一进，7~12m不等，2~3层。

②模式二，建筑形式采用合院式，临街面作为商铺，内进院落作为生活居住之用，建议保留商铺及住宅采用此类形式。

③模式三，建筑遵循原场地肌理，以合院形式为主，空间特色明显，合院型街道把消费行为更多地引入到了院落内部，可形成独特的商业氛围，创造多层次的空间关系。

（3）延续古镇的生活性

因为古镇的本质在于其文化性，建议在保留主要街道两侧商业建筑时，结合具体情况，其生活院落也可以保留，即延续了传统的"前商后院"格局，也留住了部分原住民。

3. 生态策略——海绵城镇理念

海绵城镇指的是城市像海绵一样，遇到有降雨时能够就地或者就近"吸收、存蓄、渗透、净化"径流雨水，补充地下水、调节水循环，在干旱缺水时有条件将蓄存的水"释放"出来并加以利用，从而让水在城镇中的迁移活动更加"自然"。

历史城镇是自然生态和传统文化共同作用的结晶。鉴于土山古镇丰富的水环境，虽然水网格局目前已萎缩、不成系统，但仍然具有较好的发展海绵城镇的基础和前景，海绵城镇遵循的是顺应自然、与自然和谐共处的低影响发展模式，这也是历史古镇文化生态内涵之所在。

4. 社会策略——提倡村民自组织的渐进式模式

为了避免古镇更新发展存在的无序竞争和开发，历史真实性日益肢解，文化传承渐趋断层的问题，规划尝试从自组织理论的角度，提出古镇保护与更新提出相应的新的原则和策略。

大多数居民住宅都是自下而上建设的，因此具有自组织系统的特点。

（1）改善村庄的卫生居住环境，完善基础服务设施。

（2）在规划引导下进行部分居民住宅环境的更新，可以有效的引导周边民居的建设样式，引导古镇生态环境风貌等的改善，促进有序的发展。

（3）居民是村镇建设更新的主体，相关部门通过对居民的思想上的提升，视野的开阔，审美的培养等，使居民的建设思维和思考方式从根本上得到改变，逐渐使得古镇的建设呈现更多活力。

六、历史村镇保护对象及具体措施

1. 规划保护对象

土山古镇规划保护对象主要包括历史遗存、格局特色和非物质文化遗产。

（1）历史遗存

101

①各级文物保护单位和历史建筑、建议历史建筑、传统风貌建筑等传统建构筑物。

②各种历史环境要素，如反映古镇历史风貌、构成古镇特征的要素如亭、古桥、井泉沟渠、古树名木以及传统产业遗存、历史上建造的用于生产、防御的特殊设施等。

（2）格局特色

①维护古镇原有的良好的空间格局，保持街巷体系完整，整体风貌统一协调，格局体系中无突出不协调建、构筑物；建筑、街道的规模、尺度、体量与周边环境及镇区整体相和谐。

②古镇的建设尊重自然环境，充分利用自然地形地貌，尽量避免对自然环境的破坏。

③规划古镇整体格局应与周边环境和谐共生，尤其是与古圩河、水环境浑然一体。

（3）非物质文化遗产

古镇是历史的见证，是实实在在的历史存在，也是我们现代人认识和了解历史的鲜活载体。深厚的文化底蕴是古镇保护的核心内容。非物质形态文化也是古镇文化的有机组成部分，它们一起构成了古镇的历史环境与文化韵味。土山古镇非物质文化遗产包括书庆习俗、民间艺术、传统商业、名店小吃和历史传说革命故事等。

2. 重要保护对象的保护与利用

（1）环境要素

①整体风貌

最大限度地保护原有河流、湿地、坑塘、沟渠、林地等生态体系，维持古镇的历史自然水文特征。对已经受到破坏的古镇绿地、水体、湿地等综合运用物理、生物和生态等的技术手段使其水文循环特征和生态功能逐步得以恢复和修复。在古镇建设过程中合理控制开发强度以减少对原有水生态环境的破坏。适当开挖疏通河湖沟渠，增加水域面积。

②空间格局与街巷肌理

保护与恢复古圩河环绕古镇的整体空间格局，保护古镇空间群落特色以及土山内部的街巷肌理。

③其他环境要素

保护与修复水系、桥梁、码头、门楼、树木植被等有历史价值的物质文化遗存。在古镇的建设中，尽可能利用地方建筑的传统与特色符号。

（2）文物保护单位

古镇核心区范围内有各级文物保护单位5处，其中省级文物保护单位1处，市级文物保护单位4处。文物保护单位的保护执行《中华人民共和国文物保护法》，其保护范围和建设控制地带依照相关法律条文进行保护。

（3）历史建筑

保护与修复重点历史建筑、质量较好的清代与民国历史建筑以及具有代表性的当代建筑。具体保护措施如下：

①保护历史建筑的立面、结构体系和建筑高度、典型装饰风格与建造材料以及其他体现本地区历史文化特征的建筑元素；

②历史建筑不允许大规模的成片拆除，也不宜拆除后按所谓的原样复建，应根据其历史文化价值和完好程度进行针对性的修缮、修复；

表1　　　　　　　　　　　　　　　　参与式旅游与传统旅游的比较

文化内容	文化内涵	整饬完善原文化景点	新增文化景点	非物质文化遗产代入
关帝文化	《三国演义》第25回"屯土山关羽约三事"一章中，关公困土山，张辽劝降，即土山镇的关帝信仰的由来	关帝庙、三国文化博物馆（老县镇）、三国文化手工创意园（文革大院）	关帝文化广场、文化廊、观戏亭、牌坊	苔干传说、关帝传说、柳琴戏、土山庙会等
集市文化	土山镇历史悠久，明清两代就已经成为繁华的集镇。庙会也是集市的特殊形式	老字号酱香园、江宁东西五柳中药店、山西宝泉涌、裕德池	三行遗址、农耕式绿化、老字号"隆兴"茶食店、江西"姚万和"中药店、古圩码头	传统老字号、土山集市等
红色文化	许多革命前辈和先烈们用他们的鲜血和含税，在邳州地区的革命斗争史上谱写了一章可歌可泣的光辉历史	邳县青年救国义勇队成立处、浴德池、魏家布庄、王家大楼、娄梦侠烈士墓、日军大屠杀遗址	红色旋律广场、革命故事壁照、革命烈士雕塑	革命先烈宋绮云、娄培儒、沈庆霖烈士故事等
运河文化与水环境	独特的水环境及与周边水网水系、更大范围运河流域的联系，影响着古镇的格局与发展	青石桥、古圩河、古圩河生态环境	古圩河广场、沿古圩河景观绿化码头、水廊、水亭等	古圩河来历、运河传说
古镇历史（历史建筑、格局、当地名人文化）	四山五庙五门前，九桥十井两河堂；关约三事亭七迹，三楼四殿两厢房；两街两巷并两坊，三产三行四店庄	明清小街、沈家大院、进士及第、姚家大楼、古井、古树、天下水杉第一路	传统街巷院落肌理、门楼遗址景观墙、肌理模式绿化、银杏宅院	苔干、刘井粉丝、农民画、民间剪纸、纸塑狮子头等
市井文化	丰富开放的公共生活，繁荣的商贸活动，发达的宗教活动	传统老字号、天主教堂、浴德池	教堂广场洗浴中心	历史传说、传统公共生活体验

表2　　　　　　　　　　　　　　　　土山古镇保护对象表

物质文化遗产	环境要素	整体风貌	由房亭河、古圩河及周边水系和古镇所形成的格局关系；古镇的整体形态
		街巷格局	明清小街、关公中路、关公西路的传统商业街格局；整体街巷空间尺度宜人，具有一定的连续性，较完整地保持了清、民时期的街巷空间格局
		其他环境要素	传统建筑屋面、墙面、古树、古井、桥等历史要素
	文保单位		升级文保单位1处，土山关帝庙；市级文保单位4处
	历史建筑		历史建筑10处：申氏药铺、宝泉池、东五柳药店、老县政府、天主教堂、姚家大楼、酱园店、姚万和药店、进士门第、李家颜料店
	传统建筑		沿明清小街、关公西路、关公中路、古镇路分布的一系列传统建筑，并能代表一定地方特色的近代与当代建筑及构筑物，如文革公社等
非物质文化遗产	节庆习俗		关帝庙会、集市、办年等民风习俗
	民间艺术		柳琴戏、瞎腔、邳州农民画、剪纸
	传统商业		土山锅饼、宝泉涌、酱园店、万香村布庄；明清小街、关公西路两侧历史上有的众多老字号。
	名店小吃		苔干、刘井粉丝等
	历史传说革命故事		关帝传说，革命先烈宋绮云、娄培儒烈士故事等

③文革公社等重要的当代建筑对内部功能进行改造，立面允许调整，但是整体风格不允许改变。

3. 建筑遗产的保护方式

（1）保护

保持历史原状，以求如实反映历史遗存，主要针对规划范围内的文物保护点，其外观除了修缮复原外，不得作任何改造。如关帝庙、王家大院、沈家大院等。对此类建筑，在遵守文保单位保护要求的基础上，依据相应的专业规范对建筑的破损部分进行高标准的整修，包括日常保养、防护加固、现状修整、重点修复等。

（2）修缮

指对有一定保存价值，传统风貌较好，但建筑质量较差的历史建筑，可进行外部修缮复原、内部局部修缮改造以提高质量。如老县政府、姚家大楼等。对此类建筑保持原物不动，不得翻建，对受损坏的历史建筑部分和历史环境要素进行不改变外观特征的加固和保护性复原活动。

（3）保留

对一些建筑质量尚可，其风貌与整体环境风貌影响较小，且短时间内不能解决的非历史建筑予以保留，不作改造。规划范围内的大部分民居属于此类型，未来经济条件允许时，居民需按照院落建筑规划导则再建，政府给予一定的补助。

（4）整饬

对一些位于古镇重要景观节点的非历史建筑，其建筑质量尚可，但与传统风貌不协调，又难以在近期内拆除的建筑予以保留，应延续地方传统建筑特色，对其外观进行整治改造，使其与传统风貌相协调。包括平改坡、降低层数、立面改造等。根据具体项目实施情况，也可采取拆除改造。

（5）重建

对无保留价值、与传统风貌不协调的、或影响道路交通疏散组织的危旧建筑，予以拆除并重新规划设计，或者开辟为绿地广场等，使之适应新的功能与用途，新建筑的体量与风貌应与周边环境相融合。如目前已坍塌的非历史建筑。

七、结语

本项目研究以历史文化村镇——邳州土山镇为研究对象，探讨苏北古村镇保护与发展的规划策略与保护方式，通过实际项目的调研、分析、论证与策略设计，对古村镇发展提出有针对性的指引性导则。规划项目在保护的基础上，进行思路创新与策略创新，为未来古村镇保护规划提供了新的参考与借鉴。

作者简介

任佳前，东南大学建筑学院，博士研究生；

张小娟，东南大学建筑学院，博士研究生；

相 冬，陕西省城乡规划设计研究院城市发展研究中心，规划师；

吴 凡，中国矿业大学，硕士研究生。

13.天主教堂景区规划图

国家级历史文化名镇的前世今生
——以黑龙江省海林市横道河子镇规划与建设为例

National Historic and Cultural Town's Past and Present
—Take Planning and Construction of Hengdaohezi Town in Hailin City, Heilongjiang Province as an Example

赵研妍　赵志庆　王清恋
Zhao Yanyan　Zhao Zhiqing　Wang Qinglian

[摘　要]　小城镇在国民经济和社会发展中的地位和作用已引起学界和公众极大的关注和重视。研究、建设、完善、发展特色小城镇在各地已呈现出一种持续升温的态势。全国重点历史文化名镇作为小城镇中较为特殊的个体，其规划建设的难点、重点和路径成为特色小城镇的相关研究中的重要的部分。文章以黑龙江省海林市横道河子镇规划建设为例，从文化传承、产业发展、旅游开发、环境改善四个方面探讨历史文化名镇的规划实施思路，并对其文化遗产的保护、旅游产业的发展、生态城镇的建设以及市政基础设施的改善与建设实践进行分析，以期为相关小城镇的发展规划与建设提供借鉴。

[关键词]　历史文化名镇；特色小城镇；规划实施；横道河子镇

[Abstract]　Small towns in the position and role of the national economy and social development has aroused the concern of the community and the public and attention. Research, construction and perfect, developing characteristic small towns across the country has emerged as a growing trend. The national famous historical and cultural towns focus as a relatively special individuals in small towns, the difficulties of the planning and construction, key and the path is a very important part in the researches of the characteristics of small cities and towns. Based on the heilongjiang hailin cross river town planning and construction as an example, from the cultural heritage, industry development, tourism development and environmental improvement four aspects discusses the historical and cultural town planning and implementation of train of thought, and the protection of its cultural heritage, the development of the tourism industry, the improvement of the ecological urban construction and municipal infrastructure and construction practice is analyzed, in order to provide reference for related the development of small town planning and construction.

[Keywords]　Historical and Cultural Town; Characteristic Small Town; Plan Implementation; Hengdaohezi Town

[文章编号]　2017-76-P-104

基金项目名称：黑龙江省自然科学基金项目（项目编号E201312）

1.横道河子镇整体风貌
2.俄罗斯老街概念设计平面图

目前，历史文化名镇的发展建设面临着诸多问题：文化遗产保护与再利用的矛盾问题；历史空间格局与新功能置入的制约问题；城镇经济活力及人文活力的复兴问题；生活环境及基础设施的改善问题。因此，如何保护和利用城镇文化遗产、重构和优化城镇空间聚落形态、承载人口生存和产业发展、加强基础设施建设解决民生难题、强化生态建设和特色发展成为历史文化名镇实现全面发展的建设重点。

一、规划背景

1. 历史背景

海林市横道河子镇位于黑龙江省东南部，是我国第三批历史文化名镇。曾经是中东铁路沿线重要的二等站，小镇由于中东铁路的修建使小镇得以发展和繁荣。历经百年，小镇至今仍完好保存着中东铁路时期修建的历史建筑百余栋，是中东铁路沿线现存历史遗迹最多、保存最完整、最具特色的一个小镇。如今镇内遗留的全国重点文物保护单位5处、市级文物保护单位19处、保护建筑及历史民居100余处。因此，小镇的深厚历史文化资源具有很高的学术价值、社会价值及利用价值。

2. 特色资源

横道河子镇不仅有具有浓郁俄罗斯风情的中东铁路建筑群，还有着丰富的自然、生态、特色旅游资源。小镇良好的生态环境构成了其得天独厚的资源优势、具有特色的山景、水景、地景。小镇的"雪、虎、山、水、情"旅游资源特色突出。具有中东铁路历史文化、红色抗联文化、俄式风情文化、绿色生态文化和东北虎文化等6大特色文化旅游资源。

3. 面临需求

横道河子镇的特色资源是促进小镇健康发展的优势，但是在资源的背后却缺少发展助力，小镇的发展建设面临诸多困境。首先，历史建筑和传统空间保护不利，小镇整体历史环境没有得到良好的修缮和开发，历史风貌被湮没。其次，小镇人口流失问题严重，人口老龄化使得小镇缺乏活力。再次，产业结构不合理，小镇工业整体经济实力偏弱，主导产业面临挑战，旅游业对经济推动力较弱。最后，基础设施水平不高，居民生活环境质量亟待改善。

二、规划思路

横道河子镇分别在2010、2011、2013年完成了《海林市横道河子镇总体规划（2010—2030年）》《黑龙江省海林市横道河子镇历史文化名镇保护规划

（2010—2030年）》《全国重点文物保护单位——中东铁路建筑群（横道河子镇）保护规划（2014—2030年）》的编制任务。以上规划对于小镇的发展建设起到了良好的指导作用，总体规划对于横道河子镇城镇性质进行定位，着力打造历史文化名镇的同时强调旅游服务和生态疗养功能成为城镇建设发展的方向，对于文化特色的塑造以及城镇环境的提升也成为横道的建设重点。总结横道河子镇的建设思路为注重城镇文化、产业、生态及环境这四方面的互动发展，最终形成良性的发展链条，促进城镇整体的提升。

1. 文化传承

浓厚的历史文化是横道河子镇最具特色的资源，是小镇的灵魂。在历史文化名镇保护规划中对明确了规划目标：

（1）保护横道河子镇留存的百年历史信息，保持小镇传统街巷、建筑及环境风貌特征；

（2）在保护的前提下有序更新，改善居住环境，提高生活质量；

（3）通过对历史遗迹的保护利用，带动城镇经济、社会快速发展。并以保护（保护历史环境，注重整体风貌）、整治（理清历史脉络，重现传统氛围）、更新（改善居民生活，完善设施配套）为整体保护策略，从而使城镇独具发展特色和动力。

2. 产业兴镇

横道河子镇通过调整产业结构，整合资源，发展城镇旅游产业。旅游产业作为横道河子的主导产业因其拥有丰厚的历史文物积淀，同时，与镇内的佛手山、大石门、一线天、人头峰等国家级自然景观相辉映，形成了丰富的旅游资源，以"雪、虎、山、水、情"为主基调，从而使横道河子镇以新兴的旅游大镇而成为"龙江旅游第一镇"和国家级历史文化名镇。并集中优势力量发展度假、运动等旅游产品，使其转化为新的经济增长点。将农业观光、农业采摘旅游作辅助产品，与其他旅游产业相辅相成。成立旅游经济开发区，利用大项目带动大发展。

3. 旅游开发

整合横道河子镇的地域资源，积极地将景观、生态、农业与旅游产业结合，形成城镇发展的新契机，打造"一个核心、三大片区"的旅游开发格局。

（1）一个核心区

横道河子镇是国家级历史文化名镇，历史建筑、文物古迹众多。建筑均保持着传统的历史风貌，具有浓郁的俄罗斯氛围。把横道河子镇区作为核心旅

3-5.俄罗斯风情小镇效果图
6-7.机车库保护修缮对比图 修缮现状图和示意图
8-9.机车库修缮过程

游产品，将其作为全镇的核心旅游区，同时也是最主要的游客集散中心和接待中心。

（2）三大片区

即自然生态观光区、人文景观体验区和农业产业休闲区。

自然生态观光区：由佛手山景区、威虎山景区和东北虎林园等重点景区构成。依托横道河子镇独特的自然风光和生物资源，以欣赏、享受、了解、宣传和保护自然生态环境为目的，开发围绕森林、河湖、野生动物的生态休闲旅游产品，打造国内生态旅游精品。

人文景观体验区：由俄罗斯风情园、威虎山影视城、七里地生态民俗村等重点景区构成，以横道河子深厚的历史文化底蕴和民俗风情为依托，形成内容丰富、时序递延的文化旅游精品。

农业产业休闲区：重点依托镇域南部的柳树村、道林村，依据现状农业产业基础，以特色食用菌种植、农业养殖为主，在绿色旅游、农业旅游潮流的推动下，开发农业旅游产品，形成新的旅游时尚。

4. 环境提升

以合理的空间布局结构与环境综合整治为切入点，建设高品质的人居生活环境。完善城镇的道路交通设施、市政基础设施、公共服务配套设施以及旅游服务设施，为城镇居民的生活和游客的便捷提供保障。对建筑与重要开敞空间进行综合整治，营造卫生、洁净的环境，整体提升横道河子物质空间环境。

三、建设实践

横道河子镇总体规划及保护规划为小镇的历史文化的保护传承及城镇发展定位指明了方向，明确了城镇建设重心。规划实施以来，横道镇围绕"打造区域性的以旅游业为主的重点镇"目标，建设重点突出其旅游资源、生态环境及历史文化特色。着力打造"生态横道、人文横道、居住横道"，城镇经济发展成效明显，小镇物质空间呈现出新风貌。

1. 历史文化保护

（1）历史保护建筑的修缮与保护

横道河子镇于2012年开展了黑龙江中东铁路建筑群横道河子机车库及东正教圣母进堂教堂抢救保护

工程。设计部门严格遵循不改变原状、保护其真实性与整体性的原则，在深入研究了机车库与教堂两建筑的材料、工艺、结构、功能等建筑要素的基础上，对机车库及圣母进堂教堂进行了保护和修缮，在有效保护的前提下，恢复历史环境并适度进行展示利用，放大了其内在的历史价值、艺术价值。并于2015年，该工程在由国家文物局指导、中国古迹遗址保护协会等单位主办的第二届（2014年度）"全国十佳文物保护工程"评选中，成为我省首个获此殊荣的文物保护工程项目。

（2）历史环境及风貌的梳理

横道河子镇政府对于小镇的历史风貌、历史街区、历史建筑以及历史空间环境的保护和整治给予了高度的重视，通过规划实施和建设，横道的城镇总体形象与历史文化氛围得到了明显的提升，历史文化名镇的形象愈加分明。一方面，对于小镇历史街区的整治卓有成效，重点打造俄罗斯老街历史街区。俄罗斯老街是横道河子镇规划格局、历史建筑形态保存的最为规整最有典型性的一条历史街区，因此，在规划实施中重点整治了街区的历史建筑风貌、完善了街区的基础设施、保护了传统的街巷格局。另一方面，通过新功能的植入，赋予历史空间新的活力。借由横道河子的天然艺术文化资源，2012年5月起由牡丹江市文联创意，联合海林市委、市政府在横道河子规划建设了"中国·横道河子油画村"，更好地激发小镇的文化活力。

2. 旅游产业发展

横道河子镇充分发挥其旅游资源特色，通过对多个旅游项目的规划和建设，将原来以农业为主的产业中心转移至以旅游业和服务业为主导产业。

旅游产业作为横道河镇的支柱和富民产业，以发掘百年古镇历史人文底蕴、展现自然生态资源作为重点，以中东铁路历史文化、烙印深刻的红色底蕴、浓郁的欧陆风情、强烈的油画艺术氛围为依托，打造景点集中、特色突出的东北知名的旅游集合名胜区。重点发展"民俗生态游""俄罗斯风情游""红色经典游""冰雪时尚游"，利用"雪""虎""山""水""情"五个旅游资源，打造了在省内外具有一定知名度的"东北虎""俄罗斯风情""生态村""影视城"等一批旅游品牌。现已形成"两园一城一村一街"，即"俄罗斯风情园""东北虎林园""威虎山影视城""七里地生态村""俄罗斯老街"的旅游格局。并通过对旅游服务设施的建设实施，完善旅游产业的相应配套基础设施，凸显旅游名镇的整体水平。

3. 基础设施改善

（1）民生工程

横道河镇投入大量资金在基础设施的改善和建设上，着重提升居民的生活质量和城镇空间环境。近年来小镇在不断推进"九条道路、四化建设、三个中心、一个新型社区"工程，对城镇内主要道路进行整治，并对道路进行绿化、亮化、美化和净化实施，建设了市民公共服务中心、文化中心以及游客接待中心。民生工程的建设极大地提升了居民的生活质量和城镇环境，突出横道河镇宜居宜游的特点。

（2）景观环境提升

在景观环境的提升上对小镇的沿河景观带、利民桥、景观小品设施、停车设施等进行了改造和修建，既解决了居民平时的娱乐休闲需求，又方便了游客出行。景观环境的改善极大地凸显了小镇旅游名镇的整体形象和建设品味。

四、结语

小城镇的建设已成为我国新型城镇化过程中不容忽视的群体，而历史文化名镇既有小城镇的特性又具有其深厚文化遗产的特殊资源。笔者认为，历史文化名镇的建设应从完善规划体系入手，加强规划实施机制的建立，充分挖掘和研究本地文化特色、地域资源特色，引导城镇产业的发展和城镇环境的提升。实现文化、产业、生态、环境的综合全面发展，城镇的经济转型和健康发展。

参考文献

[1] 宋莉．新型城镇化背景下小城镇“四态合一”规划建设：以成都崇州市道明镇总体规划为例[J]．规划师，2014，11：29－35．

[2] 贾雁飞．快速城镇化背景下小城镇特色发展路径：以昆山市巴城镇为例[J]．规划师，2016，07：72－75．

[3] 耿虹，罗毅．以小城镇建设为基点促进新农村建设发展：以武汉市汉南区新农村建设规划为例[J]．城市规划，2006，12：33－39．

[4] 周乾松，徐连林．历史文化名镇的保护与开发：基于中国“四大名镇”的经验启示[J]．中共浙江省委党校学报，2013，03：118－124．

作者简介

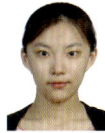

赵研妍，哈尔滨工业大学建筑学院，硕士研究生；

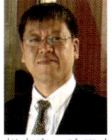

赵志庆，哈工大规划设计研究院，院长，教授，博导；

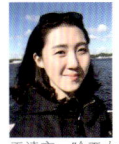

王清恋，哈工大城市规划设计研究院创研中心，负责人，主任设计师。

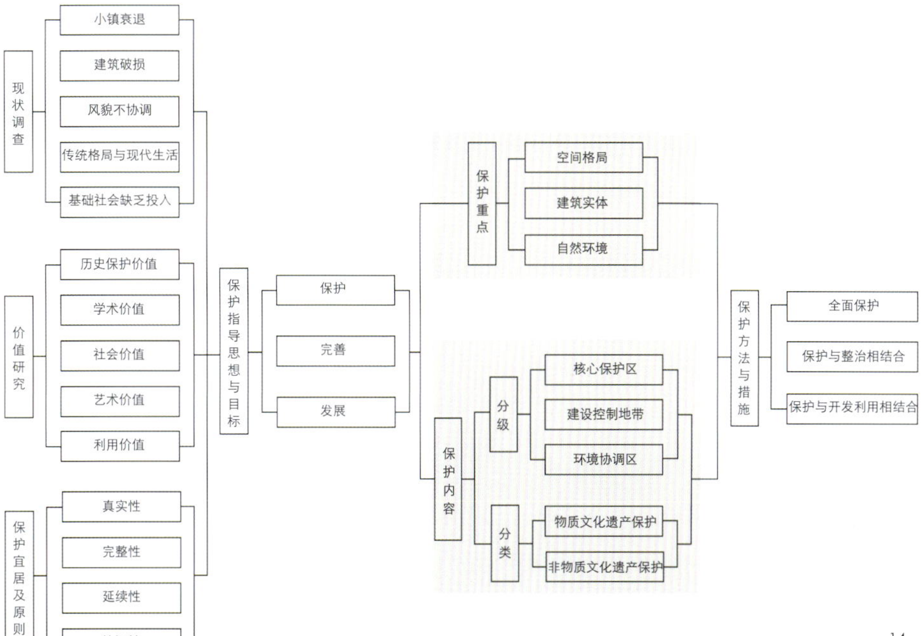

14

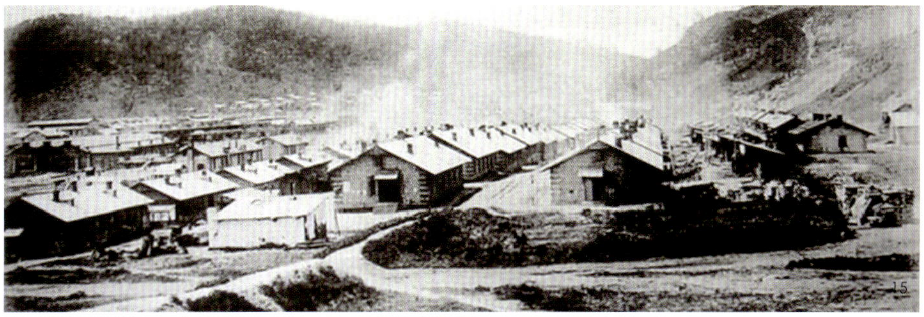
15

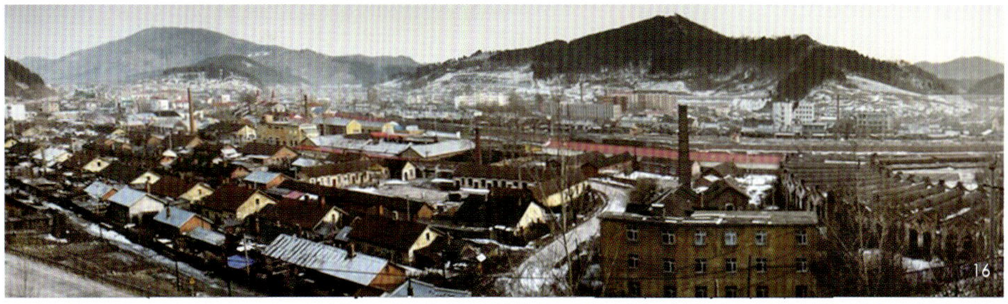
16

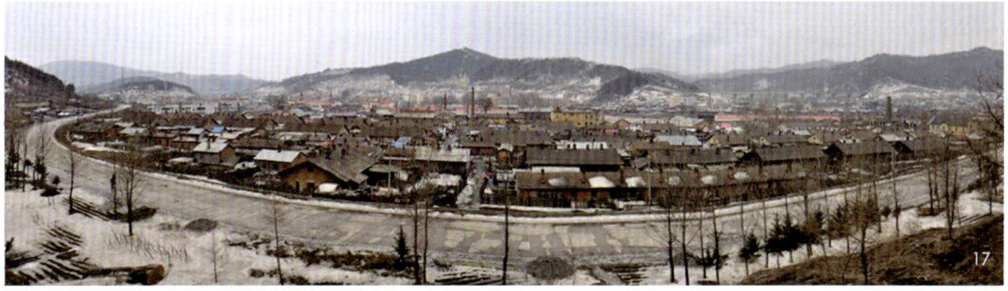
17

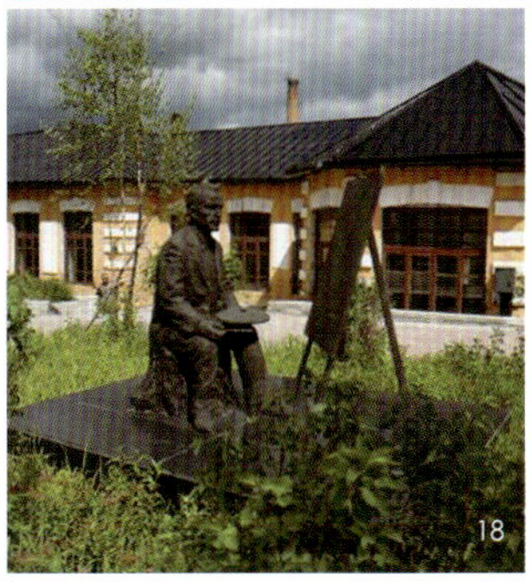
18

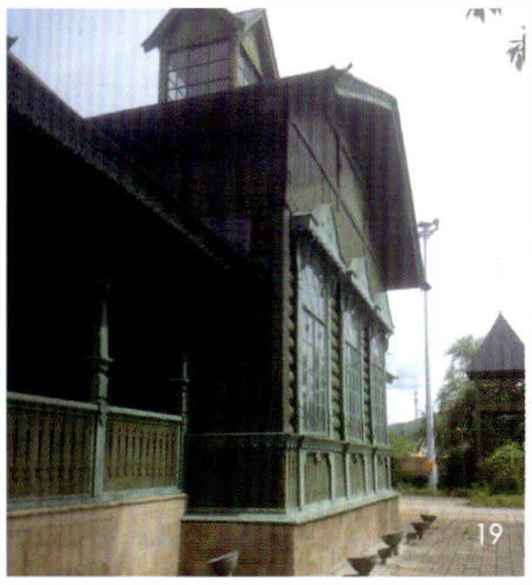
19

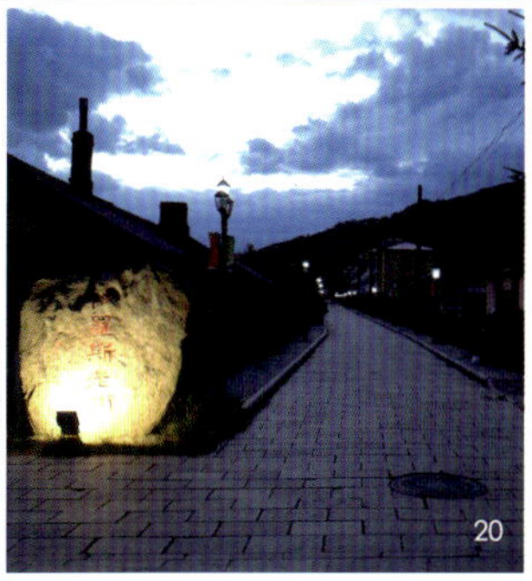
20

10-13.机车库效果图
14.保护规划技术路线图
15.横道河子1923年历史照片
16-17.横道河子现状
18.油画村建设
19.圣母进堂教堂保护修缮对比图
20. 俄罗斯老街建设现状图

落后村的保护与发展
——浅谈辽宁唐杖子八盘沟村保护规划编制

The Protection and Development of Backward Village
—Discussion on Liaoning Tangzhangzi Bapangou Protection Planning

赵 毅 应 时 吉瑞东 姜 涛
Zhao Yi Ying Shi Ji Ruidong Jiang Tao

[摘　要] 八盘沟村的各类设施配置较差，村民生存条件简陋，村内生机与活力丧失，因此在对该落后村进行传统村落保护规划编制时，要重点建设基础设施工程，改造村内生存条件，并引入产业，改造、保护、开发相结合进行村落的保护规划编制。

[关键词] 落后村；传统村落；保护规划编制

[Abstract] Bapangou village's Infrastructure equipment is poor, villagers are living in primitive conditions, lack of vigor and vitality, so when we make the backward village's traditional village protection, we pay a survival condition of village transformation, improve the living conditions of the village. Add industry, in order to combined transformation, protection and development.

[Keywords] Backward Village; Traditional Villages; Protection Planning

[文章编号] 2016-74-P-110

1.辽宁传统村落保护规划编制内容框架
2.历史街巷分布图

一、项目背景

1. 辽宁传统村落

辽宁省传统村落具有村落发展历史时期较短、村落内历史古迹较少、村民整体生活水平较低、村内人居环境不符合现代生产生活需求基础设施缺乏等特点。辽宁省的传统村落（此处以住建部、文化部等七部门联合公布的中国传统村落名录为依据）在数量上及文化遗存上较国内其他省份存在差异。在住建部、文化部、财政部等七部联合公布的传统村落名录中，辽宁省在第一、第二批次皆无入选村落，在第三批、第四批中国传统村落名录上辽宁省分别有8个、9个村落入选，这17个传统村落与全国四千余村在数量上存在较大差异。同时在传统特色与村落整体氛围的鲜明性上也存在一定的弱势。因此在辽宁省传统村落规划编制内容上，在强调对村内传统要素进行保护的同时，也要注重生活环境的改善与提高。

2. 八盘沟村历史背景

唐杖子村八盘沟早期是皇家猎场，树木茂盛，景色优美。在康熙年间有大量的山东人移居到此处，这里以果业为主导产业，其中水蜜桃为主要种植物。由于水土的关系，水蜜桃品质较高。1860年为了应对沙俄对东北的蚕食，呼吁清政府开禁放垦，鼓励移民，直隶（今河北）、山东等地区无地或者少地农民纷纷进入满洲地区开垦荒地。这个过程持续到1931年"九一八"事变之前。数百万关内农民移民到关东地区，唐杖子村八盘沟因此得以发展。在二十世纪六、七十年代，村民筑坝，打造石坝梯田进行大规模生产活动，使得八盘沟村全国闻名，有"远学大寨近学八盘沟""的说法，国务院命名朝阳县北四家子公社八盘沟大队为"山区建设的一面红旗"。

3. 八盘沟村的生存状况

八盘沟传统村落历史较为悠久，但地理位置较为偏远，村内基础设施配套不完善，村民生产生活条件较差，村集体及个人经济收入较低，加上城乡二元体制导致的城乡差异悬殊，导致近年大量劳动力向发达地区转移，使得该村落的经济逐渐衰退，现今的八盘沟面临着村内空心化老龄化严重，产业丧失，活力衰退，各类生产生活基础设施及服务设施配置严重缺失的情况。村民的住房条件差，供水供电设施普及率较低，村内无商业、医疗、环保环卫等一系列现代生活所需的相关服务设施。村内居民点内的道路缺少硬化覆盖，村内对外交通可达性较差等基础设施工程建设问题。因此以发展的角度来定义，八盘沟村属于一个较为落后的传统村落，村民的生产生活状况处于严重滞后阶段。

4. 八盘沟村的传统特色

唐杖子村八盘沟历史悠久，山清水秀、风光旖旎，人文景观、文物古迹较多，历史文化积淀丰富。传统文化特色上有如雹神庙、霸王鞭等一系列传统宗教文化及曲艺文化等。香火繁盛的雹神庙是唐杖子村八盘沟村民的集会地，是八盘沟文化的传承，具有历史研究价值，体现了唐杖子村八盘沟的民俗文化。物质文化上村内的石坝梯田景观及北方传统民居院落等都是村落的物质文化体现。八盘沟石坝梯田是人类顺应自然、改造自然所创造出来的人造景观，能够防止水土流失，山坡改造成阶梯式平地。唐杖子村八盘沟石坝梯田基本完整，主要传统建筑基本完好，空间结构合理，自西向东依山而建，山、村、田层次分明，错落有致，是东北传统村落的典型代表。

5. 项目基本状况

八盘沟位于辽宁省朝阳市北四家子乡西北部，属于辽西北地区的典型村落。四面环山，属燕山山脉，大柏山的北部。山高坡陡，沟深路窄，有着"九沟十八岔"之称。村落依山而建，有季节性河流从中间穿过。村落呈狭长型，东西长约1 250.6m，南北最宽处约452m，平地较少，耕地以"石坝梯田"形式分布于各个沟岔，梯田保存依然完好，并依旧在使用中，连绵起伏，古朴壮观。

八盘沟传统村落发展规划主要涉及到八盘沟一组、二组、三组的村域范围，面积为10.801km²。其中重点规划区域一组面积为3.896km²。村落依山而建，建筑均为一层，与层叠起伏的山峦共同形成村落的天际线。村落分布呈狭长带型，季节性河流从中间穿过，将现有村落建筑划分为三个组团。主要街道与河道相依，呈东西向，现状路面较好，缺乏道路设施，南北向的街道路面没有硬化，尚未形成体系。通往山上各个沟岔有耕作道路，路面未经硬化。

二、保护对象的确定与改造目标

1. 保护对象确定

八盘沟的人工与自然环境构成的整体风貌是村落的主要特色，石坝梯田与传统建筑的相互呼应共同构成了八盘沟山地村落特点，因此对八盘沟的保护，首要是保护构成其整体风貌的要素，其次传统村落的长久保存要依托于传统的风俗、文化的延续，体现生活的真实性和风貌的完整性。鉴于以上的角度，我们选取的主要保护对象为以村内的传统建筑、村内传统街巷、村内的石坝梯田景观为主的建筑保护对象，及以村内的古树古井石磨等单体物质要素作为保护对象。并对传统建筑建造工艺、梯田建造工艺的文化传承，地秧歌"霸王鞭""黄河阵"的文化传承等作为为物质文化的保护对象进行保护。

2. 村内改造目标

对八盘沟的保护保护规划的目标定位为：辽西山地地区典型石坝梯田景观展示基地；辽西地区典型建造工艺"囤顶屋盖、石砌墙面"的传承地基；地秧歌"霸王鞭""黄河阵"发源地；辽西乡村文化教育、旅游基地。以改善八盘沟传统村落内的人居生活环境，修缮传统民居，增设服务设施、完善基础设施为手段改善生活环境，引导建筑单体保护、石坝梯田保护、传统街巷保护作为传统文化的保护目标，保护与建设相结合作为本次保护规划的近期目标。以引入产业，带活经济，实现村民富裕，注入村落活力，弘扬村落文化作为本次保护规划的远期目标。在以上近远期目标的结合下产生八盘沟村传统村落发展规划编制的主要目标。

（1）保护八盘沟延绵的石坝梯田景观

结合山水环境，展示辽西山地地区"磊石造地"的工艺，打造典型石坝梯田景观。

（2）保护八盘沟典型辽西地区传统村落风貌

展示梯田、村落、民居的整体风貌特色。

（3）保护八盘沟"囤顶屋盖、石砌墙面"的建筑特色

修复传统建筑，整治沿街立面，修复传统街

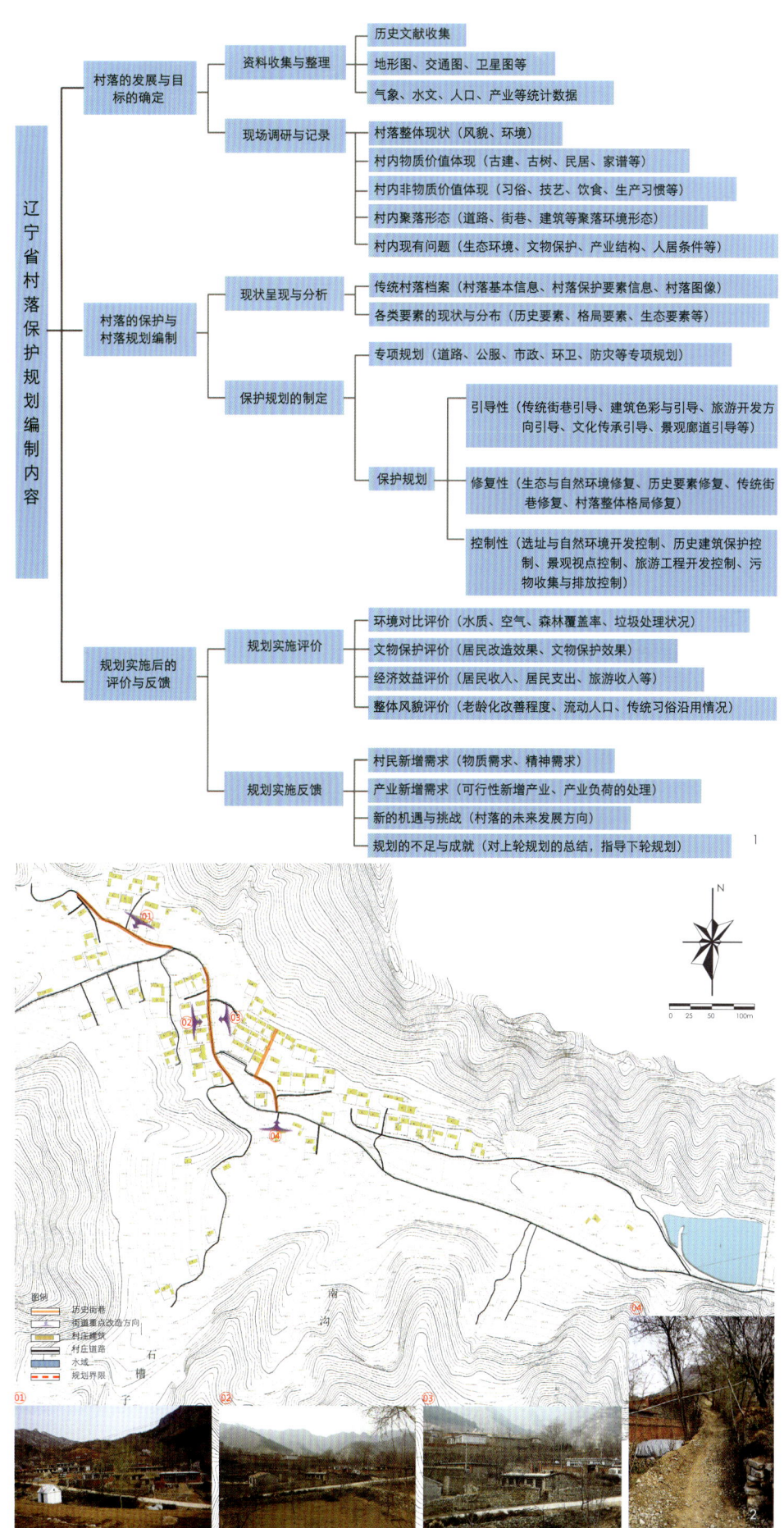

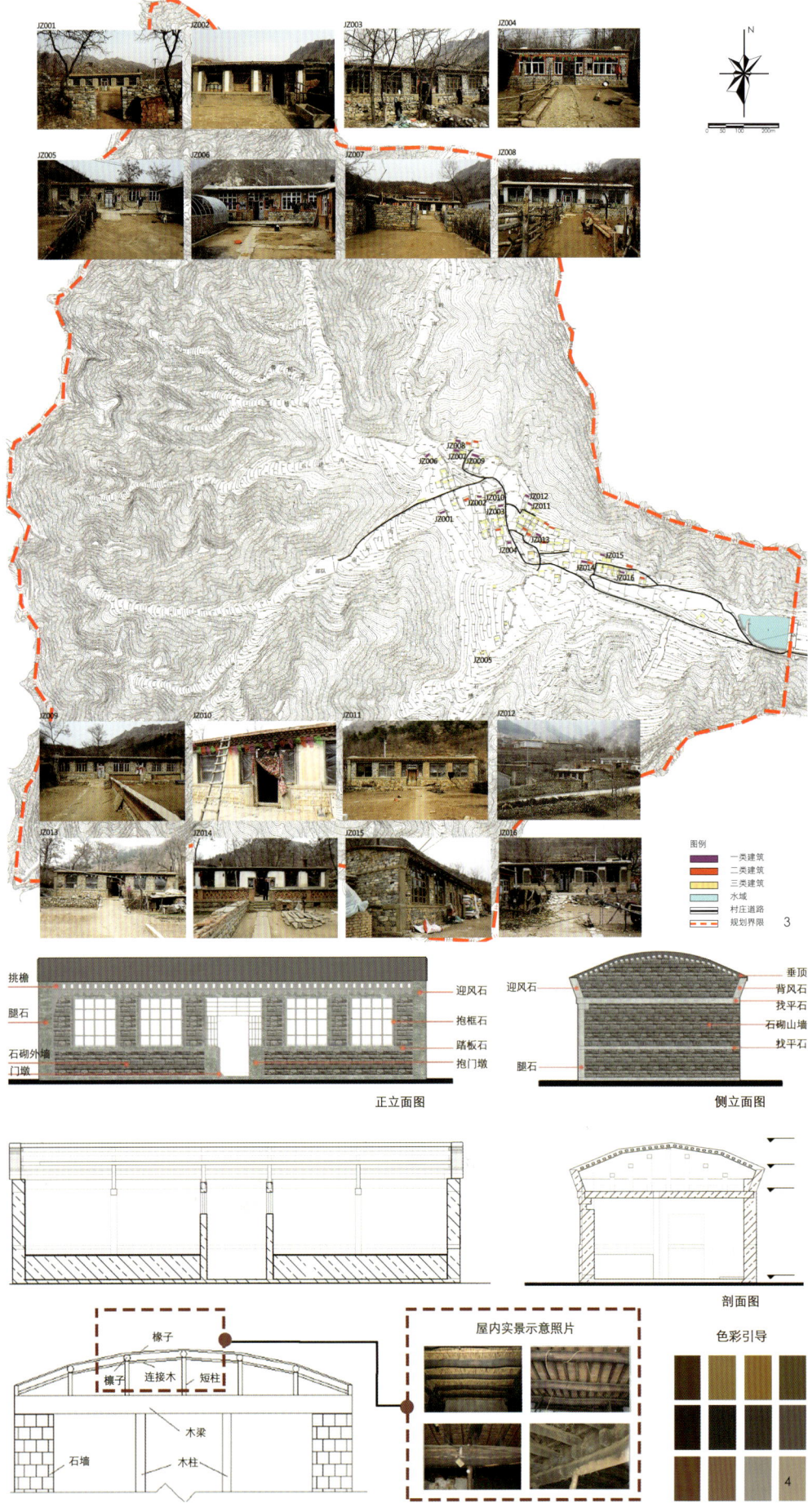

巷，重要的空间节点等。

（4）传承传统工艺、传统文化

传承建筑建造工艺、梯田建造工艺，传承地秧歌"霸王鞭""黄河阵"文化特色，发扬艰苦奋斗的精神。

（5）完善基础设施、改善人居环境

配套基础设施，使得八盘沟生活宜居、生产宜居。

（6）保护与发展相互促进

在保护基础上，发展旅游等相关产业。

3. 贫困条件下的保护

（1）村内传统建筑保护

八盘沟传统村落建筑为辽西地区典型民居形式。以"囤顶屋盖、石砌墙体"为主要特征，原材料为当地的毛石、黄土、木材、秸秆等。八盘沟的传统民宅以屋面平缓不设女儿墙，在建筑进深方向上，从前后屋檐到屋顶中间，屋面呈现微微向上的弧形的特色囤顶外观为特色，延续从基础顶面开始砌筑墙体，在入户门位置处首先将门框支撑好，在门框周围固定上抱门墩，并砌筑墙体逐步上窗、抹灰、雕花的石材干砌工艺。这类传统特色浓郁的民居由于村落的空心化导致闲置失修或村民的私自改造大部分已经存在较大的破坏，因此对于传统建筑的保护及改造主要以分类保护为主。将村内的所有建筑按照房屋质量、年代、传统特色保留程度等分为三类，分类标准及相应改造措施如下。

①一类建筑（重点保护建筑、地方特色建筑）

具有典型历史建筑风貌，以囤顶屋盖、木梁、石材干砌为主要特征，建筑层数1层，建筑保存完整、现状较好，室内格局未进行改动，能够完整的体现传统建筑特征。对此类建筑进行重点保护与修缮，使其能够完整体现传统建筑特征。在此基础上，改善居住条件，增加居住建筑舒适性，对水、电、网络等基础设施进行改造，增加卫生设施。

②二类建筑（具有一定地方特色，经修缮能够体现地方特色，与环境相协调建筑）

具有一定历史建筑风貌，以囤顶屋盖、木梁、石材干砌墙体为主要特征，建筑层数1层建筑基本保存完整、墙面与室内有一定改动，基本能够体现传统建筑特征，与历史建筑相协调。进行保护与改造。在不影响建筑

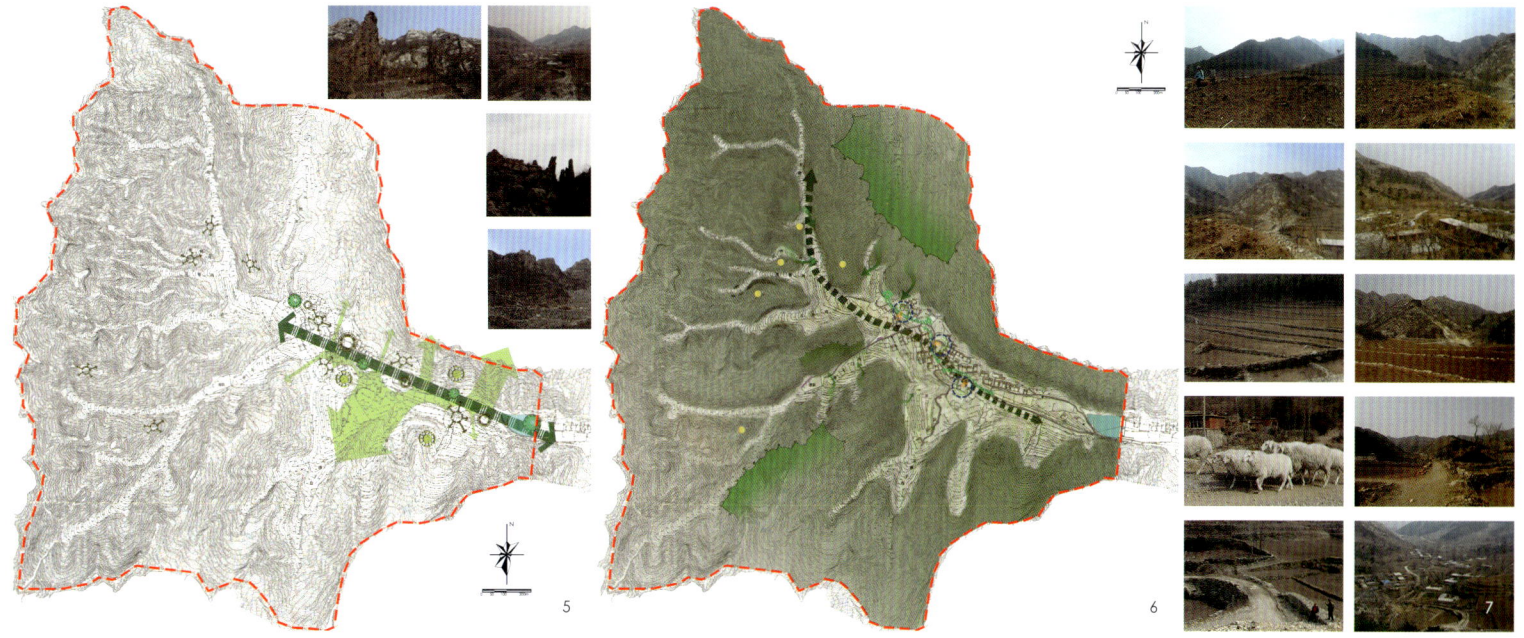

3.传统建筑分布图
4.建筑保护引导图
5.景观规划图
6-7.现状空间节点与视线走廊分析图

整体风貌的情况下，适当进行改造，使其基本能够体现传统建筑特征。对于二类建筑的院落，可按照传统院落格局进行适当整理，整体与错落环境相协调。

③三类建筑（破损严重、无法修复的传统建筑以及新建建筑）

对于无法修复的传统建筑，可根据村庄发展需要，进行用地整理，重建新建筑。新建筑应与村庄整体风格相协调，采用新型建筑建造技术，对传统建筑形式加以改进，推荐用石材、木材、红砖等与错落相协调的材质，建筑高度控制在一层，可使其能够与整体风貌相呼应。

(2) 村内整体保护区划

根据保护对象与保护区划原则，确定八盘沟的保护区划为"核心保护区""建设控制地带""风貌协调区"三个层次。分析村庄现状建筑基础，结合三级保护区划，村庄整体可形成"带型"＋"组团"的结构。

①核心保护区

范围包括已经确定的一类建筑，与整体风貌相协调的周边部分二类建筑，以及大棒槌沟、小棒槌沟、石虎沟和南天门沟等沟岔。自然景观要素不允许进行破坏，禁止破坏山体、植被，对于已破坏的应当进行修复。大棒槌沟、小棒槌沟、石虎沟和南天门沟现状梯田保存完整，对其进行控制性引导。

②建设控制地带

范围包括二类、三类建筑以及村落未来发展所需建设用地。八盘沟的建筑核心保护区，应保持原有村庄风貌特征，以一类建筑以及构成传统村落风貌的二类建筑为主，对于传统建筑按照传统工艺进行修复，院落按照传统格局进行整理，体现传统生活方式。对于现状不符合村落整体风格的建筑进行改造，并进行用地整理，使其符合整体风貌，同时为村落的发展留有余地。

③风貌协调区

范围包括少量新建筑以及村落周边石砌梯田，风岭沟、石槽子沟、南沟等。风貌协调区内要保护现有唐杖子村八盘沟的山体、植被等自然环境，维护现有的梯田景观；严格限制各种影响村落整体环境的建设；在延续整体风貌的前提下，可以根据发展需要进行有秩序的构筑物、景观、小品、旅游服务设施等的建设。选取8个视线控制点，对于控制点视线范围内的视觉廊道加以严格控制，严禁加建与村落整体环境不符的建筑，对于已有建筑不符合整体风貌的，进行改造。

三、贫困条件下的村落规划改造

1. 村内公共设施建设规划

(1) 道路与交通规划

村内的重点基础设施规划为村内的道路与交通基础设施规划考虑到村内原有的道路布局以及村庄的传统肌理，在道路与交通规划时保证规划道路不破坏原有村落肌理，道路体系呈"支状"，连接各居民组团。主干道保持5m，在用地许可的地方，可进行局部拓宽。主干道上增设路灯、垃圾箱等设施，同时，道路两侧结合两侧院落、水系等进行美化。

保护村民的传统生产方式，改善农村民的生产便捷度，将重点完善通向山上梯田的耕作道路，在满足耕作要求的同时，也为未来服务产业提供发展空间，将生产性道路结合村内的石坝梯田景观进行布置，令其成为日后旅游道路的主要或次要游线道路。道路工程设施上将主要道路进行路面硬化，美化，其余道路以砖、石板等材质进行铺设。

(2) 村内给排水设施规划

目前八盘沟村内给水设施存在村民采水点不够、自压井水质不受保障、村民电泵取水及各类自发取水设施对村内的风貌造成影响的问题，为解决这类问题，在保护规划编制时结合村民用水量总值不大，生产用地对人工灌溉依赖性不大的特点，选取村内原有的水井作为集中水源，保留现状自压水井作为备用水源，开采水井，缓解取水点不足的状况。新增供水管道，沿道路进行敷设，做到村民饮水入户，供水管网布置采用枝状双管形式进行布置。

目前，八盘沟内没有任何污水收集与处理系统，村庄内所产生的所有居民生活污水、牲畜污水及

传统街巷保护导则

整体风貌
新建筑整体风貌应与当地传统建筑风貌相协调。充分提取传统建筑的符号特征，如屋顶形成、构架形式、色彩运用于新建筑之上，达到建筑风格的一致性与连续性

屋顶形式
屋顶形式应以传统的囤顶式屋顶为主，并借鉴当地带有特殊制作工艺的屋顶形式，采用囤顶屋顶。新建筑的屋顶形式应力求简洁传神，囤顶、迎风石等提取的特殊符号做简化处理

平面示意图

传统街巷沿街立面

传统街巷沿街立面1　　　　　　　平面位置示意图

传统街巷沿街立面2

传统街巷保护原则

材料
所有外露部分应禁止使用釉面砖、玻化砖、大理石、花岗岩等材料，屋顶材料禁止使用红色、蓝色琉璃瓦材

门窗
外立面门窗应采用传统木门窗，图案可在现有的传统建筑门窗上进行提取，题材不限

立面色彩
立面基调以青灰色为主，迎风石、抱框、腿石等构件色彩应采用本色，门窗色彩应使用本色或白色

传统街巷透视图

雨水都以就近泼洒的形式进行排放，村内排水系统存在排水系统网格缺失，部分水塘干涸，污水无处理直接排放导致的水塘富氧化严重，旱厕及牲畜棚屋的污物清理不及时污染环境等排污问题。规划时重视村内排水体制，近期古村范围内沿用原有雨污合流体制，重点建设排水主干暗渠，减少污染源，远期实现雨污分流；古村两侧新拓展片区采用雨污分流制。修复完善古村范围内原有沟渠排水体系，使形成网络，重点建设排水主干明渠。古村两侧发展片区雨水采用自然排水。生活污水建议采用建设部推荐的分散式人工湿地污水处理技术处理。

（3）电力电讯设施规划

八盘沟内现有电力电讯设施覆盖不完善，严重影响村民的生活的现代化需求以及有悖于日后的旅游发展需要，因此对八盘沟内的电力电讯规划采用在原有基础上加密电力网设施，规范电力设施的规划，在电力电讯网络的规划上考虑日后旅游产业开发的需要，考虑到八盘沟现状电力设施已经不满足使用需求，同时考虑到未来村内旅游业发展的需求，村内供电做整体规划设计。规划结合八盘沟内的旅游服务点、公共行政管理办公区域等服务设施，从规划东侧引入电信电缆，提供方便、快捷的服务。在日常管理中加强线路维护，增强抵抗灾害能力，保证旅游区内的通讯服务安全畅通。引入有线电视、通信网络等一系列电讯设施，提高村民生活的现代化程度，加强村民与外界信息的沟通。

（4）环保环卫设施规划

目前，八盘沟内生活垃圾收集、处理设施很不完善。村内居民生活垃圾、牲畜粪便、村民建房产生的建筑垃圾以及其它类型垃圾随意堆放，没有达到"定点投放、统一收集"要求，造成了环境污染。因此，应合理规划设置村内垃圾收集站点，提高垃圾无害化处理水平。生活垃圾处理设施规划，包括各种垃圾的收集、运输和无害化处埋三个方面的内容。规划范围内垃圾收集采用定点统一收集。旅游人流集中的街道均匀设置垃圾箱。最终确定村内需建设垃圾收集站1个，并在村庄周边建设一个符合标准的生活垃圾中转站。

当下八盘沟村内公共厕所，随着规划范围内排水设施的不断完善，公厕粪便逐步纳入污水收集、处理系统，一并进行集中无害化处理。规划确定村庄需建设公厕1个，迎合旅游发展需求，适应村内的环境卫生需要，设立生态降解坑，规划河道两侧宽10m的防护绿带，整治沿街道及游览路线建设或破坏景观的柴草棚房、厕所、猪圈和各类临时搭建。对村庄内的废旧坑、塘进行改造利用，迁出村内部所有露天粪坑，对原址进行回填利用。

（5）其他服务类设施规划

八盘村内现无商业、医疗及教育等公共服务设施布点，经过对村内的调研，近期内村内对教育布点的需求性较小，因此在近期规划上在村内结合村内主干路及原有村民的

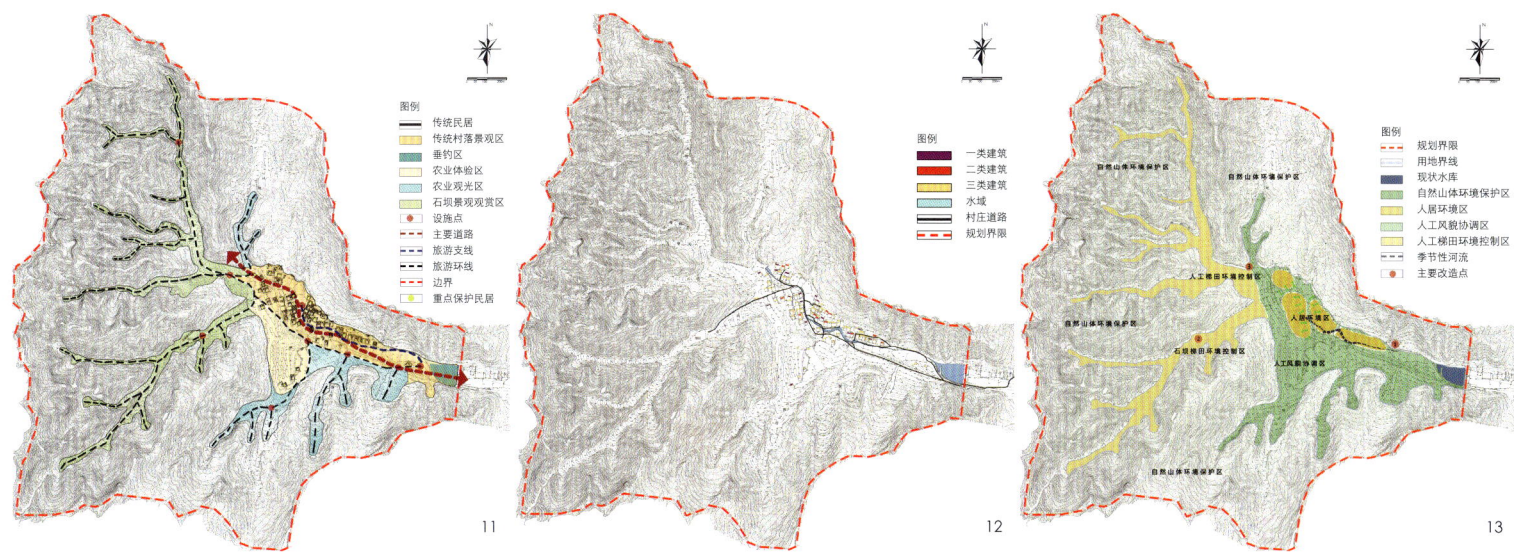

活动场地增设商业布点1个，医疗布点1个，两项布点均结合规划新增设的旅游服务中心进行布置，靠近村内公共场所，方便村民使用。

2. 公共场所的营造与景观建设

原有村落没有形成明显公共空间，规划中根据现状条件，每个组团结合绿化设置一个公共空间，公共空间为村民活动的场所，同时可为晾晒粮食提供场所，公共场所选取在村内主要道路一侧，原址为村民原有的集散场所，加以铺装绿化及对传统特色明显的景观进行改造。丰富村民的娱乐生活，为村内的戏剧文化及祭祀文化提供场所。

四、产业的引进与协调

1. 村内产业现状

八盘沟现存产业结构较为单一，绝大多数村民以传统种植业作为经济来源，村内无规模企业或作坊，旅游业一般为游客自发游览，无就地消费状况。因此为了带活村内产业，吸引外来资金从而改善村民生活状况，就应该谋求以传统特色为主的文化体验式旅游产业。

2. 村内潜在资源

八盘沟资源条件优越，其石坝梯田、田园、水库、森林、水利工程、民族风情等旅游资源组合度较好，良好的资源组合和纯朴的环境本底，具备开发多样化旅游产品的潜力，"黄河阵"秧歌在辽宁省内具有一定的知名度。因此，八盘沟目前亟需强化区域联动效应。

3. 旅游产业的规划与引导

根据八盘沟传统村落旅游资源禀赋、空间分布特征、交通道路状况，充分展现景观精华、合理安排游览节奏、便于景点有机串联的旅游功能分区理念，将八盘沟传统村落规划为传统村落景观区、垂钓区、农业体验区、农业观光区、石坝景观观赏区。以村民生活环境作为主要落脚点，结合自然景观、生产性景观、传统生活氛围进行全面的旅游发展规划。

五、结语

对于落后的贫困农村，保护发展规划在编制时保护的重点是原有的建筑及整体风貌格局的保护，重视的应是村内村民的生活水平改进，具体以完善基础设施与公服设施等措施加以实现。其次应该改善村内贫困落后的状态，以产业进驻带活村内发展，为村内注入活力，将传统特色以生活化的形式表达出来，并争取到经济效益，才能更好地进行保护与发展。

参考文献

[1] 邵艳丽. 我国传统村落保护制度的反思与创新[A]. 现代城市研究, 2016.

[2] 马青, 应时, 宋岩, 等.《新型城镇化背景下辽宁特色农村发展模式探究: 以辽宁省清原县椽子沟村、三十道河村特色农村发展模式为例》[J]. 第二届全国村镇规划理论与实践研讨会暨第一届田园建筑研讨会, 2015.

[3] 周乾松. 我国传统村落保护的现状问题与对策思考 [N]. 中国建设报, 2013－01－29（003）.

[4] 阎委亚. 山西省传统村落环境保护发展现状及发展模式探析[D]. 太原理工大学, 2015.

作者简介

赵 毅，沈阳建筑大学建筑与规划学院，硕士研究生；

应 时，沈阳建筑大学建筑与规划学院，硕士研究生；

吉瑞东，西安建筑科技大学建筑学院，硕士研究生；

姜 涛，理想空间（上海）创意设计有限公司，规划师。

8-10.传统街巷保护引导图
11.旅游发展规划图
12.建筑分类保护规划图
13.选址与自然环境保护规划图

传统村落保护规划的三个维度：生态、文化与历史
——浙江临海孔垟村保护规划侧记

Three Dimensions of Traditional Village Conservation Planning: Ecology, Culture and History
—Sidelights on Protection Planning of Kongqiu Village in Linhai, Zhejiang Province

庞乾奎 刘 冉
Pang Qiankui Liu Ran

[摘　要]　随着国家推进的四批传统村落申报，传统村落保护受到社会各界的广泛关注。本文在浙江临海孔垟村保护规划实践基础上，认为传统村落的生态、文化和历史是其三个重要维度。本文在此基础上对孔垟传统村落保护规划进行介绍性论述。

[关键词]　传统村落；生态、文化和历史；孔垟；保护规划

[Abstract]　As the country promoting the declaration of four batch of traditional villages, traditional villages protection begin to receive extensive attention of the society. In this paper, on the basis of Zhejiang Linhai Kongqiu Village protection planning, we think that traditional village ecology, culture and history are the three important dimensions. According to the three dimensions above, we discuss on Kongqiu traditional village protection planning in detail.

[Keywords]　Traditional Villages; Ecology Culture and History; Kongqiu; Protection Planning

[文章编号]　2017-76-P-116

随着快速城镇化的不断推进，传统村落重新回到社会各界所关注的视野。有关传统村落文化保护与旅游商业开发已成为社会实践与理论探索热点，如安徽碧山计划，河南郝堂乡建等。传统村落最早名为古村落，是指"村落形成较早，拥有较丰富的文化与自然资源，具有一定历史、文化、科学、艺术、经济、社会价值，应予以保护的村落"。2012年9月，经传统村落保护和发展专家委员会第一次会议决定，将习惯称谓"古村落"改为"传统村落"，以突出其文明价值及传承的意义。

那么，建立在上述概念理解基础上，该如何有效推进传统村落保护规划呢？如何思考规划设计过程中涉及传统村落的生态、文化与历史等核心问题？下文将结合浙江临海孔垟村保护规划设计及其实施做一些粗浅的探讨。

一、孔垟村概况

孔垟村，位于浙江临海东北部群山之中，是临海、三门和天台三县市的接壤之地。从地理空间区位来说，地处三县市交接之地而偏于一隅，离最近的S214省道也至少有15km山路（约1.5h车程），离属地汇溪镇约30km，离临海市区约50km。从地形来说，孔垟村群山环绕，地势复杂多变；仅有的一块小耕地养活了将近900余人的孔垟百姓；临溪错落起伏的台地，是近225户村民的安家落户与安身立命之处。

孔垟，原名陇洲，因其村落所在地位于群山之陇，下临小溪沙洲，故名陇洲。后因村民为单姓章姓聚落，并认为据史书记载与孔姓通谱同宗，且村中读书人较多，中秀才者十余人。因而改村名为孔丘，并尊文圣孔丘为先师。后又认为以文圣孔丘为村名不敬，遂改名为孔垟。

孔垟开基祖为三门章姓"卖腥人"（卖海鲜），因避倭乱而举家迁移到现址，距今约500多年历史。孔垟现有户籍人口900余人，常住人口267人，均为章姓人。传统上靠山吃山，现代则大部分人外出杭州宁波谋生，留在这小山村里的大多为七旬老人，因而常年人气不旺，只闻鸡犬之声，而到年关之际，则人车遝迹，给寂静的山村注入了活力。

正如上述简单概述所呈现出来的，可以看出传统村落孔垟地理特色独具、历史渊源悠久、文化底蕴深厚，也可以看出现代孔垟正面临着衰弱与复兴张力的危机。那么，如何在保护规划中挖掘历史文化、复兴传统村落，将是列入国家第二批传统村落保护的孔垟村在新时期的重要使命。

二、保护规划的三个理论维度：生态、文化与历史

自2012年第一批传统村落保护名单提出以来，社会各界正在逐步推进传统保护规划设计与实施实践，在探索中积累经验。这其中，对于传统村落保护呈现出两种基本对立，一种认为应该尊重既有历史文化而原封不动保护，另一种认为应该通过旅游商业开发而进行保护。然而，社会现实迫于传统村落保护的资金、产权等原因，众多传统村落保护最终无可奈何地走到了开发商业旅游的保护路径。

本文并不试图对上述两种保护模式进行探讨，而是试图回到作为传统村落保护的第一阶段，即规划设计当中去重新思考有关传统村落保护的几个基本问题，主要包括生态、文化和历史三个维度，并认为这是传统村落保护规划的重要理论维度。

1. 生态基质

与城市不同，村落一般都具有良好的自然生态基质，传统村落尤为如此。自然生态构成村落的重要基质，在村落选址、格局形塑、建筑营造乃至其他日常生活都具有基础性重要地位。

如上文所述，孔垟之所以得以选址营建，由地理环境构成的生态基质是其根本原因。家谱所述的原名陇洲，就反映出自然生态特征，也即群山当中的一陇平地和山溪夹谷中的一小沙洲，这正是孔垟在农耕文明时代赖以为生的依靠。由此，在选址以后的五百多年村落建设之中，都小心翼翼地避开了这陇土地和这叶沙洲，而在临溪附近繁衍建设。与此同时，赋予陇地和沙洲以象征意义，将陇地隐喻为金龙，将沙洲隐喻为锦鱼。于是锦溪中的龙吟鱼跃，赋予了孔垟群山与溪水的人类学意义，历年以来都受到重要保护，无论是营建和丧葬都避开了这具有重要意义的陇地和沙洲，从而奠定了自然生态的重要基质作用。

2. 文化内质

从上述生态基质分析中，已经略微可以看出文化的内质意义。有必要简单解释下对于文化的理解，根据维基百科，文化（culture）是人们对于自然土

1.孔垟传统村落规划总图

地的不断适应和形塑,并在此过程中形成了对于环境的独特理解。农业(agriculture)一词或许是对文化的最好诠释,正是人们在对土地的不断劳作耕耘过程中,形成了对土地的理解、敬畏、膜拜等,于是文化也就产生了。孔垟村将陇地和沙洲隐喻为金龙和锦鱼,正是这种农耕文化的一种体现。

深深根植于孔垟村落深处的更重要文化,则是在生态基质基础上发展出了的耕读文化。或许耕读文化在中国农耕文明时期具有非典型性意义,但在孔垟这一山村中仍具有独特两方面特征。一方面,耕读文化在孔垟具有传承性。历史上孔垟培养出十余位秀才,在当代也是台州首建新制现代小学的村落,即当今著名的台州小学前身。由此可见,耕读文化在孔垟从未断裂。这也反映出孔垟耕读文化传承性之外另一方面特征,即开放性和包容性。这表现在对于外来文化的接受,比如将基督教文化纳入耕读文化之中,孔垟也是最早建设基督教教堂的村落。

孔垟章氏秉承着祖先"耕读"家训所形成的耕读文化,印证了《围炉夜话》"耕所以养生,读所以明道,此耕读之原也"。使得族人在精神上得到安慰和理解,孔垟半耕堂(章宏戌故居)就是最好的例证。

3. 历史实质

生态基质和文化内质最终必须通过历史实质表现出来。孔垟之所以成为传统村落,其核心仍在于村落的历史实质,即由历史建筑及其环境要素构成的历史建成环境。孔垟历史建筑类型丰富,遗存颇多,如高山丁字商业街、章氏宗祠、五世同堂大宅院、桴园别墅、工字楼、三台久名堂、章正元故居、宝书义塾(后为宝新小学)、一心斋等。比如宝新小学是在宝书义塾基础上发展而来的,从而经历了从私塾到小学的历史实质过程。剖析宝新小学时间剖面可以看出孔垟的教育重视程度,不妨在此简单加以罗列:道光年间,育英公出资修建育英家塾;后登祥公成立登祥家塾;同治九年(1870年)章业培联合乡绅成立宝书、鼎新、日新三个义塾;光绪三十年(1904年)合并私塾为宝新小学,成为现代新式教育典范。这些从私塾到小学的成立,其宗旨是为乡人造福,提供乡人接受教育机会,提升了孔垟古村的历史文化内涵。再比如一心斋,是台州基督教发源地,它是光绪初年章肃齐所建的教堂,临街立面为西洋式尖顶红砖窗,正房硬山单檐坡顶,两厢硬山坡顶,整体为中西合璧的建筑风格,具有高度的历史文化价值。

除上述历史建筑外,还有众多传统风貌建筑,如忠义堂、近仁堂、耕礼堂、掀天楼、齐礼堂、九如楼、中和堂、面山楼、平远堂、义塾旧址、馨德堂、小坑头等。历史环境构成要素更为丰富,如古道、古树、石桥、水碓、四城门等等。总之,这些有着深厚历史文化历史建筑、传统风貌建筑和环境要素,共同建构了孔垟的历史实质。

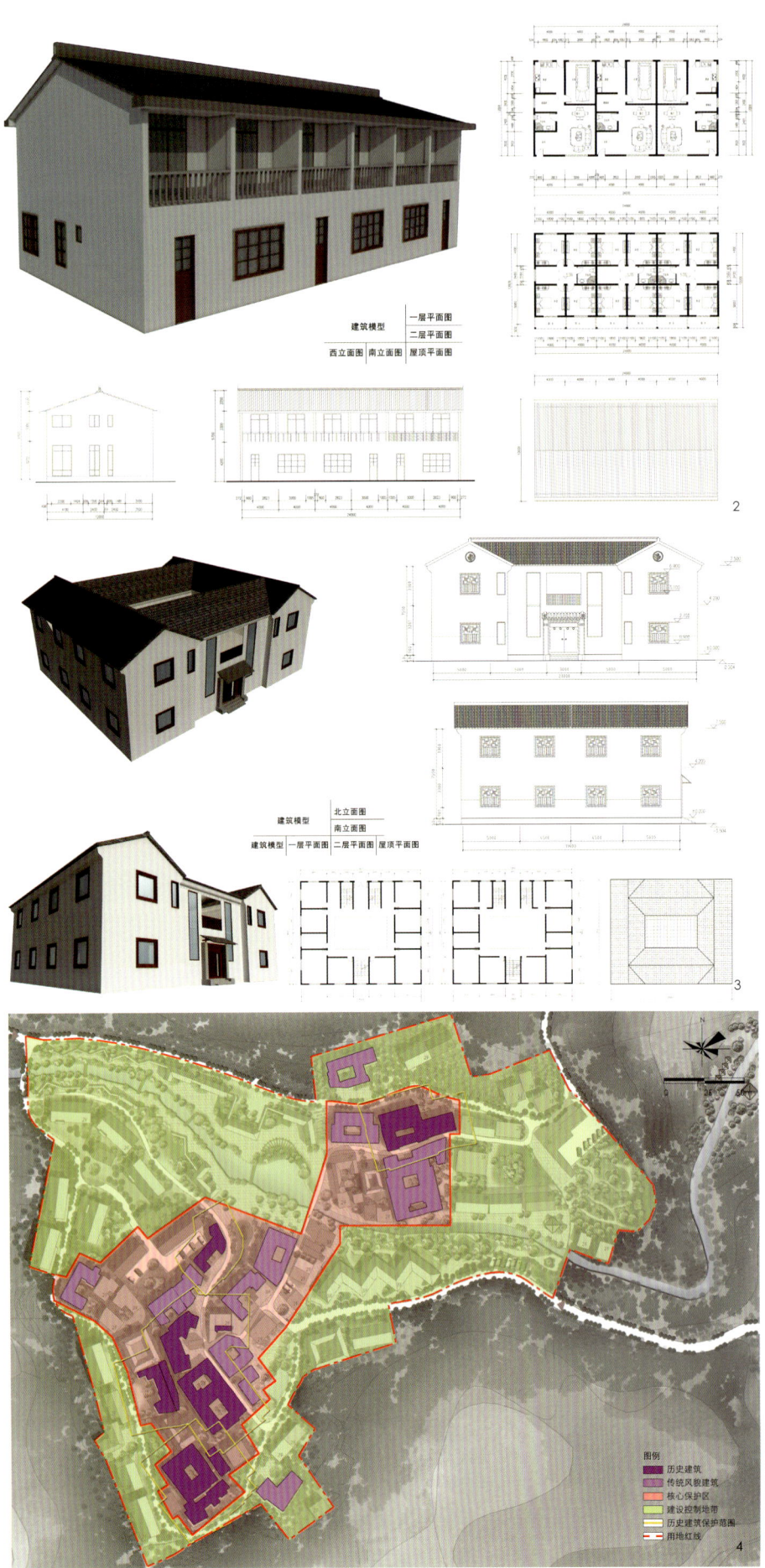

三、孔坵村保护规划实践

在上述有关传统村落理解和理论维度基础上，下文将对孔坵传统村落规划主要内容做简单归纳，主要包括传统村落主题定位与规划布局、保护框架及其划分、建筑风貌和建成环境等内容。

1. 主题定位与规划布局

根据对孔坵自然环境与历史文化环境的剖析，确定规划主题为"千年孔坵古村，浙东秀才名村"。通过修复传统建筑、整治建成环境和弘扬传统文化，实现文化传承与人居环境建设，在保护中求发展，在发展中推动保护，使孔坵村与时俱进永葆青春。

整体规划布局以孔坵锦溪和孔坵丁字形古街为两条空间主轴线，架构起整体错落起伏的空间传统村落空间。村落以东部入口为传统村落起点，沿着丁字街贯穿起整体村落的主要历史建筑群和风貌建筑群。孔坵锦溪由西向东成为村落的生态主轴，西安桥、中安桥和东安桥分布其上，形成桥、溪、山、景交相融汇的空间景观体系。与此同时，在村口、村中心布置停车场、小广场、公共绿地及各种市政设施等。

2. 保护框架确定

由于传统村落不仅仅是历史建筑的集合，更是历史文化的物质空间载体，这里所当得包括自然环境和人文环境两部分。根据相关要求，孔坵传统村落保护框架分为三部分：自然环境要素、人文环境要素和人工环境要素。详见表1。

根表1所确定的保护框架，归纳出孔坵村三方面内涵：一是风光秀丽的自然环境；二是朴素典雅完整风貌的古老民居；三是耕读传家的文化家园。这三方面内涵成为保护规划的出发点，构成了孔坵传统村落四方面保护要素，即历史建筑保护，包括章氏宗祠、宝新小学、忠义堂等等；文化肌理保护，包括耕读文化、章氏家训、章氏家族文化等；建成环境保护，包括村落周边山体和梯田，村落内部和庭院环境等；以及街巷环境格局保护，包括梳理村落及其街巷格局，完善历史院落关系，修整道路等。

3. 保护层次划分

总体上划分为三个保护层次，即传统村落区域环境保护、传统村落保护以及历史建筑和风貌建筑保护。首先是区域环境保护，划定一定规模的包括山水梯田等外部环境，严格控制侵占农田进行建设，规定新建建筑的风格色彩等，以保持传统村落内外部环境

2.一般风貌建筑整修方案
3.典型四合院整修方案图
4.孔垟保护范围规划图
5.垟锦溪规划图

协调。其次，在村落本体层面，划定6.8hm²保护用地，并分为核心保护范围和建设控制地带两部分，其中核心保护范围为历史建筑周边建筑物外边界限向外10m为四至范围，建设控制地点为历史建筑和风貌建筑外边界限向外50m所围合的区域。最后，确定历史建筑与风貌建筑准确保护范围红线图，画出四至范围线。

4. 建筑风貌

主要进行整体性传统村落空间格局保护，并针对三合院、四合院进行整治，对装饰工艺进行保护维修。保护和整治分为保护、修缮、改善、保留和整治改造五种方式。详见表2。

以章氏祠堂为例，首先对其历史沿革和现状进行梳理说明，并重新进行功能定位。确定章氏祠堂展示孔垟历史文化功能、供章氏后人祭祀功能和供游人参观游览功能等。在此基础上恢复祠堂立面山墙完整性，揭除并更换瓦顶，加固梁、檩、枋、椽等建筑构件，重新刷漆。

在此基础上，采用类似方法对宝新小学、一心斋、耕礼堂、齐礼堂、中和堂、九如楼、面山楼、五世同堂碑、三台久名堂、馨德堂、半耕堂等建筑进行门、窗、立面等全方位整治。

5. 建成环境

作为传统村落，不仅历史建筑和风貌建筑是保护主体，作为建成环境的要素也是保护与整治主体。这些建成环境要素包括院落铺地、古道、古树、古桥、水碓、城门和焚书炉等。以古道为例，重整村庄古道，展现历史文脉，重返历史风貌，严格按照历史特点及风格，修复古道周边建筑并对沿线环境进行综合整治，以复原古道原来的特色和味道，重现古道昔日的风貌。核心保护区内的步行道，根据原风貌加以恢复和整治，路面尽量采用当地传统的鹅卵石、青石板等材料，创造集游览、休闲、文化于一体的人性化空间。

建成环境是一个十分宽泛的概念，除了上述古道等以外，周边山体、溪流等都属于建成环境，都属于保护范围。比如周边山体的控制，有利于空间景观视廊与重要景观节点打造。从而使传统村落从村落与环境能够融为一个整体。

四、结语

传统村落保护任重而道远，孔垟只是其中一小

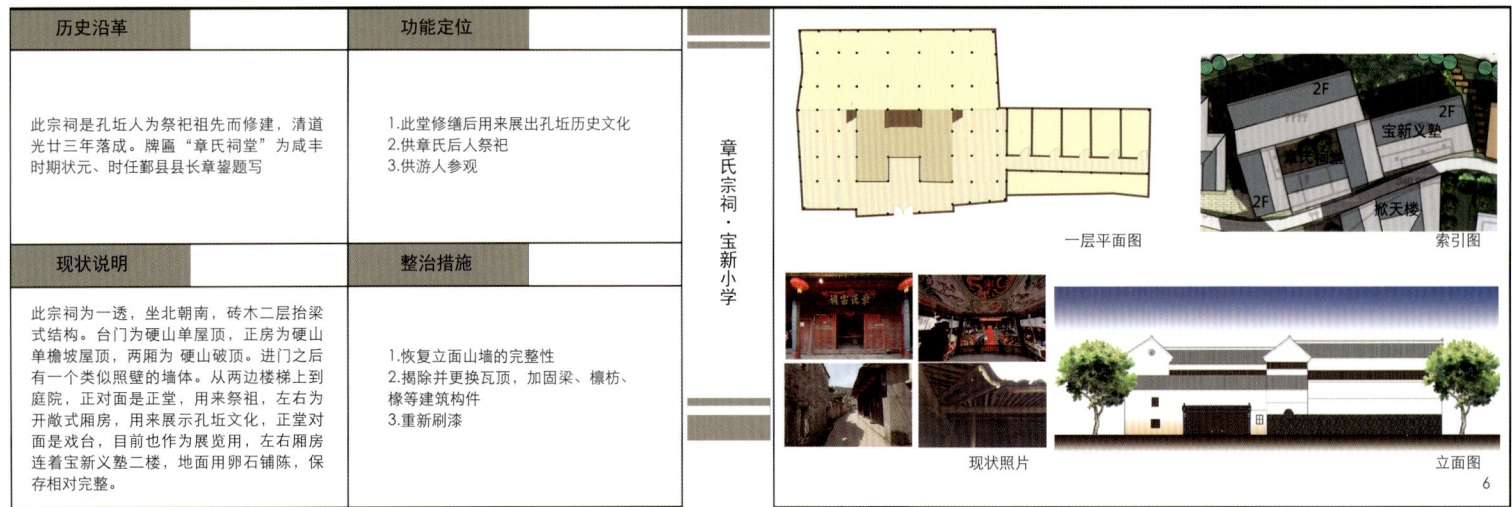

6.章氏祠堂和宝新小学整治改造设计方案

表2　保护与整治方式比例表

内容	建筑分类	建筑面积（m²）	比例（%）
修缮	历史建筑	3 487	27.97
改善	传统风貌建筑	4 871	20.01
保留	一般建筑物	2 561	14.71
整治改造	一般建筑物	2 003	11.50
拆除	一般建筑物	4 496	25.81

小案例。本文认为在孔坵规划实践中所归纳出来的生态、文化和历史三维要素，是传统村落的灵魂与核心。只有将这三方面融合到传统村落的空间实践当中，才能使得传统村落保护真正有价值，而不至于沦为旅游度假或商业开发，才能真正地保护传统村落和传承历史文化。目前，孔坵规划正处于不断实施当中，这些经验是否在实施现实中有效，仍值得检验与讨论。

表1　孔坵特色环境要素一览表

自然环境要素	河流		孔坵溪
	山体		一字山、凤凰山、龟山、蛇山、下田山、石罗横山
	梯田		600多亩梯田
	池塘		防火塘
	古树		12处古树
人工环境要素	古村落格局		四面环山，西有凤凰山、羊岩山，北边有一字山作为天然屏障，东、南蛇山龟山相对，村民称之为"蛇龟守江"
	街巷		村落内部街道以碎石铺就的狭窄道路为主，道路为"丁"字路，寓意人丁兴旺
	历史建筑	传统民居	20余处清末民初时期的传统建筑
		宗祠建筑	章氏宗祠
		宗教建筑	一心斋
		学校建筑	宝新小学
		商业建筑	古街
	历史构筑物	古桥	东泰桥、中和桥、西安桥
		四城门	义学门、南山门、长寿门、西安门
		水碓	上水碓（遗址）、中水碓（遗址）、下水碓（遗址）
		其他构筑物	焚经庐（遗址）、原焚经庐（遗址）、原市集旧址、砲头庵（大操场遗址）、路廊
	其他	古遗址	古驿道
	文化教育		世代以"耕读传家"，宝新小学曾是名校
	文献著作		《孔坵章氏宗谱》
	宗教信仰		佛教、基督教
	文化艺术	民间节庆	元宵灯会、清明祭祖、端午等
		民间技艺	抬阁、花灯制作
	传说故事		石人垂钓、路廊茶火等
	历史典故		章氏源流、"丘"与"坵"的思辨
	特色食品		食饼筒、麻糍、卷饼、擂圆、庆糕等
	方言		临海话

参考文献

[1] 夏月华. 在美丽乡村建设中做好传统村落保护工作[J]. 中共宁德市委党校, 2015, (10).

[2] 杨彩虹, 王开开. 美丽乡村建设过程中传统村落的保护与利用[J]. 中州学刊, 2016, (6).

[3] 周乾松. 城镇化过程中加强传统村落保护的对策[J]. 城乡建设, 2014, (8).

[4] 吴叔明, 赵群. 休宁县岭脚村传统村落保护发展规划调研纪要[J]. 黄山市城市建筑勘察设计, 2016, (3).

[5] 胡彬彬. 中国传统村落保护的立法建议[J]. 人民论坛, 2015, (3).

[6] 邰艳丽. 我国传统村落保护制度的反思与创新[J]. 现代城市研究, 2016, (1).

[7] 陈继腾. 技术与文化的融合：论传统民居保护与利用[J]. 安徽建筑, 2015, 22 (6).

作者简介

庞乾奎，浙江工业大学之江学院，天津大学建筑学院在职博士生，高级工程师，注册城市规划师；

刘　冉，上海经纬建筑规划设计研究院股份有限公司，规划师。

乡村建设中的如何留住特有的地域情怀
——对比日本合掌村的改造历程浅谈莱州初家村改造

How to Retain the Distinctive Regional Feelings in the Rural Construction
—A Discussion of the Renovation in Chujia Village by Comparing with the the Renewal Process of Shirakawa Village in Japan

毕 胜 杨克伟
Bi Sheng Yang Kewei

[摘　要]　目前，中国的乡村建设正如火如荼的在各地展开，笔者以所参加的莱州初家村的改造为切入点，通过与日本白川乡合掌村的改造和发展历程的对比研究，探讨初家村改造与发展的方式，借此为中国乡村建设的研究、保护、开发提供有益的借鉴。

[关键词]　山草房；合掌造；生态；可持续；地域特色

[Abstract]　At present ,China's village construction is booming all around the country. Through the comparative study of the renovation and development of Japan in the village of Shirakawago gassho,we try to discuss about all the activities happen in Chu Jia village.Finally, make it a useful reference for research, reservation and development in China's village construction.

[Keywords]　Weed House; Ogimachi; Ecology; Substainable; Regional Features

[文章编号]　2017-76-P-121

一、对初家村改造可持续发展的探讨

1. 初家村的改造概况及可持续发展的忧虑

初家村地处山东省莱州市驿道镇的一个小山村，行政隶属于山东省烟台地区。2014年底，当地政府经过详细的调研，确定了初家村的改造项目，到如今已经有将近两年的时间，经过当地政府和设计师的共同努力及村民的参与，初家村已经初具规模，在烟台及周边地区取得了良好的声誉。

在初家村改造的过程中，我深切地感受到了当地政府对项目的热情，村民由一开始的惊奇、怀疑、迷惑到如今的积极响应。同时莱州当地一些企业也能够参与进来，使项目得到更多的支持。但在这样的形势下，我们作为设计者和参与者，随着初家村改造的深入，对其未来的发展方向，却也不免产生一些忧虑。本文想通过对比日本岐阜县白川乡合掌村的保护与开发历程，来探讨初家村将来如果要形成长久的可持续的发展，所应该采取的措施。同时，在中国乡村建设如火如荼的大环境下，希望促进参与其中的社会各方面人士能够深入思考，使乡村改造不仅仅停留在规划、建筑、景观等设计层面上，同时更多地关心当地的生存环境、

原住民和原生态建筑，从社会学、历史学、民俗学等多角度思考，把中国的乡村真正改造成具有地域特色的可持续发展的美丽乡村。

2. 借鉴日本合掌村进行对比研究的原因

之所以选择白川乡合掌村与莱州初家村进行对比研究，一方面是由于两地处于同样的纬度，有相似的地理环境、人文环境等诸多方面因素；另一方面，合掌村在保护和发展的过程中，经历了原始存在、因社会发展而衰败、抢救性保护和发展、1995年被联合国教科文组织列为世界文化遗产，到现在成为日本乡村旅游的著名景点，这其中的经验和教训值得目前处于乡村再定义和再建设的中国仔细研究和探讨的，而日本各界人士在合掌村的保护和发展过程中所做的大量工作，形成的大量成果和工作方法，也为下一步初家村能够良性发展提供了很好的借鉴资料。

二、特色地域建筑——"山草房"与"合掌造"

1. "山草房"与"合掌造"的对比

来到初家村，其中最引起人们注意的是这个村庄特有的一种民居样式——山草房，这种莱州东部山村中一种传统的民居形式，以其独特的风貌与周围的自然环境十分和谐的共生，很好地反映了当地人们朴素的自然观。而合掌村的最大特点也是其传统日本的民居形式——合掌造，在屋顶上覆盖了大量的茅草，从而形成独特的村庄景观，两者相比较，日本合掌村建筑为了适应当地的雨雪较多的自然环境，其屋顶更为陡峭更大，屋顶上的茅草也更加厚重，但经过我们的仔细的对比研究发现，二者在屋面部分各层的构造关系以及铺设山草的施工工艺却极其相似，都是当地的村民经过长期的经验积累，最大限度地利用自然资源，用最经济的方式建造起来的具有极强地域特色的民居形式。

2. "合掌造"在日本的保护历程

合掌造作为日本一种传统的民居形式如今在世界范围的知名度非常高，从引起社会关注到今天，经历了随社会的发展而衰亡到保护，最后形成良性发展的过程。19世纪末期，合掌造曾经在白川乡地区分布较为广泛，有1 800余座，但后来由于町村合并、发电站及水库的建设，到19世纪30年代已减少为原有的十分之一，二战后，由于日本城乡经济的发展以及现代建筑观念的影响，加速了合掌造的消失。这样的情况，使当地的居民意识到必须采取措施保护合掌造这种建筑形式，于是在1971年由当地居民自发成立了"白川乡荻町部落自然环境保护会"，并制定了《白川乡荻町部落自然环境居民宪章》，声明了"不卖、不借、不毁坏"的原则，并相应制定了一些具体措施，而且把提高当地居民的生活水平作为重要目标。

而在合掌村的保护和发展过程中，首先离不开日本的专家、学者的大量研究所做的贡献，合掌造的研究起于20世纪30年代，起先是从建筑学、民俗学

角度对合掌造建筑及聚落的研究，逐渐扩展到社会学、历史学角度的研究，研究范围也从单纯的建筑形式扩展到当地"大家族制"等多方面内容，而后又增加了林学、农业经济学、交通经济学和日本文学等方面的学者的参与。研究群体的多样性，形成了多学科的交叉研究，开拓了保护合掌造聚落的视野，增加了新的研究角度和深度，使合掌造及其聚落的发展更为有机和整体。

合掌造能够取得今天的成功，同样与日本政府重视文化遗产的大环境相关联，由于"保护会"的努力，白川乡合掌造聚落在1976年被日本文化厅指定为"重要传统建造物群保存地区"，从而获得政府的政策支持和财政补助，尤其在1981年以后，合掌造房屋屋顶茅草的更换以及屋架部分的修缮，其中90%的资金来自政府的补助，从而为合掌造的保护提供了可靠的社会保障。而社会资金的募集也给房屋的维护提供了更多的资金来源，同时，日本社会各界对合掌造房屋的宣传也起到了良好的社会效应，比如：日本NHK电视的纪录片《时隔八十年的屋顶修葺——白川乡"结"的复活记录》在日本社会上就引起很大的反响。由此我们可以了解，合掌造聚落的保护和发展是与日本社会各方面的共同协助是密不可分的，其主要可表现为村民的自发保护、学者的精心研究以及政府和社会的支持等几个重要方面，而激发村民的保护意识是合掌造得以保护和发展的前提和基础。

3."山草房"的现状及问题

反观初家村，山草房的现状与合掌造初期的状况相类似，山草房曾经在莱州乡村是一种普遍存在的民居形式，而在20世纪80年代以后，由于中国经济的快速发展，使得在当地代表贫穷、落后的山草房基本已被红砖瓦房所取代。到2014年时，仅在交通条件相对较差，经济较为落后的初家村尚存在为数不多的山草房，且多数属于年久失修的状态。驿道镇政府在前期调研和请设计单位对初家村进行改造的过程中，认识到山草房是莱州当地极具特色的一种民居形式，开始有意识的让村民收集山草，期望在初家村中的改造过程中逐步恢复山草房为主体的村落形态，同时我们在村中新设计的建筑也尽量使用了山草这种形式的屋顶，经过了两年时间，现在村中已经有了一半数量的山草房，使山草房重新成为村中主要的建筑形态，并得到了外界的广泛认同。但在实际的建设过程中，我们发现由于在前期缺乏对山草房的构造与传统施工工艺的深入研究，施工中对山草房的一些细节处理并不到位，形成了一种"非传统"的山草房。比如原有的山草房是当地村民经过长期的摸索，全部利用自然界中已有材料，形成的非常具有生态意义的一种建筑形态，而现在重新铺设山草有些是在村民原有的红瓦屋面上直接进行的，并且由于像黄泥瓦这样的原有建筑材料在市场上已经找不到，而村中又没有工匠愿意恢复生产，使我们被迫用水泥瓦来替代，从而大大的弱化了山草房中原有的生态意义，变成了仅仅是形式的处理。

而上山草的工匠大多在六、七十岁，基本没有年轻人参与其中，在和他们的交流中，他们也说很长时间没有接触这样的工作了，反映了这种传统的施工工艺在当地正在逐步消失。所以保护具有当地特色的原生态建筑，恢复传统建筑工艺是目前迫切需要研究和倡导的。

4."山草房"在初家村改造过程中的研究与应用

在意识到这样的问题后，我们在今年对山草房的施工过程进行了全程的跟踪录像并对施工工艺进行了深入的研究，希望把这种传统的工艺能继承下来。但我们也更希望有更多的学者参与进来，增加初家村的研究视野和角度。同时在初家村的改造过程中，目前还是政府为主导的状态，邀请设计单位的进行设计这样的一种形式，我们在村中所建成的设计作品，也多是村中的一些重要的景观节点，并且有时以一种"舶来品"的姿态出现，目前虽然在当地的反映和认可度非常好，但由于缺少对初家村深入细致的研究，而且作为村庄主体的村民只是被动的参与项目建设中，尚不能很好的发挥村民在其中所起到的作用，并不利于初家村的长期发展，所以作为开发主体的政府更应该引导，作为设计人员的我们更应该倡导当地的农民真正成为初家村改造的主体这样的思路上来。

三、特色地域环境对比——初家村与日本合掌村的景观环境发展模式

1. 初家村环境改造概况

谈到初家村的改造，自然离不开其依托的自然环境，当地政府非常注重对村里内部及周围景观环境的改造，在与设计人员反复讨论的基础上，投入了大量的资金、时间和精力，取得了良好的景观效果，如请设计人员设计了大量的景观建筑、沿流经村庄的河两岸种植了大量的植物美化河道，保留了村中东北部原有的一片银杏林，对村中的河流进行重新的疏导，在村子的西南入口处开挖水塘并修建村标形成村庄的入口景观，整体回收初家村周围的土地大面积种植油葵，形成漂亮的农业景观等等，这些改造措施无疑大大增加了初家村的魅力。

2. 合掌村环境改造的基本措施

与之相比，日本合掌造聚落周围的山地景观首

先给其增加了优美的生态大环境,这里有山,有水,也有保护良好的自然植被和农业景观,"保护会"不仅是保护具有百年历史的合掌造建筑,还保护与之息息相关的自然环境,经全体村民一致通过并制定了"宪章"中也规定"不可以砍伐村子周边的树林,不可以建设有损村落景观的建筑,水田、农田、旧道路、水路是山村的自然形态必须原状保护,不能随便改动"等具体条文,很好的保护了当地的生态环境,并通过开展风景观赏、野外摄影、森林采摘等活动把自然环境景观变为旅游资源。重视当地原有农业的深入挖掘,使农业与旅游业形成互动,让游客参与农业的种植、收获、加工等过程,把当地的农业从观光型农业转变为体验式农业,扩展了农业的外延。

3. 初家村环境改造的发展方向

在和初家村的当地村民接触中,我们发现,由于初家村原有的经济条件较为落后,村民对周围生态环境缺少关心和保护意识,使得周围的山地绿化条件较差,并且还不时出现当地村民不小心引发山火的情况。初家村周围生态大环境是有特色的乡村聚落能够继续存在的基础,在和当地政府的交流中,他们也意识到这样的问题,目前改造起来难度较大,时间周期相对较长,并且还存在地域行政划分等问题,但这时更应该引导村民对村庄周围大环境的保护意识,调动村民的积极性,渐渐形成长期、有效的保护机制。而在农业景观的打造上,当地政府选择种植油葵,取得良好的景观效果,今年又引进了千亩月季园,这些都是给当地的农业经济注入活力,可以成为观光型农业的一部分。而我们应该继续深入挖掘当地村民熟悉的原有农业,并把它打造成为可以让游客参与的特色农业景观。总结下来,初家村的环境治理在今后的发展中应在三个方面进行进一步的深入探究——治理村庄周围的大环境、开发村庄四周的农业景观、精致化村庄中的小环境。

四、结语

白川乡合掌村的保护与发展到现在已经经历了八十余年,其在传统村落的保护和发展中还有许多的经验值得我们学习,体现在有序合理的配套建设民俗商业街,发展具有地方民居特色的民宿业、建立合掌造民家园博物馆、开发传统文化资源,与企业联合建立自然环境保护基地等多个方面。而其在保护和发展过程中已经遇到的问题也有可能是我们在村庄改造中即将要面对的,了解这些问题产生的原因和经过,会给初家村今后的建设提供更好的借鉴。任何一个传统村落的价值不仅体现在其外在的实体上,也表现在人类在发展过程中与不同的自然环境相协调的关系,而我们作为设计者和研究者,更应该怀有地域情怀,认真对待每一个村庄,从传统村落的本身出发,发扬其地域性的特点,避免短期效应,最终让农民回归田园,形成农民为主体的中国特色乡村建设。

参考文献

[1] 张姗. 世界文化遗产日本白川乡合掌造聚落的保存发展之道[J]. 云南民族大学学报,2012 (1).

[2] 顾晓玲. 农村生态建筑与自然环境的保护与利用:以日本岐阜县白川乡合掌村的景观开发为例[J]. 建筑与文化,2013 (3).

作者简介

毕 胜,青岛理工大学建筑学院,讲师;

杨克伟,上海经纬建筑规划设计研究院股份有限公司,一级注册建筑师,高级工程师。

1. 合掌造
2. 改造前初家村
3. 改造中的初家村
4. 合掌村上山草
5. 出家村山草房
6-7. 工作室方案和实景
8-9. 木桥听雨方案和实景
10-11. 初家寨门方案和实景

他山之石
Voice from Abroad

农村再生计划
——以台湾宜兰县苏澳镇白米社区为例

The Rural Renewal Program
—Case Study of Baimi Community in Suao Town, Yilan County, Taiwan

张中华 吉瑞东 杨 甜
Zhang Zhonghua Ji Ruidong Yang Tian

[摘　要] 通过对台湾宜兰县苏澳镇白米社区再生计划的缘由背景简介，系统分析了台湾农村再生计划的内外部环境、推动执行过程、实施内容；详细介绍了白米社区再生的整体发展计划，提出以自下而上、计划导向、社区自治、软硬兼顾、人才洄游、永续发展为主导模式的农村再生计划，为美丽乡村建设探寻一种积极的实施策略方法，并有效指导建设。

[关键词] 台湾；农村；再生；白米社区

[Abstract] This paper elaborates the reason background of Baimi community renewal plan in Suao town of Yilan county, Taiwan; analyzes the internal and external environment, the implementation process and the implementation of the rural renewal program systematically in Taiwan; introduces the overall development plan of Baimi community regeneration, and puts forward the rural regeneration plan which is based on bottom-up, plan-oriented, community autonomy, soft and hard, talent migration and sustainable development; explores a positive implementation of the strategy and method for the beautiful rural construction, and guide the construction effectively.

[Keywords] Taiwan; Rural; Renewal; Baimi Community

[文章编号] 2016-76-P-124

中国博士后科学基金："西安市域城乡一体化的系统动力学模型及规划仿真研究"（编号：2015M572652XB）

1.白米社区土地分区规划图
2.白米社区区位
3.木屐手工
4.金桔
5.绿竹笋

一、台湾地区农村再生计划

台湾地区20世纪60年代起，城市化开始加速，工商业蓬勃发展；80年代，伴随着经济自由化、国际化，工业化进程加快；90年代，经济形态转型，工业主导转向服务业主导。与此同时，农业发展迟缓，农村发展滞后，农民收入增长减缓，大量农村人口向城市集中，农村人口外移严重，空心化现象凸显，各项建设及公共设施不足，同时农村人文营造等软环境建设缺失，导致农村文化及特色逐渐消失。现在的台湾农村依旧是线条僵硬的建筑，破旧的房屋与新建的别墅形成鲜明对比，居住人口多为老年人，农村青年回乡就业机会少，农村发展缺乏活力。

1. 台湾地区农村的发展历程

1970年初，台湾地区农业委员会颁布《现阶段农村经济建设纲领》。1991年，依据《经济建设六年计划》确立均衡区域建设总方针，出台《农业综合调整方案》（1992—1997），提出以"发展农业、照顾农民、建设农村"为宗旨的富丽农村建设目标。1997年出台《跨世纪农业建设方案》（1997—2001），提出改善农业经营形态，科学规划乡村发展，增加农村公共投入，提升农民生活品质，强化农村活力，美化农村区域景观等富丽农村建设的6大目标。2001年，制定《农业中程施政计划》，把富丽农村建设目标定位为"农村新生活圈，塑造农村新风貌"，提出"生态、生活、生产"发展理论。2010年颁布《农村再生条例》，促进农村永续发展及农村活化再生，改善基础生产条件，维护农村生态及文化，提升生活质量，建设富丽新农村。2012年，制定《农村再生政策方针》，整体促进农村永续发展及活化再生，打造"活力、健康、幸福"的希望农村新目标。

2. 农村再生社会环境变迁

健康、安全的消费需求备受重视；随着生活水平、教育程度及居民收入的提高，对于食品安全重视程度越来越高。运输系统的改变提高农村地区可达性；全岛已有83%的乡镇与城市相连，大幅增进城市居民接触农村的机会。网络的发展促进交易方式的转变；2013年台湾宽带入户率为83.2%，通过网络向外界展示台湾各角落农村环境与产业，带动农村优质产品的推广。便捷的物流改变农村产业销售方式；消费者通过便捷的物流即可获得农村优质产品，并且可以享受货到付款。城市居民向往农村的幸福感；全岛80%的人口居住在城市地区，生活空间拥挤的城市居民向往农村的自然安逸的生活环境。

3. 农村再生产业环境变迁

农村社区产业多元化；台湾全岛从事加工业或休闲农业的农户约8 000家，收入达20万，是传统农业的3.3倍，农户数逐年增加。农村土地与劳动力释放；农业机械化生产使得劳动力需求降低；农业技术的运用，使得更多的农地转向高品质经济作物种植。农业从事人员素质水平提高；回乡创业青年、新一代农民、返乡退休族带来新的技术与创新观念。

4. 农村再生计划

台湾农村再生计划是台湾建设富丽农村计划的延续，旨在打造"活力、健康、幸福"的希望农村。

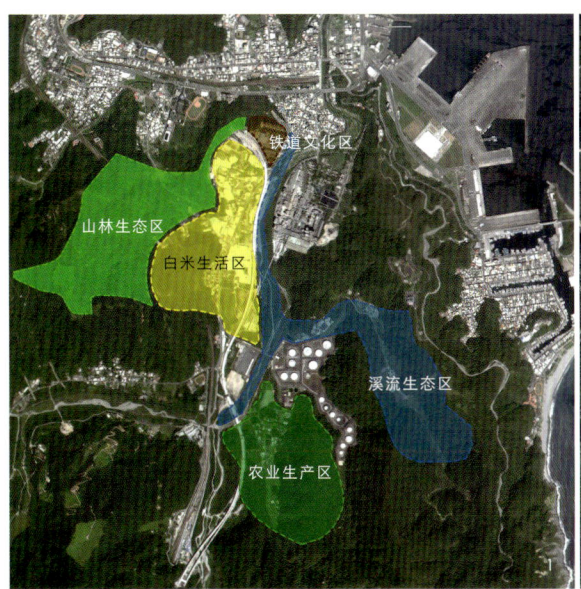

活力是指启发农村社区居民心灵革命,吸引青年回乡、留在乡村,优化农村人才结构,营造宜居环境。健康是指发展绿色产业,人与土地和谐共生,实现低碳社区建设。幸福是指加强人文关怀,活化人文资产,提高全体村民对农村认同感,实现农村价值。

农村再生计划,可分为参与农村再生、凝聚共识、筑梦实施三个阶段。参与农村再生;社区通过"培根计划",对村民进行培根课程训练,包含关怀班、进阶班、核心班、再生班四阶段,确认参与农村再生计划资格。凝聚共识。拟订农村社区发展愿景及构想,提出农村再生计划草案,送审上级管理审批部门。筑梦实施。社区提出年度农村再生执行计划并送审,同时社区拟订社区公约,顺利推动计划实施。

5. 农村再生计划政府扮演角色

政府扮演促成角色,提供配套措施,制定相应政策,如经费支援、人力训练;引导农村社区进行由下而上、计划导向、软硬兼施的自主治理;进而促使社区更新行动起来。政府制定培根计划,为农村治理、社区自主更新提供人才培训,促进农村再生。

6. 农村再生计划实施内容

农村文化保存。跨部会合作,"农委会"与"文建会"分工合作。达到文资法收录或指定的农村文物由文建会优先补助,未达到文资法要求的,由农村再生计划辅导补助。成立农村文化保护队。依据上述分工原则,成立农村文化保护队,整理农村文化资源,维护经营管理社区文化空间,辅助社区办理农村文化、传统表演艺术、传统工艺传承等活动。

生态保育。落实人与自然协调共生理念,加强农村社区自然生态环境保护观念的宣传教育。"农委会"补助扶持生态保育工程建设,包括社区生态资源调查、监测、保护,社区生态旅游、环境教育以及其他相关项目。

整体环境改善及公共设施建设。社区有能力自己更新的,鼓励自己更新;如需要高度专业技术支持的,由相关部门规划推动实施;同时制定相应的再生工程管理制度、规划设计策略及原则。

农村社区产业活化。针对社区现有的产业资源,进行全方位的SWOT分析,选择特色产业重点发展;依据市场需求及产业特色,由专家学者进行驻村指导,将特色产业商品化;通过网络媒体等进行一系列的营销。

跨领域资源整合、创新产业价值链。建立安全生产基地,保护农地资源;引进青年农民,增强人才建设;扩大经营规模,发展核心产业,建立品牌意识;建构乐活农村,推动农村再生。

7. 农村再生计划参与实施情况

台湾地区共4 232个农村社区,截至2016年5月,参加培根训练计划共2 261社区,946个社区完成训练,参与培训人数139 518人。645个社区提出农村再生计划。

二、农村再生项目实例:宜兰县苏澳镇白米社区再生计划

1. 白米社区概况

白米社区位于宜兰县苏澳镇西南,临近苏澳港及火车站;起源于白米瓮,后来逐渐扩大,包括长安、永春、永乐及永光四里;东南临炮台山西麓,西倚中央山脉,东临太平洋,南与东澳交界,三面被小帽山、白石山、猴椅山环绕。社区内有白米溪与猴坑溪汇集至苏澳溪流入太平洋。

根据苏澳镇户政事务所统计资料(2013年12月),白米社区共318户、人口721人(男390人、女351人)。人口结构出现老化,65岁以上老人约占19%,20岁以下的人口数仅占16%,10岁以下的人口数更只有6%不到,人口数量逐年下降。

2. 白米社区资源调查

(1)人文资源

宗教文化,白米社区内有福德正神庙两座,每年二月二为福德正神诞辰;穆公祠家族祠堂一座。木屐文化,白米社区盛产江某树适宜做木屐,因而发展出木屐产业,成为台湾木屐重要供应地,这也是木屐村的由来。工业文化,日本侵占时期发展矿石加工业兴办的水泥厂,作为台泥的前身,拥有深厚的工业历史文化价值。

(2)产业资源

第一产业,主要以家庭自给自足的农果业为主,兼有养殖业;有香鱼养殖、江某树、绿竹笋;第二产业,作为社区的主要产业,包括水泥、石化等工业;木屐制作、食品加工等制造业。第三产业,观光旅游业,白米社区内有碧涵轩鸟园、老农山庄民宿园区以及穆公祠等旅游景区。白米木屐馆,台湾地区第一座木屐文化馆,集展示、售卖、DIY于一体。

3. 白米社区发展愿景

白米社区以社区整体发展为出发点,合理划分

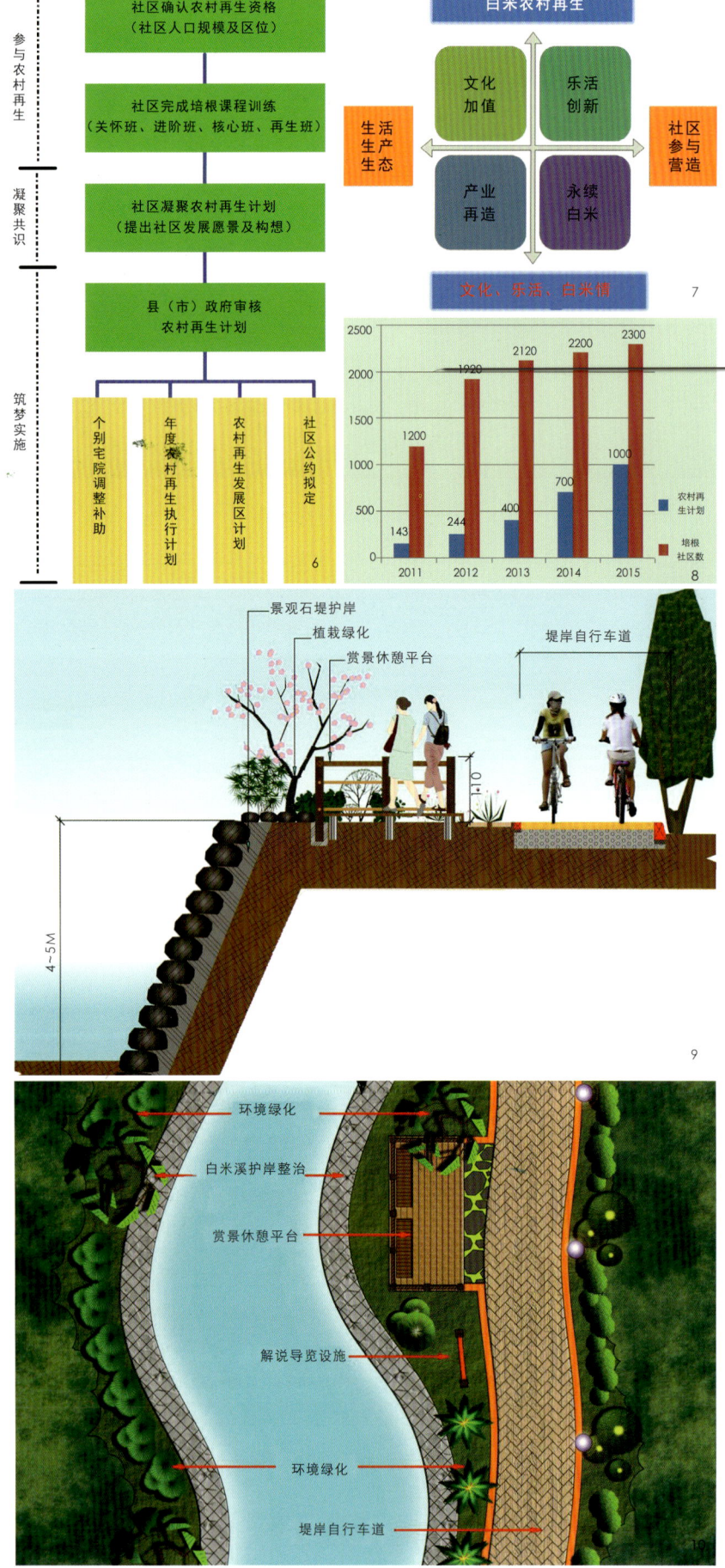

空间功能区块，建设秩序、效率及适宜的生活环境，提出了"文化、乐活、白米情"为主题白米农村再生计划，通过社区参与营造，在生产、生活、生态三方面，实现白米社区的文化加值、乐活创新、产业再造、永续发展。

4. 白米社区发展课题

具体内容见表1。

表1　　　　白米社区发展课题

主题	策略
社区周围自然环境丰富，建设与自然相融的社区环境	根据自然环境进行设施建设，提高社区居民的自然环境意识，同时开展居民自行监视、管理、培育该环境的草根运动
确定社区未来发展人才及组织架构，并提升社区知名度	改善公共设施，增加社区迁入户，举办具有长远价值的活动，促进社区的迅速发展，渐进地向社会宣传
社区具有历史、人文意义空间，营造出独特的景观特色，培养社区居民认同感	斟酌社区独特街景设计要素（街道家具、铺面、绿植等），在社区主要节点建造标识空间，创造舒适的社区环境，令居民喜爱
石矿加工业的工厂颜色生硬、单调，封闭性过强，与自然环境、社区景观环境协调	以步行道、景观道路等有机性地连接社区周围的休闲、游憩、历史、产业空间，将社区整体打造成具有优质文化休闲的生活园区

5. 白米社区整体发展计划

（1）社区环境改善

通过本计划对白米社区未来土地使用功能进行分区划定，活化白米社区的人、文、地、产、景及生态等资源；依据计划中"文化、乐活、白米情"整体发展愿景，促使白米社区未来朝向更为永续的生态社区模式发展。

制度。所有开发建设需依循现行的国土综合开发计划、区域计划规定，利用政府提供的各项资源，如《农村再生条例》《整合型农地整备计划》等解决社区内发展建设法规制度问题，如土地活化、土地准许使用等。

生态。针对白米社区内丰富的生态环境，在山林生态区、溪流生态区内限制建筑物建设，维护白米生态村永续发展的基础。

生活。针对白米生活区、铁道文化区，利用农村再生条例中《整合型农地整备计划》《既有乡村区扩大计划》解决土地使用准许问题，准许各项公共设施、环境改造等建设使用。考虑到旅游业发展，将社区内餐厅、民宿、公园绿地、展览馆等作为社区产业、文化、生态教育、解说导览等信息交流平台，提供最佳的旅游观光品质。

生产。以白米社区内现有的农业生产区为主，以农村再生条例中《整合型农地整备计划》解决现有农地中豪华农舍乱建问题，维护农业生产正常发展。并循序渐进推广有机农业，维护农业生态环境。

（2）公共设施建设

白米社区公共设施建设，旨在改善社区生产、生活质量，依社区发展课题制定未来工作与分期实施计划。详见表2。

（3）产业活化

6.农村再生推动执行流程图
7.白米社区发展愿景图
8.台湾农村再生计划参与实施情况统计表
9-10.白米溪步道绿化及空间美化示意图及现场施工图

根据白米社区产业资源，打造白米社区创意整合平台，推动异业结盟，整合创意营销；开展产品研发竞赛，培养木屐人才，做好文化传承。详见表3。

（4）文化保护与活用

文化保护调查规划，通过与社区技艺达人、老者、学者、文史工作者座谈，对传统生活艺术资源、传统文化及民俗资源进行调查。通过在木屐馆、社区发展协会推广木屐工艺，整合创意平台，活化产业营销。通过举办白米木屐文化祭，推广木屐文化，扩大社会影响力与知名度。

永春福的正神庙，为社区内最具历史性的建筑物，强化委员会组织，做好维护及保存庙方资产工作，提升外围环境景观绿化品质，新增解说导览设施、文化墙介绍其历史。另外，社区内现有保留的古厝宅院，将其宅院及社区内所保留的文化古物加以整理，做好文物古迹管理工作。

（5）生态保育

白米社区在在地景观及生态保育方面有显著发展潜力及优势，配合生态及环境教育发展主轴，规划生态保育与环境保育复育工作。详见表4。

（6）土地分区规划及公共设施配置规划

依据白米社区整体发展计划，土地分区规划分为白米生活区、铁道文化区、山林生态区、溪流生态区及农业生产区五大区域。

（7）白米生活区

作为白米社区的核心区，由原有聚落和工厂区组成，人口约占社区总人口的55%。作为社区居民主要的生活空间，也是外来游客认识白米社区的第一印象空间。在本区的发展上需延续"文化、乐活、白米情"的发展理念，基于白米的生态环境特色提升社区交通、道路、住宅、环境景观品质，并拟定相关公共设施、景观计划准则。白米社区从2010年开始更新社区道路交通系统，活化白米木屐馆社区文化产业空间，使得游客与居民融入新的社区生活，改变了过去工业区的面貌特质。

（8）铁道文化区

伴随着矿石产业的衰退，运输矿石的铁道逐渐废弃。社区以保存产业历史空间为出发点，通过矿石铁道文化为社区寻找新的发展契机，在社区入口处，依托仅存的铁道遗址，建设铁道园区，打造教育展览空间，同时由社区协会负责管理维护。

（9）山林生态区

生态区内有北回铁路穿越，山林景观丰富，与

表2 　　社区公共设施建设行动计划

	期程	铁道文化区	白米生活区	山林生态区	溪流生态区	农业生产区
社区公共设施建设规划	2015		146巷边坡整治及步道绿美化工程（山林步道200m）	山林生态展馆区。生态步道、驳坎修复。休憩平台（3处）、1500m（公馆路段）	溪流生态示范园区。环境教育设施：基础整治工程（800p）、亲水生态解说平台及步道；植栽（水域及景观乔木）	
	2016	铁道园区周边环境改善工程：游憩铁道修复及铁道意象步道延伸（250m）绿（2500m）	白米溪西侧堤防生活步道、绿化及生态休憩空间营造750p/800m	山林生态展馆区。步道修复及串联工程300m（公馆路经金面山至日月宫段）	溪流生态示范园区：亲水生态步道湖东/观景平台工程（路中段500m）	蔬果农园解说平台及步道
	2017	1.苏花改路堑边坡景观改造工程（苏澳管制站）2.铁道园区设施改善工程：自行车停车设施、解说设施	永春路道路周边改善绿化工程：永春路围墙景观工程；永春路生活步道串联工程600m、旧铁道绿化工200m		溪流生态示范园区：解说展示教室环境整备。水资源教育示范设施：生态净水设施	1.白米溪堤防绿美化景观工程：永春2号段（含休憩设施），湖南路段（800m）2.串联步道/观景平台
	2018	铁道园区周边环境改善工程：自行车道及步道串联及景观工程；自行车停车设施；自行车及步道指针系统；导览解说系统	白米生活区：自行车道及步道社区串联及景观工程；自行车停车设施；自行车及步道指针系统；导览解说系统	山林生态区：自行车道及步道社区串联及景观工程；自行车停车设施；自行车及步道指针系统；导览解说系统	溪流生态示范园区：自行车道及步道社区串联及景观工程；自行车停车设施；自行车及步道指针系统；导览解说系统	生态农业示范园区：自行车道及步道社区串联及景观工程；自行车停车设施；自行车及步道指针系统；导览解说系统

表3 　　社区产业活化行动计划

	期程	铁道文化区	白米生活区	山林生态区	溪流生态区	农业生产区
产业活化规划设计	2015	可食风景地景营造	木屐文化创意商品及木屐文化展示提升规划设计			
	2016			生态山林产业规划、生态溪流产业营造、生态农业产业营造		
	2017	可食风景地景营造体验活动规划设计	木屐文化创意商品及木屐文化展示提升活动规划			
	2018		新游程开发：跨铁道、白米、山林三馆区半日游、一日游行程规划			
产业活化营销推广	期程	铁道文化区	白米生活区	山林生态区	溪流生态区	农业生产区
	2015	以木屐文化节为主轴，结合各区特色办理产业活化营销推广：1.木屐产业活化创意竞赛 2.木屐亲善大使培训 3.木屐创意平台成果展示（人才及产品）4.结合新游程成果发表（可食风景地景营造）				
	2016	以木屐文化节为主轴，结合各区特色办理产业活化营销推广，结合新游程成果发表（生态山林产业规划、生态溪流产业营造、生态农业产业营造）				
	2017	以木屐文化节为主轴，结合各区特色办理产业活化营销推广，结合新游程成果发表（木屐文化创意商品及木屐文化展示提升活动规划）				
	2018	以木屐文化节为主轴，结合各区特色办理产业活化营销推广，结合新游程成果发表（新游程开发：跨铁道、白米、山林三馆区半日游、一日游行程规划）				

表4 　　社区生态保育行动计划

	期程	铁道文化区	白米生活区	山林生态区	溪流生态区	农业生产区
社区公共设施建设规划	2015		社区生态及江某树生态资源调查及复育规划	山林生态资源调查及规划		
	2016	可食风景生态资源调查规划			溪流生态园区软硬件设施调查规划	生态园区软硬件设施调查规划
	2017		江某树生态解说导览规划、导览解说设施；解说导览人员训练、生态资源图书制作	山林生态农业教育体验区营造导览解说设施；解说导览人员训练、生态资源图书制作		
	2018	可食风景生态区周边教育场所营造			生态园区硬件设施、导览解说设施；解说导览人员训练、生态资源图书制作	生态园区硬件设施、导览解说设施；解说导览人员训练、生态资源图书制作

位于苏澳市区北麓的七星岭步道成对望之势，结合具有生态开发潜力的线状生态步道系统及景点（穆公祠、碧涵轩鸟园），增加生态解说学习空间及发展休闲游憩活动的场所；同时作为永乐小学户外认知的生态空间。

（10）溪流生态区

社区内有白米河、圳头坑溪、苏澳溪；因较少开发，终年流水不断，区域内有休闲农业、野姜花等，具有相当丰富的生态环境，同时也是苏花古道遗址。本区规划配合永乐小学的"生态教育训练""生态种子培育""休闲农业体验"活动方案，作为体验活动的教室，强化本区的生态功能。

（11）农业生产区

种植作物主要为莲雾、柚子以及蔬菜。作为社区内唯一具有农业生产能力的区域，为了达到农业永续发展，分期分区全面推动有机无毒农业，创造永续经营的农业生态环境；并将白米的一级农业转型为二、三级的农产加工业或观光休闲农业，增加就业机会，促使青年人口洄游。具体策略包括：

①联合台湾手工艺发展研究中心与社区，辅导居民利用特产资源研发特色工艺产品；

②与农会、农改场合作，研发一级农产加工副产品。依据永续发展的空间配置原则，此分区亦可作为山林生态区、溪流生态区的缓冲区，以减缓核心聚落人民生活及农业开发、观光发展等人为经济活动造成的环境冲击。

6. 后续管理维护以及财务计划

人事管理，由社区居民成立产业组、会计组、采购组、服务联络组、活动计划组、维护管理组、工程监督组，责任到人，结合各方力量，充分发挥才能，为社区居民争取福利。

（1）社区品质管理

定期对社区环境美化工作给予测评，组织动员社区居民建设富美社区，改善居民生活卫生习惯。

（2）产业升级管理

针对产业升级及时制定相应政策与咨询，同时旅游观光产业制定与资源利用相协调。

（3）社区发展营运资金管理

白米社区尚未展开营运的筹备期间，社区推广"公基金"概念，日后由生态旅游所获得的每一笔收入，解说拨出10%、民宿拨出5%及餐饮拨出7%做为公基金，运用在社区弱势区域的照顾，落实社区总体营造及利益共享的精神。

（4）鼓励村民参与管理

现况居民参与管理意愿虽已显现，但还需更多人来参与认同，因此社区发展协会应鼓励居民参与管理。如：举办对内解说活动，鼓励居民参与了解社区发展方向，认同社区发展方向；生态产业化，整合社区产业，让居民可以得到实质性获利，激发参与热情；进入小学进行环境教育，培养社区小朋友认同感，建立社区管理小解说员制度。

三、台湾地区农村再生计划推动策略借鉴

我国大陆地区自2005年提出建设社会主义新农村，一直按照"生产发展、生活宽裕、乡风文明、村容整洁、管理民主"的要求，推动其建设发展。2008年浙江安吉县提出"中国美丽乡村"计划；2012年全国开始推广"美丽乡村"建设。整体延续了以政府为主导的"自上而下"实施策略，建设内容以乡村基础设施建设、环境保育为主；对在地文化挖掘、人才培养、农村产业活化永续发展投入薄弱。美丽乡村计划成为一本图纸，缺乏相关法律制度保障其实施，呈现阶段性的短平快发展现状，而不是持续性的。借鉴台湾地区农村再生计划推动策略经验。

1. 自下而上——居民当家作主

农民作为农村建设的主体，成立农村社区发展协会，通过村民说明会、社区工作坊，鼓励居民共同参与社区资源调查找出问题，一起确立发展定位，理清整建方针。引导居民自发关心、参与社区环境规划改造，建立居民的认同感，增进村民的互动。

2. 规划导向——有秩序推动

通过"培根计划"，培训居民具备沟通管理、农村规划、建设、经营、电脑文书等能力，提升居民社区再生知识与技能，引导社区提出发展愿景，研拟农村再生计划，循序推动。

3. 制度先行——社区制定公约

农村的公共设施、建筑物及景观，增强农村居民共同订定社区公约的法律强制性，共同管理与维护。保证农村社区营造的成果不会被任意破坏，同时增加社区治理透明度，提高社区操作执行能力，保证公开公平公正。

4. 软硬兼施——社区软硬件建设

重塑人与文化的价值，人是农村社区的核心，只有人的再生，才能真正带动农村社区再生，重视保存社区传统文化与技艺传承。建设特色精品基础设施环境，维护生态环境，打造低碳精神社区。

5. 人才洄游——青年筑梦回乡

引导青年回乡协助农村发展，鼓励农村青年返乡营农。通过大学生洄游农村竞赛，让大学生运用所长、参与农村事务，鼓励学生参加驻村，参与社区工作，加值农村传统农作物和文化产品；贯彻洄游精神，学生利用所学专长回到农村生活，培育农村新人才，并让农村再生政策贯彻执行。

6. 资金保障——多渠道融资支持

除政府单方面资金投入扶持发展，应积极引入社会组织、企业等资本进入农村发展，保证农村社区建设稳定、持续推进，保证资金投入连续性与使用公开性。

7. 永续发展——产业与生态兼顾

维护生物多样性、栖息地复育及生态保育，重视生态教育课程，纳入农村社区生态环境课程大纲，积极办理生态解说训练计划，配合观光旅游发展机制，获得游客对社区环境认同感，促进游客重游。

参考文献

[1] "总统府公报（第6934号）". 农村再生条例[Z]. 2010-08-04.

[2] 汤晓虞. 台湾的农村[M]. 台湾：远足文化, 2008.

[3] 张晨. 台湾"农村再生计划"对我国乡村建设的启示[A]. 多元与包容——2012中国城市规划年会论文集（11.小城镇与村庄规划），2012.

[4] 岳杰勇. 台湾农村建设的经验及其对大陆新农村建设的启示[J]. 昆明理工大学学报（社会科学版），2007（10）.

[5] 刘健哲. 台湾之农村社区更新[J]. 台湾农业探索，2005，(2).

作者简介

张中华，西安建筑科技大学建筑学院副教授，西安建筑科技大学风景园林学博士后流动站在职博士后；

吉瑞东，西安建筑科技大学建筑学院，硕士研究生；

杨甜，西安建筑科技大学建筑学院，硕士研究生。